Ezequiel Ander-Egg

Diccionario de pedagogía

Edición ampliada

Editorial **MAGISTERIO DEL RÍO DE LA PLATA**
Viamonte 1674 (1055) Buenos Aires
☎ 4373-1414 (líneas rotativas) Fax (54-11) 4375-0453
E-mail:editorial@magisterio.com.ar
República Argentina

Colección: Respuestas educativas
Volumen especial

Supervisión del texto: Pablo Valle

ISBN 950-550-216-8

2.ª edición

LIBRO DE EDICIÓN ARGENTINA
PRINTED IN ARGENTINA

Prólogo a la segunda edición

*"El tono de la Prensa durante los veinte días que median entre el desembarco del Emperador (Napoleón, al comienzo de los Cien Días) y su llegada a París reflejan los movimientos de la opinión. **El demonio** se ha escapado de su destierro... **El fantasma corso** ha desembarcado en Cannes... **El tigre** ha sido visto en Gap... Han sido enviadas a su encuentro tropas que le harán perecer como un miserable aventurero en las montañas... **El monstruo** ha podido llegar a Grenoble gracias a una traición... **El usurpador** ha tenido la audacia de aproximarse a sesenta horas de la capital... **Bonaparte** llega a pasos de gigante pero nunca entrará en París... **Napoleón** estará mañana a las puertas de la ciudad... **Su Majestad** se encuentra en Fontainebleau..."*

Emil Ludwig, Napoleón, IV, 16. Citado por Adolfo Bioy Casares (1997): De jardines ajenos, Barcelona, Tusquets, pág. 298.

Emil Ludwig, *Napoleón*, IV, 16. Citado por Adolfo Bioy Casares (1997): *De jardines ajenos*, Barcelona, Tusquets, pág. 298.

La palabra es importante. Nos sirve para describir la realidad y para opinar sobre ella. El lenguaje es el vehículo a través del cual nos comunicamos. Utilizamos la palabra con mayor o menor precisión, de ahí la necesidad de dominar el campo semántico. Y también con una determinada intención, como puede comprobarse en la cabecera que he elegido para iniciar este prólogo. El personaje es el mismo, pero las palabras que utiliza la prensa van modificándose a medida que el poder se hace más cercano y más fuerte. Por eso es tan importante, a mi juicio, que nuestros planteamientos estén presididos por la ética.

Es importante conocer, de ahí la necesidad de la precisión en el lenguaje. Es imprenscindible poner el conocimiento al servicio de la verdad y de la justicia.

Stanislaw Lem escribió, en el año 1983, un curioso libro titulado *Un valor imaginario*. Es un tratado sobre los prólogos. Un libro de Prolología. Lem comienza su libro, precisamente en un curioso prólogo, con estas palabras:

"El arte de escribir prólogos lleva tiempo clamando por que se le otorguen títulos de nobleza. Asimismo, yo llevo tiempo sintiendo el apremio de dar satisfacción a esta literatura marginada, que guarda silencio sobre sí misma desde hace cuarenta siglos, esclava de las obras a las que vive encadenada."

Dice Lem que hay prólogos mercenarios, porteadores, jornaleros y oscuros, ya que la esclavitud degrada. Y hay prólogos —por contra— soberbios y agresivos, que perdonan la vida al autor al que introducen. Hay prólogos serviles, de encargo, en los que nadie imagina una crítica, por suave, discreta y tímida que se imagine.

Dentro de los prólogos corrientes, algunos son del propio autor respecto a su obra y otros —como en este caso— que presentan un libro ajeno.

Hacer un prólogo a una primera edición o a un autor novel no es lo mismo que introducir una obra de un autor consagrado, como ocurre con el libro de Ezequiel, que ha superado ya el millón de libros vendidos.

Hay prólogos brevísimos y otros que son tan grandes como la obra a la que sirven de entrada...

Pero no quiero ya hacer un estudio de los prólogos, tarea que acometió con originalidad el mencionado Stanislaw Lem, sino introducir esta segunda edición del *Diccionario de pedagogía* que ha preparado Ezequiel Ander-Egg. Curiosa situación que obligará a preguntarse a muchos lectores: ¿Y quién es este autor que prologa el libro de Ander-Egg?

Un diccionario es un instrumento imprescindible para comprender y para compartir. El discurso pedagógico está trucado por la polisemia. ¿Quién puede decir que no es necesario mejorar la educación? Ahora bien, bajo el paraguas de la educación, caben todo tipo de acepciones. Hay quien, diciendo que educa, indoctrina. Hay quien solamente instruye, hay quien catequiza, quien socializa... ¿Qué queremos decir cuando decimos algo? ¿Qué están entendiendo los otros? Tenemos que saber de qué estamos hablando. Cuando creemos que nos entendemos al pronunciar las mismas palabras, es cuando más difícil es aclararnos.

Hay muchos diccionarios. También hay ya diccionarios de pedagogía. ¿Por qué uno más? ¿Por qué uno nuevo? El diccionario que ha preparado Ezequiel tiene cinco características que deseo subrayar en estas líneas introductorias:

a. Actualidad: el momento por el que atraviesa la pedagogía hace necesario el acercamiento a nuevos conceptos, a nuevos términos. La ciencia pedagógica crece, se diversifica, se concreta en nuevas acepciones.

b. Precisión: el carácter conciso de muchos términos permite al lector dominar con rigor el núcleo semántico de los conceptos, lo esencial de los términos. Estilo es precisión.[1]

---

[1] Santos Guerra, M. Á. y otros, *Libro de estilo para universitarios*, Málaga, Miguel Gómez, 1995.

c. Brevedad: la explicación de cada término se hace con deseable concisión, evitando al lector el fárrago de muchas explicaciones. Para eso está otro tipo de libros.

d. Compromiso: el autor se moja, toma partido. Porque las palabras no son neutras, las explicaciones no son asépticas, están cargadas de intención cuando las utiliza una persona

e. Sencillez: lo que escribe Ezequiel se entiende. Se entienden los términos de su diccionario. Hay quien, para dar a entender lo mucho que sabe, hace que los que le leen tengan que cerrar las páginas del libro porque resulta ininteligible. Esa claridad es tachada por algunos de trivialidad. Recuerdo las palabras de Savater: "Trivialidad es lo que queda en la cabeza de un imbécil cuando lee algo escrito con sencillez."[2]

Este *Diccionario* no es útil solamente para los docentes que hoy —en estado de Reforma en muchos países— tienen que enfrentarse a una nueva terminología que les llueve del cielo legislativo y científico. Es un instrumento útil para los estudiantes de pedagogía, que podrán encontrar en sus páginas la precisión necesaria para buscar orden y rigor en la elaboración de su propio discurso pedagógico. Es una herramienta interesante para los padres y las madres que se acercan a la escuela —deber democrático y pedagógico— para participar en la acción educativa. Es imprescindible también para todos aquellos que deseen entender la nueva literatura pedagógica y el debate que ha suscitado.

Ezequiel tiene la rara habilidad de estar en el momento oportuno con el mensaje oportuno. Este *Diccionario de pedagogía* era una necesidad en un momento en el que la aparición de nuevos conceptos y nuevos términos ha inundado el discurso y la práctica pedagógica.

Ya había escrito el autor, anteriormente, un *Diccionario del trabajo social*, un *Diccionario de política* y un *Léxico del animador*. Consciente de que la realidad y el discurso pedagógico tienen una especificidad indiscutible, ha presentado este nuevo *Diccionario* centrado en la pedagogía. Comparto su inquietud y alabo su oportunidad.

Ezequiel evita la confusión que genera hacer malabarismos con demasiadas pelotas. La lectura de su *Diccionario* hace sencillo lo que puede parecer complicado. Podrá comprobar el lector que, una vez consultado el *Diccionario*, se enriquece la comprensión.

---

[2] Savater, F., *El valor de educar*, Barcelona, Ariel, 1997.

Su proverbial capacidad de trabajo hace que la inteligencia se desborde en obras diversas, siempre oportunas y necesarias. Este *Diccionario* lo es. Prueba de ello es que se hace una segunda edición después de un año de la aparición de la primera.

El conocimiento que tiene el autor de la realidad educativa de muchos países y su penetración pedagógica han alumbrado una obra necesaria para quienes deseen saber de qué hablan en este preciso momento.

En la introducción dice Ezequiel que toda obra está incompleta, que toda obra es perfectible. Así es. Un *Diccionario*, si cabe, mucho más. Porque la realidad cambia constantemente. Porque la ciencia progresa. Porque el lenguaje está vivo, crece, se desarrolla, se modifica. El lenguaje no es un cubo de agua, sino un manantial inagotable. Hay que agradecer a Ezequiel que nos haya facilitado el acceso a estas aguas saludables en los sorbos limpios de su escritura.

Miguel Ángel Santos Guerra,
catedrático de la Universidad de Málaga,
noviembre de 1998.

Cómo surgió este libro

Quizás le resulte extraño al lector/a de este libro que en su página inicial el autor quiera explicar el origen del mismo. Me parece oportuno hacerlo. Su nacimiento es similar al libro sobre *La planificación educativa,* publicado en esta misma editorial. Hace unos años, muchos docentes utilizaban mi libro *Introducción a la planificación* y el que escribimos con mi esposa, *Cómo elaborar un proyecto.* Ninguno de estos libros había sido escrito para ser destinados a los docentes, aunque algunos temas podían ser de utilidad. Esto me motivó a escribir el libro sobre *La planificación educativa,* consagrado exclusivamente a los educadores y con particular referencia a la elaboración de los proyectos educativos de centro, los proyectos curriculares y la programación de aula.

Recientemente, con motivo de la XX edición del *Diccionario del trabajo social,* algunas profesoras de ciencias de la educación me hicieron saber que lo utilizan para sus cursos, habida cuenta de que hay más de ciento cincuenta palabras que hacen referencia al hecho educativo, a la práctica docente o a términos psicológicos y sociológicos que se utilizan en el campo de la educación. Esta circunstancia y otra, tanto o más importante, como es el hecho de que los diccionarios de pedagogía al uso no incluyen palabras que actualmente se utilizan en educación, con motivo de haberse emprendido reformas educativas inspiradas en el constructivismo y el modelo curricular, me impulsaron y motivaron a la redacción de este diccionario.

Advertencias

Creo que todos estamos de acuerdo en que la pedagogía tiene en la psicología (y si se quiere en la psico-pedagogía) el marco teórico de referencia más importante. También lo tiene, pero en menor medida, en las teorías de referencia que puede tomar de la sociología y, en menor medida aun, de la antropología, economía, derecho y ciencia política. Consecuentemente, un *Diccionario de pedagogía* tiene que tener muchos términos provenientes de la psicología. Al redactar este diccionario, deliberadamente excluí algunos términos psicológicos; y a otros les he dado un tratamiento considerado como el mínimo necesario. La razón de hacer esto es que publicaré con mi hijo Guillermo un *Léxico de psicología* en donde se podrán encontrar un mayor desarrollo de estos términos y la inclusión de otros que deben manejar los educadores. Algo parecido ocurre con algunos términos sociológicos, que publicaremos ampliados en el *Diccionario de sociología* que preparamos con María José Aguilar.

Esta primera versión del *Diccionario de pedagogía* tiene déficits y desequilibrios en cuanto al tratamiento y desarrollo de las palabras, habida cuenta de la importancia relativa que tienen para la pedagogía. También hay que mejorar en la precisión conceptual y en saber escoger lo que es más pertinente que conozcan quienes tienen que realizar una tarea educativa... En fin, como toda obra escrita, es siempre un borrador mejorable. Si de todos nuestros libros reelaborados hemos dicho "siempre corregidos, reajustados y reformulados, pero nunca terminados", tanto más hay que afirmarlo de un diccionario, ya que lengua y habla son algo vivo, y el lenguaje de las diferentes disciplinas también cambia. Toda esta provisoriedad es aun mayor cuando se trata de una primera versión.

Lectora, lector: necesito de tu ayuda para mejorar el diccionario. Sugerencias y críticas siempre serán agradecidas. Toda persona que escribe, por la naturaleza misma de su tarea, se expone "a las miradas y los veredictos ajenos", como dice Antonio Gala. Que tu mirada y tu veredicto sirvan para que este diccionario se mejore, a fin de prestar un mejor servicio a quienes son sus destinatarios.

Ezequiel Ander-Egg
7 de septiembre de 1996

Este libro no existiría sin el aliento y amistad de algunas/os educadoras/es, a quienes se lo brindo en homenaje y gratitud.

Anita Lamas	Abel Alegre
Marilí Cedrato	Óscar Palavecino
Luis Ángel Aguilar	Violeta Hemsy de Gainza
Graciela Vior	Rosa Benavidez
Lita Accomo	Patricia Stokoe
Martha Passut	Mónica Schultz

A tres personas debo agradecer de manera particular en relación con esta primera versión del diccionario:

Consuelo Correa Plaza, mi excepcional secretaria, capaz de descubrir hasta la palabra que falta en mis manuscritos iniciales.

Pablo Valle, un joven filólogo que me permite escribir hasta diez horas diarias, sin necesidad de releer lo escrito, simplemente porque su ojo crítico mira mis papeles.

Tomás Sánchez Iniesta, que me ha introducido en algunos temas claves de la pedagogía contemporánea.

ABSENTISMO ESCOLAR.
Con esta expresión se hace referencia a la situación o circunstancia por la cual niños y niñas en edad escolar obligatoria no asisten a clase o no lo hacen de una forma regular y permanente.

ACOMODACIÓN. Concepto similar al de "adaptación", "ajuste". En sentido lato, búsqueda de conformidad con un modelo externo.

En pedagogía, el término suele utilizarse con el alcance que le ha dado Piaget, aludiendo al proceso mediante el cual la persona modifica un esquema asimilador o una estructura, como consecuencia de los nuevos elementos que se asimilan. En otras palabras: la acomodación consiste en transformar la información que ya se tiene en función de la nueva.

Desde el punto de vista sociológico y antropológico, puede ser tanto un estado como un proceso.

Como estado, hace referencia a un modus vivendi de individuos y grupos, que reconocen y aceptan una posición relativa existente dentro de las condiciones sociales generales o dentro de los requerimientos específicos de un ambiente particular. Como proceso, expresa la forma en virtud de la cual individuos y grupos van adquiriendo un modo de reducir, impedir y eliminar conflictos, mediante el ajuste y adaptación de unos a otros; en algunos casos, es una manera consciente y deliberada de encontrar soluciones satisfactorias entre las partes en conflicto o con intereses contrapuestos; en otros, es una forma pasiva y acrítica de aceptar una situación.

ACTITUD. La actitud se define normalmente, entre los psicólogos, como una orientación perceptiva que se manifiesta exteriormente en los individuos, como una tendencia o predisposición a actuar de una manera determinada frente a ciertas situaciones estímulo. La actitud es, pues, un estado o disposición psicológica, adquirida y organizada a través de la propia experiencia individual y de la integración de los modelos sociales, culturales y morales del grupo, que predispone al individuo a reaccionar de una manera determinada y bastante constante frente a ciertas personas, objetos, situaciones, ideas y valores. Así, por ejemplo, se puede tener una actitud frente a una etnia o raza, un grupo social, una idea, un país, una institución, etc.

Mientras el temperamento afecta con su tonalidad la totalidad de la conducta, las actitudes están latentes y no afectan sino a segmentos de la conducta que se ponen de manifiesto cuando hechos sociales determinados actúan a modo de estímulos provenientes del entorno. La actitud no es la respuesta al estímulo, sino la predisposición afectiva relativamente estable a responder de una manera determinada, o a dar una respuesta preferencial frente a situaciones que activan esa predisposición.

Cabe señalar, además, que las actitudes, en cuanto formas de organización de los procesos motivacionales, perceptivos, cognoscitivos y afectivos, no pueden observarse directamente, sino que tienen que inferirse del comportamiento observable, bajo la forma de conductas y comportamientos manifiestos, o bien de un modo verbal, bajo la forma de opiniones específicas.

ACTIVIDAD. Conjunto de tareas o acciones que deben ser hechas dentro de un tiempo determinado, para llegar a conseguir un objetivo previsto. Toda actividad tiende al logro de un producto determinado.

También se denomina actividad cada una de las acciones con las que se concreta el desarrollo de un proyecto. Cuando los objetivos y metas de un proyecto han sido formuladas, el siguiente paso es el de la especificación de actividades, las que, a su vez, están configuradas por un conjunto de tareas.

ACTIVIDADES ESCOLARES. Trabajos y ejercitaciones que los alumnos tienen que realizar en relación con un tema de estudio. De ordinario, forman parte de la programación de aula. Se llevan a cabo para alcanzar determinados objetivos dentro del proceso de enseñanza/aprendizaje.

ACTIVIDADES EXTRAESCOLARES. Actividades que se llevan a cabo fuera del horario escolar, pero que son concurrentes a las actividades escolares en cuanto a los propósitos educativos. Este tipo de actividades son muy variadas; he aquí algunas de ellas: periódico escolar, correspondencia con alumnos de otras instituciones docentes, coleccionismo (monedas, estampillas, etc.). Implicación de los niños y niñas en el proceso ecológico: huerto y/o jardín escolar. Excursiones, campamentos, colonias de vacaciones. Equipos deportivos (fútbol, básquet, atletismo, natación, etc.). Difusión cultural: teatro, coros, tunas, cine-clubes, títeres. Divulgación científica: foro de ciencias, exposiciones.

El tutor o profesor, al orientar a los alumnos para la realización de actividades extraescolares, debe tener en cuenta dos pautas o criterios básicos:

Dada la peculiaridad de cada alumno/a, hay que orientarlos a que realicen actividades según sus capacidades, sus centros de interés y los temas que los motivan. Pero, además, el tutor o profesor debe considerar cuáles son las actividades que pueden ser más útiles para el desarrollo personal. Así, por ejemplo, hacer teatro ayuda a los niños tímidos e introvertidos; la jardinería y el huerto escolar ayudan a los hiperactivos o con problemas de relación; realizar maquetas fortalece la coordinación visomotora (ojo-mano) y perfecciona la destreza manual (motricidad fina).

Si bien este tipo de actividades ayudan al desarrollo de los educandos, no son recomendables antes de los 6 años, porque hasta esa edad el juego es la for-ma de aprendizaje más importante. Después de esa edad, hay que tener en cuenta que el tiempo dedicado a las actividades extraescolares tiene que tener un límite: demasiadas horas producen cansancio y, a veces, escasos resultados. Ese cansancio perjudica el rendimiento en las actividades escolares "normales".

ACTO DIDÁCTICO. Todo el que es realizado intencionalmente con el propósito de posibilitar el crecimiento o maduración de otra u otras personas, mediante la puesta en relación comunicativa entre el educador y el educando en torno a contenidos de enseñanza.

ACULTURACIÓN. Desígnanse con este término los procesos o fenómenos que resultan del contacto directo y continuado y de la interacción entre individuos de culturas diferentes, con cambios posteriores en uno u otro grupo, o en ambos, a causa de la adopción, rechazo, reorganización y asimilación de elementos y características culturales ajenas.

La aculturación puede producir la pérdida, en mayor o menor medida, de determinados rasgos culturales (desculturación) o su transformación (transculturación). En el primer caso, el término hace referencia a la influencia de una cultura donante o activa, sobre otra receptiva o pasiva. En el otro, se alude a la asimilación de rasgos culturales de una y otra cultura mediante la difusión y aceptación de determinados rasgos culturales.

ADAPTACIÓN. Concepto similar a los de "acomodación" y "ajuste". Originariamente, fue utilizado en biología para designar el proceso por el que un organismo toma distintas formas e imita otras para enfrentarse a las exigencias del medio. En sociología y antropología, el término se usa para referirse al modo por el cual en un individuo, grupo o comunidad se producen modificaciones personales o socioculturales para ajustarse al medio en que se vive. Esta adaptación puede tratarse del ambiente físico o del ambiente sociocultural. En este último caso, consiste en la aceptación de las normas, valores, ideas, instituciones y estructuras de una determinada realidad social. El término también se usa para designar el intercambio armónico y duradero entre el sujeto y el medio o entorno; con este alcance tiene un significado cercano al de "integración". Al igual que el concepto de "acomodación", y todos aquellos con los que existe una cierta sinonimia, la adaptación puede ser tanto un estado como un proceso.

En pedagogía, este término se utiliza para hacer referencia al esfuerzo que debe realizar el individuo durante su edad evolutiva (del nacimiento hasta la adolescencia inclusive), para lograr un cierto equilibrio en relación con los cambios que se producen en su personalidad y en el medio social donde se desenvuelve.

ADAPTACIONES CURRICU-LARES. Son los ajustes y modificaciones que hay que realizar en el currículo ordinario para responder adecuadamente a las necesidades educativas especiales. Estas adaptaciones pueden ser de dos tipos: de los elementos de acceso al currículum (horarios, materiales, espacios, etc.) o de los elementos básicos (objetivos, contenidos, metodología, actividades y evaluación).

A su vez, las adaptaciones curriculares pueden realizarse a nivel de centro, de aula o individual. Finalmente, se puede diferenciar entre adaptaciones curriculares significativas y no significativas, según modifiquen sustancialmente o no los elementos básicos del currículum (objetivos, contenidos, criterios de evaluación, etc.).

ADIESTRAMIENTO. En sentido lato, hace referencia a la acción de desarrollo de habilidades y destrezas y, en otros casos, es equivalente a instrucción. En el campo de la educación, el término ha tenido un matiz peyorativo, habida cuenta de que suele ser aplicado al adiestramiento de los animales.

ADIESTRAMIENTO EN SERVICIO. El que se recibe en condiciones similares o iguales a las que se dan en el ejercicio real de las funciones y actividades que se han de realizar.

Algunas de la prácticas de los estudiantes son una forma de adiestramiento en servicio, puesto que les permiten adquirir técnicas, habilidades y conocimientos de algunas actividades propias de la profesión.

ADMINISTRACIÓN DE LAS INSTITUCIONES EDUCATIVAS. Con esta expresión se hace referencia al conjunto de actividades administrativas que se realizan en un centro educativo con el propósito de atender a los aspectos organizacionales y funcionales del mismo y con el fin de crear las condiciones necesarias para llevar a cabo las actividades educativas, con la mayor eficacia y eficiencia posible.

ADMINISTRACIÓN EDUCATIVA. Actividad funcional del Estado que, dentro de las políticas públicas, se ocupa de la administración del sector educativo, ya sea a nivel de nación, provincia o municipio.

Conjunto de servicios que aseguran el funcionamiento del sistema educativo y de los centros educativos, de acuerdo con las leyes educativas, ordenanzas y reglamentos vigentes.

ADMINISTRACIÓN PÚBLICA. Esta expresión, según la opinión generalizada y compartida por los tratadistas de derecho administrativo, se utiliza con distintos significados y alcances: *a)* como actividad equivalente a la de gobierno; *b)* como acción diferente y subordinada a la de gobierno, que tiene por objeto la satisfacción de las necesidades públicas; *c)* como conjunto de funciones que realiza la autoridad pública en la gestión y manejo de las cosas comunes; *d)* como una de las actividades funcionales del Estado, que se propone realizar acciones concretas para satisfacer necesidades colectivas, y para prestar una serie de servicios que se consideran de interés público.

En su empleo más generalizado, la expresión tiene dos acepciones principales: como actividad o función pública (nacional, provincial o estadual, local o comunal) cuya finalidad es satisfacer las necesidades colectivas de los administrados; como organización, la expresión alude al conjunto de elementos (sistemas, métodos, normas, estructuras, etc.), a los órganos jerárquicamente ordenados, que asumen el cumplimiento de los fines del Estado. Se trata del mecanismo operativo por medio del cual se llevan a cabo las tareas encomendadas al Estado. Abarca la administración central, constituida por los ministerios y sus dependencias, los organismos autónomos y autárquicos, las empresas del Estado, las instituciones semifiscales y los organismos y entidades de administración provincial o estadual y local, comunal o municipal.

ADMISIÓN DE ALUMNOS. Proceso de aceptación de alumnos en un establecimiento educativo de acuerdo con las normas vigentes. Los requisitos de admisión varían según los niveles educativos. A nivel universitario, se suelen exigir pruebas de selectividad, exista o no *numerus clausus*. En todos los niveles educativos, la admisión está supeditada al número de plazas o vacantes existentes, cuyos límites se establecen por razones pedagógico-organizativas o por limitaciones físicas de la propia institución docente.

ADOLESCENCIA. Fase de la vida humana que transcurre entre la niñez y la juventud, caracterizada como la edad del cambio y del crecimiento, como la misma etimología de la palabra lo indica: *adolescere* significa "crecer".

El adolescente no es niño (ha dejado de serlo), ni es todavía adulto. Esta circunstancia (pérdida de la infancia y búsqueda de un estado adulto) es lo que caracteriza, en lo más profundo, el proceso psíquico que atraviesa todo adolescente. Es un período caracterizado por la afirmación de la personalidad y el deseo de singularizarse. Durante esta fase de crecimiento, se producen cambios fisiológicos y psico-afectivos, aparecen el pensamiento abstracto y la búsqueda de la propia identidad.

ADOPCIÓN. Acto civil por el cual una persona toma como hijo o hija propia a un niño/a no engendrado/a por ella. Como se indica en un documento de la OMS, la adopción es el medio más completo para poder proporcionar una familia y relaciones afectivas estables a un niño o niña que carecía de ellas.

AFASIA. Trastorno del lenguaje en tanto que vehículo de expresión y comprensión de los signos verbales. Se trata de un trastorno de la función simbólica o lenguaje interior, que afecta a la comunicación y a la comprensión. El origen de esta perturbación es debido a lesiones cerebrales localizadas o al retardo en la adquisición del lenguaje. La afasia es independiente de otros trastornos debidos a problemas en el sistema motor del lenguaje (disertía), del sistema fonador (disfonía) o de la fluidez en el hablar (tartamudez).

AFECTIVIDAD. Conjunto de reacciones psíquicas que tiene una persona ante experiencias vivenciales agradables o desagradables, de amor o de odio. Aspecto energético del comportamiento humano que se expresa a través de sentimientos, pasiones y emociones. Es un modo de manifestar el cariño y el amor.

AFIRMACIÓN DEL YO. Proceso por el cual un sujeto se presenta como personalidad independiente. Es una manifestación que suele darse en la adolescencia, expresada por medio de conductas de oposición.

Este fenómeno debe ser tomado por los educadores como algo normal dentro del proceso evolutivo de la persona. Teniendo en cuenta esta circunstancia, el docente, en su relación con los alumnos, debe tener cuidado de no herir su autoestima o contradecir aquellas manifestaciones con las que quiere expresar la afirmación de su personalidad. Sin embargo, deberá poner límites a las formas exacerbadas de afirmación del yo, cuando éste se expresa en un afán morboso de notoriedad propio de los fanfarrones y jactanciosos.

AGRAFIA. Incapacidad para la expresión escrita motivada por una lesión cerebral, al tiempo que se conserva la capacidad de movimientos de la mano, dedos, etc., y permanecen intactas las aptitudes psíquicas e intelectuales.

Este trastorno patológico puede darse aisladamente (agrafia pura), pero generalmente va asociado a otras perturbaciones: la **agrafia afásica**, caracterizada por la incapacidad de interpretar y utilizar los elementos simbólicos de la escritura en cuanto elemento del lenguaje, al mismo tiempo que el sujeto conserva los movimientos del grafismo; y la **agrafia apráxica**, que es un trastorno en los movimientos necesarios para la escritura, provocado por una lesión en el lóbulo parietal.

AGRESIVIDAD. Tendencia o tendencias que se exteriorizan en conductas reales manifestadas por un comportamiento hostil, destructivo y ofensivo. Este acometimiento contra otro u otros puede adoptar diferentes formas, desde las más primitivas de violencia (golpear, morder, pisotear, etc.) hasta la ironía. Puede ser verbal o gestual, activa o pasiva, manifiesta o disfrazada.

En cuanto al origen de la agresividad, existen diversas teorías psicológicas: a) la hipótesis frustración-agresión (Dolard y Miller), según la cual la frustración es la génesis de la agresividad: a mayor frustración, mayor agresividad; b) el psicoanálisis, que relaciona la agresividad con las pulsiones destructivas del instinto de muerte; c) los etólogos (Lorenz y otros) la atribuyen al desfase entre la evolución de la inteligencia humana y el relativo atavismo de sus instintos; para algunos no tiene diferencias sustanciales con el psicoanálisis; d) la teoría de Bandura y Walter, quienes explican que la mayoría de las conductas agresivas pueden ser objeto de aprendizaje o condicionamiento.

AJUSTE. Concepto similar a "acomodación" y a "adaptación", pero con un carácter más psicológico que sociológico. Acción y efecto de ajustar (modificar, amoldar, adaptar) la conducta personal, de manera que se consiga una relación sana y armónica con su entorno.

Algunos autores han señalado la dificultad planteada en el uso de éste término, en razón de las implicaciones que comporta el determinar aquello que es lo sano y armonioso.

ALEXITIMIA. Incapacidad para percibir y expresar adecuadamente los sentimientos.

ALMA MÁTER. Término que se utiliza en algunos países como equivalente a universidad en cuanto se la considera como el "hogar o casa de la cultura y el saber", en la que el estudiante nutre su espíritu y su mente como futuro profesional.

ALTRUISMO. Con este término se indican formas de comportamiento en beneficio de los demás. Estado de disposición o solicitud hacia los otros; cuidado desinteresado del bien ajeno, aun a costa del propio. Se diferencia de la caridad cristiana en que ésta se basa en motivos sobrenaturales, mientras el altruismo se fundamenta en una moral natural.

AMORAL. Desprovisto de sentido moral. Indiferente a la moral. Dícese de las personas cuyas conductas y juicios son indiferentes a los principios morales.

ANALFABETISMO. Falta de instrucción. Situación de las personas que no saben leer ni escribir. Para algunos, analfabetismo es equivalente a incultura; este alcance del término se presta a equívocos, porque toda persona, aun el analfabeto, posee cultura en el sentido antropológico del término.

ANALFABETO FUNCIONAL. Dícese de la persona que, habiendo aprendido a leer y escribir, por la escasa o ninguna práctica de la lectura y escritura, se transforma en un analfabeto por desuso. También se utiliza el término para designar a aquellos que funcionan como analfabetos frente a nuevos códigos culturales (se puede ser analfabeto frente a la informática, la tecnología, etc.).

ANÁLISIS DE SISTEMAS. Traducción de *systems design*; consiste básicamente en la preparación de datos destinados a la computadora u ordenador.

Estudio de una actividad, procedimiento, método y técnica para determinar lo que debe realizarse y cuáles son los mejores medios para lograrlo.

ANÁLISIS FACTORIAL. Procedimiento estadístico que extrae las principales dimensiones que subyacen a un cierto número de medidas partiendo de las correlaciones que existen entre ellas.

ANÁLISIS INSTITUCIONAL. El análisis institucional aparece como una metodología para conocer a las instituciones y su influjo en la vida individual y colectiva. Suele considerarse también como un método de intervención en la práctica social de los grupos, las organizaciones y las instituciones. Se apoya en el supuesto de que las organizaciones básicas de nuestra vida social (escuela, familia y hospital), y de manera especial los manicomios y las organizaciones psiquiátricas, son alienantes pues se vuelven contra la vida y el deseo. Por esta razón, propone cambiar todas las instituciones de civilización que son prisioneras de las normas y valores de las clases dominantes. Desde esa perspectiva, el análisis institucional pretende ser una alternativa política.

Para el logro de esos cambios de civilización, el análisis institucional propone cuatro medios concretos: el **socioanálisis**, considerado como el análisis institucional en situación de intervención (psicológica, organizacional y socio-analítica); puede ser reformista (cuando sólo pretende mejorar y transformar las instituciones) y revolucionario (cuando propone la destrucción de las instituciones). El **grupo autogestionado**, como primer paso para la formación en el análisis institucional. El **encuentro institucional**, una intervención de corta duración, que puede ser terapéutico, formador e intervencionista con el propósito de modificar el "colectivo cliente" (una organización o institución). Y el **transanálisis**, considerado como una praxis que sintetiza las aportaciones del análisis institucional y los movimientos de potencial humano inspirados en las concepciones bioenergéticas de Reich.

ANÁLISIS SOCIAL. En sentido general, hace referencia al examen analítico de hechos, fenómenos, acontecimientos o procesos sociales que se dan en un grupo, sector de la población, comunidad o sociedad. El análisis social consiste en distinguir las partes y elementos constitutivos, sus relaciones recíprocas y su relación con la totalidad de la que forman parte.

En cuanto a los procedimientos para realizar un análisis social que tenga en cuenta la diversidad de sus aspectos o dimensiones, deben adoptarse diferentes formas y métodos de aproximación a la realidad social, algunos de ellos aparentemente contrapuestos, pero que en la realidad son complementarios: análisis cualitativo y análisis cuantitativo; análisis sincrónico o estático (en un momento dado) y análisis diacrónico o dinámico (cuando se hace a través del tiempo); análisis a escala macro-social (la totalidad o sistema más englobante en el que se dan los problemas o fenómenos estudiados) y análisis a escala micro-social, centrado en fenómenos individuales o grupales.

ANIMACIÓN. Acción de estímulo y movilización de individuos, grupos y colectividades.

Forma de infundir ánimo e insuflar dinamismo y entusiasmo. Dar vida y movimiento a un conjunto de personas. Excitar a la acción.

ANIMACIÓN SOCIOCULTURAL. Metodología de intervención social, a la vez que una de las formas de acción dentro de la política cultural que se desarrolla a finales de los años sesenta, como una forma de promoción de actividades destinadas a llenar creativamente el tiempo libre; en los años noventa, sus pretensiones son más modestas en cuanto a ese propósito: si antes se hablaba de llenarlo creativamente, ahora se pretende que no sea alienante. A través de los programas de animación, se pretende también corregir el desarraigo que producen los grandes centros urbanos, evitar que se ahonde la brecha o foso cultural existente entre diferentes sectores sociales, desbloquear la comunicación social mediante la creación de ámbitos de encuentro que faciliten las relaciones interpersonales, alentar los medios no formales de educación permanente y crear las condiciones para la expresión, iniciativa y creatividad de la misma gente. Para el logro de estos objetivos, la animación sociocultural, por la naturaleza misma de su metodología, procura trabajar con las organizaciones de base y ayudar al fortalecimiento del tejido social.

ANIMADOR. El que realiza tareas de animación. Persona capaz de estimular la participación activa de la gente y de insuflar un mayor dinamismo sociocultural, tanto en lo individual como en lo colectivo.

Es un catalizador que desata y anima procesos que corresponden fundamentalmente a iniciativas de la misma gente. Su tarea fundamental comprende dos aspectos que, si bien son diferentes, se complementan y articulan entre sí; a saber:

• proporcionar los elementos para que el grupo mismo encuentre las respuestas a sus necesidades y problemas, y conduzca sus propias actividades;

• contribuir a que la misma gente recupere, sistematice, evalúe e implemente su propias prácticas sociales.

ANOMIA. Mientras el alcance sociológico del término designa el estado de desorganización social que atraviesa un grupo o una sociedad, como consecuencia de que sus miembros están privados de normas que organicen sus conductas, el concepto psicológico hace referencia a un estado de ánimo; uno y otro alcance no deben considerarse como contrapuestos, sino como complementarios.

El concepto es de gran importancia para analizar los problemas derivados de los rápidos cambios sociales, puesto que la anomia es un conflicto de normas que dificulta orientar la conducta, porque, en el fondo, es consecuencia de la discrepancia existente entre las necesidades del hombre y los medios que ofrece su sociedad para satisfacerlas. Las neurosis y psicosis individuales, los suicidios, los homicidios, la delincuencia juvenil y el uso de armas suelen ser resultados de estados anómicos.

ANÓMICO. Sin normas. Situación de anomia, caracterizada por el desconcierto que sufre el individuo cuando se encuentra ante una multiplicidad de normas opuestas o contradictorias. También se dice que un individuo sufre una situación anómica, cuando entra en conflicto por la contradicción existente entre los fines propuestos por la sociedad y los medios legítimos para acceder a ellos, habida cuenta de los condicionamientos que se sufren según el lugar que se ocupa dentro de la estratificación social.

APRENDER. Adquirir el conocimiento de alguna cosa por el estudio o la experiencia.

APRENDIZAJE. En general, hace referencia al proceso o modalidad de adquisición de determinados conocimientos, competencias, habilidades, prácticas o aptitudes por medio del estudio o de la experiencia.

APRENDIZAJE COOPERATIVO. Se trata de la utilización de métodos, técnicas, procedimientos y formas de agrupamiento de alumnos, con el fin de establecer entre ellos relaciones de cooperación de cara al aprendizaje. Estos procedimientos y técnicas de ayuda alumno/alumno y, en ciertas circunstancias, de profesor/alumno, se expresan en una serie de técnicas específicas, conocidas con su denominación en inglés. Mencionamos las que son más ampliamente utilizadas. El *rompecabezas (jigsaw)*. Se puede utilizar sólo en áreas de conocimiento cuyos contenidos pueden ser fragmentados. Se organizan grupos de 4 a 5 alumnos en donde cada uno prepara un sub-tema. Luego hace un intercambio con los miembros de los otros grupos que tienen el mismo sub-tema, retorna a su equipo y explica al resto del grupo el sub-tema que ha preparado; lo mismo hace el resto de los compañeros de equipo. Al integrar los sub-temas, se forma el rompecabezas del tema que se ha de estudiar. Los *grupos de investigación (group-investigation)*. Es una técnica parecida a la anterior, que se operacionaliza en los siguientes pasos: elección y distribución de sub-temas (lo hacen los alumnos de acuerdo con sus intereses y aptitudes); constitución de los grupos dentro de la clase (3 a 5 miembros); los alumnos eligen sus compañeros de grupo; planificación del estudio de los sub-temas, que realizan con el profesor, distribuyendo las tareas por realizar (búsqueda de información, sistematización y elaboración de la misma, etc.); investigación del tema siguiendo el plan previsto; análisis y síntesis, y preparación de la exposición del tema que harán ante el resto de la clase; presentación del trabajo ante sus compañeros de curso, y evaluación del trabajo en grupo y de la exposición, realizada conjuntamente entre el profesor y los alumnos. *STAD (Student Team-Achievement Divisions).* Es una técnica de cooperación intragrupal y de competencia intergrupal. Se constituyen grupos heterogéneos de 4 a 5 miembros. El profesor presenta un tema a toda la clase; después los alumnos lo trabajan en grupo durante varias sesiones, ampliando la información, discutiendo, elaborando esquemas y resúmenes. El grupo tiene que asegurar que todos sus miembros han aprendido el tema propuesto. El profesor evalúa a cada alumno individualmente. La nota o puntuación obtenida por cada estudiante se compara con sus notas anteriores. Si la iguala o supera, acumula puntos para el grupo. Esta puntuación se hace pública, estableciendo el grupo

vencedor. *TGT (Teams-Games Tournaments).* Similar a la anterior. No hay exámenes individuales y al final de cada tema se realiza un torneo en el que todos los alumnos pugnan entre sí. Se forman equipos de tres estudiantes, según el orden de puntuación obtenida: los que obtuvieron más puntuación forman el equipo número uno, los otros tres siguientes el número dos y así sucesivamente. *Tutoría entre iguales (peer tutoring).* Se constituyen parejas de alumnos de una misma clase: uno hace el papel de tutor (el que enseña y orienta) y el otro el papel del que aprende.

APRENDIZAJE INNOVADOR. Esta expresión fue incorporada al campo de la pedagogía en el informe al Club de Roma, conocido por el título *Aprender, horizonte sin límites* (1979). Después de realizar un análisis de las formas actuales de aprendizaje, que no son otra cosa que **aprendizajes de mantenimiento,** que adaptan al hombre a su medio y que lo capacitan para dar respuestas a situaciones conocidas, en el estudio se hace la propuesta de un aprendizaje innovador.

El aprendizaje innovador —postulado como modelo en dicho informe— es el aprendizaje capaz de preparar a los individuos y a la sociedad en su conjunto, para enfrentarse a los problemas que se afrontan en un mundo de complejidad creciente y de comprensión retardada. Los rasgos fundamentales de este tipo de aprendizaje son: la **participación**, que expresa la aspiración de los seres humanos a ser escuchados, y la **anticipación**, que supone desarrollar la capacidad de una perspectiva prospectiva en el análisis de los problemas en general y de la práctica pedagógica en particular. Los objetivos fundamentales de este tipo de aprendizaje son lograr que se respete la dignidad humana y asegurar la supervivencia de la especie. Para lograr estos objetivos, hay que asegurar la autonomía y la integración. La **autonomía** implica identidad cultural para la sociedad y autorrealización para los individuos, y la **integración** implica interdependencia para las sociedades y, para los individuos, el fundamento de las relaciones humanas.

APRENDIZAJE POR DESCUBRIMIENTO.

Uno de los métodos activos de aprendizaje cuyo procedimiento pedagógico consiste en que los alumnos, disponiendo de medios de investigación y experimentación, a través de un método de búsqueda activa, aprenden descubriendo, para solucionar el problema que el profesor les presenta; ya sea que se aplique de manera individual, grupal o colectiva. Este procedimiento consiste en que el profesor presenta una situación o problema que los alumnos tienen que resolver. Se trata de una pedagogía activa, basada principalmente en el método inductivo y en el procedimiento de resolución de problemas.

APRENDIZAJE POR ENSAYO Y ERROR.

Es la forma natural de aprender: desde niño, ante las nuevas situaciones, el ser humano observa y explora. En esa exploración se avanza por tanteos, se ensayan respuestas, se eliminan las que parecen inadecuadas y se aceptan las que parecen correctas.

Aplicada a la escuela, la idea de aprender por ensayo y error es útil en la medida en que la práctica educativa admite el error como una forma por la que también se aprende. Sin embargo, la teoría del aprendizaje por ensayo y error, tal como fue formulada por Thordnike dentro del marco de la psicología conexionista, incorporada luego al campo de la práctica educativa en el condicionante operante de Skinner (1938) y el condicionamiento instrumental de Hilgard y Marquis (1940), ha sido motivo de duras críticas, especialmente en la utilización en los sistemas de enseñanza programada.

APRENDIZAJE SIGNIFICATIVO. Concepto central dentro del modelo curricular y el constructivismo, acuñado por Ausubel en contraposición a los aprendizajes acumulativos, repetitivos, mecánicos o memorísticos, característicos de la enseñanza tradicional. Para Ausubel, el aprendizaje significativo se distingue por dos características esenciales: *a)* su contenido puede relacionarse de un modo sustancial (es decir, significativo) con los conocimientos previos del alumno; *b)* éste, a su vez, debe adoptar una actitud favorable para aprender, estar dispuesto a realizar los aprendizajes dotando de significado a los contenidos que asimila.

César Coll, por su parte, profundizando lo anterior, explica las condiciones para que se dé un aprendizaje significativo: *a)* el contenido debe ser potencialmente significativo, desde un doble pun-to de vista: por su estructura interna o significatividad lógica (el contenido no debe ser arbitrario o confuso) y por su posible asimilación o significatividad psicológica: *b)* el alumno ha de tener una actitud favorable para aprender significativamente; para ello debe estar motivado para relacionar lo que aprende con lo que sabe; *c)* los nuevos conocimientos deben ser funcionales, es decir, el alumno debe encontrarles sentido y considerarlos útiles, puesto que pueden "ser efectivamente utilizados cuando las circunstancias en que se encuentra el alumno lo exijan"; *d)* implica, asimismo, memorización comprensiva, contrapuestas al aprendizaje memorístico y repetitivo. Cuanto más rica sea la estructura cognoscitiva del alumno (en elementos y relaciones), mayor será la posibilidad de que se puedan construir significados nuevos, es decir, mayor será la capacidad de aprendizajes significativos.

APRENDIZAJE SOCIAL. Proceso de aprendizaje por el cual un individuo, en cuanto perteneciente a una sociedad o a un grupo humano determinado, adquiere comportamientos, hábitos, valores, conocimientos o capacidades, bajo la influencia o en contacto con su entorno social y los cambios socioculturales que se producen en él.

La expresión también se utiliza para hacer referencia al aprendizaje de normas, pautas y comportamientos sociales que se desarrollan por la observación de modelos. En este caso, el término se utiliza como equivalente a "socialización".

Para llevar a cabo una estrategia pedagógica de acuerdo con los principios del aprendizaje significativo, es de gran importancia que el docente conozca, tanto cuanto sea posible, cuál ha sido el aprendizaje social de sus alumnos (conocimientos y experiencias adquiridas, habilidades, comportamientos, etc.).

APTITUD. Disposición natural o adquirida que torna capaz a aquel que la posee para efectuar bien ciertas tareas o el ejercicio de un arte o actividad. La noción de aptitud se vincula a la disposición (innata o adquirida) o cualidad que tiene un individuo para ser eficiente y eficaz para la realización de una serie de actividades. El término también se utiliza para indicar la suficiencia o idoneidad para ejercer un empleo o cargo.

ÁREAS DE CONOCIMIENTO. Con esta expresión se hace referencia a la estructuración de las asignaturas de acuerdo con sus afinidades, en campos del saber relacionados entre sí. Por ejemplo, el área de ciencias sociales, que incluye historia, geografía, economía, ecología, etc., o el área de lengua, integrada por lectura, escritura, reflexión lingüística (ortografía y gramática), discurso literario, etc.

En Argentina, se trabaja por áreas de conocimiento, desde la década de los setenta, en los últimos años de la escuela primaria. Con la organización de las asignaturas por áreas de conocimiento, se favorecen el trabajo de globalización y el tratamiento interdisciplinar de los temas.

ARTES PLÁSTICAS. Se trata de las artes que modelan sus

obras en el espacio, tales como la escultura, el dibujo y la pintura.

Dentro de los contenidos de la educación, las artes plásticas son un conjunto de asignaturas y, además, son un medio de expresión auxiliar y didáctico de los otros contenidos de enseñanza. La enseñanza de las artes plásticas tiene un gran valor educativo desde el punto de vista estético, intelectual y moral, desarrollando la capacidad y sensibilidad para gozar de la belleza en todas sus formas o canales de expresión: la naturaleza, el arte y la vida misma en todas sus manifestaciones. Permite, además, descubrir los talentos artísticos de los niños y niñas que, de no existir estas asignaturas, serían más difíciles de descubrir. A través de la expresión plástica, especialmente del dibujo, es posible explorar la psicología de los niños/as, en la medida en que expresan libremente sus propias vivencias.

ASAMBLEA. Reunión numerosa de personas, de carácter transitorio, que delibera sobre un asunto, con el fin de discutir sobre el mismo únicamente, emitir un dictamen, resolver un problema o tomar una decisión. Según las fun-

ciones que cumple, puede ser: asamblea consultiva, cuyo propósito es emitir un dictamen no vinculante para el órgano superior que toma decisiones; y asamblea deliberativa, que toma decisiones en torno a las cuestiones que trata.

En las asociaciones, la asamblea es la reunión de todos los miembros, debidamente convocados, y tiene poderes soberanos en lo que se refiere a la vida interna de las mismas.

ASESOR. Dícese del especialista a quien, por razón de oficio, le incumbe aconsejar, dictaminar, informar o ilustrar con su opinión o parecer, sobre materias o actividades que requieren dictamen o resolución.

ASESORÍA. Oficio de asesorar. Estudios y actividades que tienen por objeto aconsejar e informar sobre determinados temas, actividades o campos de actuación que requieren conocimientos y experiencia técnica especializada.

ASESOR PEDAGÓGICO. Consejero, suficientemente capacitado, que presta un servicio especializado en el ámbito pedagógico y que debe expedirse sobre cualquier tema o problema de su especialidad, cuando se le solicita dictamen, informe, opinión o asesoramiento.

ASIMILACIÓN. En términos psicológicos, según el alcance que le da Piaget, es el proceso por el cual el sujeto interpreta la información que proviene del medio, haciéndola parte de su conocimiento, incorporada en función de sus esquemas o estructuras disponibles, sean éstas en evolución o ya acabadas. En la epistemología genética, es un concepto ligado inseparablemente al de acomodación. A este respecto, señala Piaget: "No hay asimilación sin acomodación, pero... la acomodación tampoco existe sin una asimilación simultánea."

ASIMILACIÓN ÉTNICA. Proceso étnico que abarca la disolución de grupos pequeños o representantes minoritarios de un pueblo en medio de otro generalmente más numeroso.

Existen dos tipos de asimilación étnica: forzada y natural. El primero está caracterizado por actos de fuerza, desde la negación de los más elementales derechos, pasando por la opresión económica, política, social y cultural, hasta los procedimientos de exterminio (la llamada "limpieza étnica"). El segundo posee un carácter progresista, ya que es el resultado lógico de la convivencia pacífica de una minoría étnica en un *etnos* mucho mayor, con igualdad de derechos. En este caso, el *etnos* menor asimilado se transforma y pasa a formar parte del otro, y el *etnos* mayor evoluciona en su propio proceso de consolidación, asimilando, en algunos casos, elementos de la etnia integrada.

ASIMILACIÓN SOCIAL. La expresión ha sido tomada de la biología, donde se entiende por asimilación la integración por la cual los seres vivos transforman materias absorbidas en sustancias propias.

En el campo de las ciencias sociales, con el término "asimilación", o "asimilación social", se indica el proceso o procesos en virtud de los cuales individuos, grupos o pueblos, pertenecientes a culturas o medios socioculturales diferentes, absorben características culturales de los otros, mediante una fusión e interpretación que tiende a configurar una unidad homogénea.

La asimilación puede ser unilateral; en este caso, un grupo abandona o pierde ciertas peculiaridades y adquiere pautas y valores culturales del otro; y también puede darse por fusión recíproca, en cuyo caso se va dando un proceso gradual de mezcla de dos o más culturas que van configurando actitudes, valores y comportamientos comunes. Entre ambas formas, existen niveles intermedios de asimilación.

Asimilación es un concepto que a veces se utiliza como sinónimo de "aculturación" y en otras circunstancias con un alcance bastante cercano al de "acomodación".

ASOCIACIÓN. En sociología, el término hace referencia a dos aspectos de la vida social. Unas veces, se utiliza para designar el proceso de relaciones que una persona determinada mantiene con otras con el propósito de asociarse con objetivos y tareas puntuales y limitadas, compatibles con otras muchas de diversa índole que realizan. En otros casos, el término alude a una entidad; entonces, se trata del conjunto de personas asociadas en una organización que, para la consecución de algún fin o interés compartido, se mantienen unidas mediante un conjunto reconocido y aceptado de reglas que rigen el funcionamiento de la misma. Consideradas las asociaciones en cuanto entidades, cabe señalar que en ellas existe una gran diferenciación según su grado de institucionalización: desde organizaciones formales hasta asociaciones poco institucionalizadas que constituyen, fundamentalmente, los movimientos sociales; unas asociaciones son cerradas (no cualquier persona puede pertenecer a ellas) o abiertas (todos pueden formar parte de las mismas); además, pueden ser voluntarias o involuntarias.

En cuanto a su tamaño, las asociaciones son muy variables; la mayoría son pequeñas y de carácter local; otras pueden alcanzar la totalidad del territorio o bien ser de carácter internacional.

ASOCIACIÓN DE EX ALUMNOS. Como su denominación lo indica, se trata de asociaciones constituidas por antiguos alumnos de un centro educativo.

ASOCIACIÓN DE PADRES. Son asociaciones constituidas por los padres de los alumnos de un centro educativo.

Su finalidad es coadyuvar al mejor funcionamiento de la institución docente y facilitar el contacto entre los padres y los docentes, y los encuentros personales entre las familias que llevan a sus hijos a un determinado centro educacional.

ASOCIACIÓN VOLUNTARIA. Grupo organizado (clubes, asociaciones benéficas, organizaciones deportivas, juntas vecinales, etc.) al cual la gente se adscribe para realizar tareas voluntarias, no remuneradas, que ocupan parte de su tiempo libre, para conseguir una finalidad o interés común.

ASOCIAL. Dícese del individuo que no realiza esfuerzo alguno por integrarse a un grupo o comunidad, aceptando y cumpliendo las normas que la mayoría reconoce como esenciales para la convivencia social. Hay que diferenciarlo del **anti-social** (criminal o ladrón) y del **pseudo-social** (parásito o vago), puesto que es una persona que no perturba la vida de los otros, pero no tiene interacción deliberada con su grupo.

ATENCIÓN A LA DIVERSIDAD. Conjunto de intervenciones educativas que ofrece respuestas diferenciadas y ajustadas a las características individuales de los alumnos.

Estas características pueden ir asociadas a su historia educativa y escolar o a condiciones personales de sobredotación o de discapacidad psíquica, física o sensorial.

AULA INTELIGENTE. Proyecto piloto iniciado en 1996 por la Institución Educativa SEK. Se trata de una propuesta de innovación pedagógica que pretende dar respuesta a las necesidades de formación y educación de las personas del siglo XXI, favoreciendo la integración de los saberes, aumentando la motivación de los alumnos, potenciando la capacidad de comunicación oral y escrita, enseñando la búsqueda y uso de distintas fuentes de información, y enseñando a planificar y gestionar el tiempo.

En el "aula inteligente", las herramientas habituales de trabajo son los equipos informáticos multimedia, los medios audiovisuales de uso individual, el circuito cerrado de televisión, el CD-ROM, la conexión con los principales satélites de comunicación, las videoconferencias, las cámaras "flex-cam" para mi-croscopio y las entradas a las autopistas de la información vía Internet.

El trabajo se desarrolla en equipo, entre los profesores y alumnos. En las unidades didácticas, se presenta el tema al grupo, luego se desarrolla un trabajo personal o en grupo, para terminar con una puesta en común y la autoevaluación final. Cada alumno elige a un profesor del equipo como tutor que orienta su proceso de aprendizaje. Por otra parte, se incluyen las monitorías con el fin de fomentar la relación entre los alumnos y el ámbito académico (alumnos mayores o más capacitados ayudan a sus otros compañeros). También se realizan actividades fuera de la escuela, unas de tipo deportivo y otras de servicio social (labor asistencial a disminuidos físicos y psíquicos).

AUTISMO. Aunque el síndrome fue definido por Leo Kranneer en 1943, nadie sabe cuál es el origen del autismo. Para algunos psiquiatras y psicólogos, se trata de un síntoma propio de la esquizofrenia, consistente en un estado de extrema introversión que imposibilita contactos normales con el mundo exterior.

Otros, en cambio, lo consideran como un desorden que implica la incapacidad de desarrollar relaciones interpersonales, como consecuencia de un retraso en el desarrollo del habla y del lenguaje, y un comportamiento exterior netamente ritualístico (Kanner). Una teoría similar es la de Genovard; para este autor, se trata de una tendencia a regular los pensamientos y las percepciones a través de deseos o necesidades personales, excluyendo todo contacto con la realidad objetiva. Frente a la teoría del autismo como síntoma de esquizofrenia, existe una interpretación del autismo como una forma de desorden cognitivo o trastorno del desarrollo que afecta a 5 de cada 10.000 niños.

El autista vive encerrado en sí mismo, apático, indiferente a los demás y a todo lo que ocurre a su alrededor, y con fuerte tendencia al aislamiento. Sufre por ello ansiedad, comportamientos obsesivos y, en algunos casos, puede llegar a autolesionarse. El autista es un individuo que vive en una cárcel de soledad por su incapacidad de comunicarse.

Las terapias y tratamientos desarrollados, especialmente a partir de los años noventa, se valen de sistemas alternativos de comunicación, mucho más simples y concretos que el lenguaje oral. Para este tratamiento se utilizan fotografías, dibujos, gestos, ordenadores, etc. Los tratamientos deben tener en cuenta la gravedad del síndrome (el espectro autista va de 8 a 96 grados), sus capacidades, el desarrollo cognitivo (el 80 % tiene algún tipo de retraso mental), la edad (la fase errática es de 3 a 5 años) y el grado de apoyo familiar.

AUTOAPRENDIZAJE. Proceso de aprender por uno mismo buscando su propia metodología, aunque ésta sólo sea implícita. Forma de aprender sin ayuda externa.

AUTODETERMINACIÓN. En términos generales, designa la acción de un individuo capaz de decidir por sí mismo, en oposición a la que se lleva a cabo por la presión de otros o del ambiente social.

AUTODIDACTA. Persona que aprende sin que haya otra que le enseñe, actuando, de hecho, como profesor de sí mismo.

AUTOESTIMA. Término acuñado por Carl Rogers para designar la visión, concepto o idea que una persona tiene de sí misma.

La autoestima se constituye a medida que cada niño/a o adolescente va constituyendo su identidad personal. Se forma a partir de lo que la persona piensa de sí misma (autoconcepto) y de lo que los demás piensan de ella. Cada niño/a o adolescente va interiorizando lo que piensan de él o ella algunas personas que son relevantes en su vida, particularmente los padres y profesores. Esto influye en la forma en que el individuo se valora, se siente, piensa, se comporta y se relaciona con los demás. Y, como consecuencia de todo ello, tiene una incidencia decisiva en la forma como se aprende.

Tanto en el campo de la psicología como de la psicopedagogía, se considera de fundamental importancia desarrollar la autoestima de los niños/as y adolescentes, para asegurar su propia madurez psicológica. Los educadores juegan un papel importante en la construcción de la autoestima de sus alumnos/as, que, por otra parte, es un aspecto sustancial para desarrollar la personalidad de los mismos.

AUTOEVALUACIÓN. Apreciación valorativa, pretendidamente objetiva, del nivel de aprendizaje que uno ha adquirido. Es una forma poco corriente de evaluar, habida cuenta de que la tradición evaluativa es casi siempre evaluación del docente a los alumnos (lo cual es una de sus funciones), pero ello no excluye la posibilidad de autoevaluación como una forma, combinada con otras, para valorar el aprendizaje de los alumnos.

La utilidad y la ventaja de esta modalidad se apoyan en el supuesto de que el que se autoevalúa puede revisar por sí mismo sus propias actividades como estudiante y desarrollar, como persona, la capacidad de autocrítica.

Como forma cooperativa de evaluación y de control y valoración del propio aprendizaje por parte de los alumnos, puede utilizarse con fruto, tanto cuanto los estudiantes son capaces y están dispuestos a valorar su aprendizaje, informando con una cierta objetividad de los resultados de su propia evaluación.

AUTOGESTIÓN. Traducción literal del término servo-croata *samoupravlje*, con el que se designa la experiencia política, económica y social de Yugoslavia, llevada a cabo después de la segunda guerra mundial. *Samo* es el equivalente eslavo del prefijo griego *auto*, que forma parte de la estructura verbal de muchas palabras para designar el concepto "por sí mismo", y *pravlje* significa "gestión". En su misma estructura verbal, la palabra evoca la idea de "gestión autónoma". Este concepto implica, a poco que ahondemos en él, la participación de todos los miembros de un colectivo para resolver uno o más problemas, necesidades o centros de interés que conciernen a la vida de todos. Se trata, pues, de una práctica de la democracia real y no sólo formal. Generalmente, con esta palabra se suele designar también la autorregulación de una organización llevada a cabo por órganos internos y no por instancias externas a la misma. Con este alcance, el término "autogestión" es equivalente a autogobierno.

La autogestión en el campo educativo hace referencia de modo particular a la forma de organización y funcionamiento de una institución docente. En sí misma, no implica ningún marco teórico referencial de tipo psico-pedagógico, ni una teoría del proceso de enseñanza/aprendizaje. Sin embargo, la práctica de autogestión es incompatible con toda teoría de referencia que excluya o minimice la participación de los implicados en el proceso de enseñanza/aprendizaje. Por otra parte, la organización autogestionaria es igualmente incompatible con la exclusión de métodos activos o procedimientos participativos.

AUTONOMÍA. Cualidad dinámica de la persona humana que se gobierna a sí misma y tiene su propio modo de ser y de pensar. Se suele distinguir entre la autonomía funcional, que asegura la independencia del individuo en relación con su entorno físico, y la autonomía psicológica, que es la capacidad de conducirse de acuerdo con las propias convicciones y decisiones.

La persona autónoma no tiene identidad de referencia, en el sentido de definirse en razón de la adhesión a una doctrina, partido político, religión o ideología.

Según algunas tendencias pedagógicas, la autonomía personal es una de las finalidades principales de la educación, puesto que ello asegura la capacidad de autogobierno y la posibilidad de tomar decisiones responsables.

AUTONOMÍA DE LOS CENTROS EDUCATIVOS. Éste es uno de los aspectos más relevantes de las reformas educativas que han tomado como referencia el modelo curricular y el constructivismo. Esta autonomía es necesaria para que cada establecimiento docente pueda formular y llevar a la práctica el proyecto curricular, habida cuenta de que el proceso educativo no puede, ni debe, ser el mismo para todos los establecimientos docentes.

Para dar una respuesta educativa concreta a un contexto social, cultural y económico específico y a alumnos/as que tienen problemas, necesidades e intereses acordes a esa especificidad, cada establecimiento docente debe tener autonomía operativa.

AUTORIDAD. Potestad o facultad que uno tiene para hacer alguna cosa. En este sentido, la autoridad es el poder institucionalizado.

Cualidad que se ejercita en el campo de las opiniones y/o de las acciones y que permite convencer, persuadir o imponerse a otros, ya sea por el poder legal (autoridad de derecho) o por medio del poder o don natural de hacerse obedecer (autoridad de hecho). No son, pues, ni la fuerza, ni la coerción, ni el poder, la esencia de la autoridad, sino la legitimidad (o derecho institucionalizado para limitar las preferencias).

También se utiliza el término para designar los poderes constituidos por el Estado, región, provincia o municipio, como asimismo las personas físicas o morales que ostentan el derecho de mandar (autoridad civil, eclesiástica, religiosa, militar, etc.), o que ejercen un poder efectivo en ciertos dominios (autoridad científica, por ejemplo).

Asimismo, se dice **tener autoridad** en el sentido de ascendencia, prestigio, influencia o crédito. Por analogía, todo lo que sirve como apoyo a una afirmación.

De acuerdo con Weber, pueden identificarse tres tipos básicos de autoridad legítima: **carismática**, que depende de las cualidades mágicas de los líderes individuales, sin que estén implicadas reglas o regulaciones; **tradicional**, que se apoya en los sistemas de *status* y *roles* que se estabilizan a través del tiempo, expresados en procedimientos y reglas, y **tradicional-legal**, que es formalmente legitimizada.

AUTORITARISMO. Tendencia al uso excesivo —frecuentemente con abuso— de la autoridad personal para hacerse obedecer.

Sistema fundado en la sumisión incondicional a la autoridad y en el sometimiento a la misma. Normalmente, el autoritarismo se da en regímenes en donde el poder es detentado por una persona o minoría que ejerce una presión generalizada e indiscriminada. Carácter de un individuo o gobierno autoritario.

AYUDA. Apoyo, auxilio, cooperación o socorro que se presta a personas, grupos o asociaciones para satisfacer necesidades básicas o especiales, o para contribuir a la ejecución o logro de alguna cosa.

Auxilio o socorro en beneficio de otro. Dinero que se suele dar a quien no puede cubrir sus necesidades básicas.

AYUDA PEDAGÓGICA. Intervención docente con el propósito de orientar, asesorar y guiar al alumnado a fin de que éste pueda avanzar en su aprendizaje.

B

BACHILLERATO. En la organización escolástica medieval, era el primero de los grados universitarios. Luego, a partir de la reforma napoleónica de la enseñanza, el bachillerato pasó a ser un examen que señalaba el final de la enseñanza secundaria. Actualmente, corresponde a los estudios de nivel medio que se proporcionan entre la enseñanza general básica y la universidad.

Las reformas educativas llevadas a cabo en los últimos años, en diferentes países, han introducido una gran variedad de cambios en el bachillerato. Si bien sigue siendo una vía de acceso a la universidad, suele tener diferentes modalidades según el tipo de estudios que se piensan realizar en la misma. Actualmente, el bachillerato no tiene un conjunto de asignaturas comunes a todos, sino que, además de materias comunes, existen materias que son propias de la modalidad escogida y otras optativas.

BANDA (PANDILLA). Palabra que procede del italiano *banda*, en la acepción de "pelotón, cuadrilla".

Se puede utilizar con diferentes alcances: en algunos casos, designa a un grupo de niños, adolescentes o jóvenes que se reúnen para jugar y que, agrupados, experimentan un sentimiento de solidaridad y de seguridad; entre nosotros, para referirse a este tipo de agrupaciones, se suele utilizar el término "pandilla".

La expresión "banda" es empleada más bien para referirse a grupos antisociales (patoteros, gamberros, macarras, etc.) que reaccionan agresivamente contra la sociedad en que viven, con conducta de masa y, de ordinario, reconociendo a un jefe o líder. Con frecuencia, persiguen fines criminales o de robo.

BEHAVIORISMO. Del inglés *behavior* (comportamiento). Escuela psicológica, fundada por John Watson y otros fisio-psicólogos norteamericanos. Según esta escuela, el objeto de la psicología, como el de toda ciencia humana, es la observación y análisis objetivo del comportamiento individual o social, expresado en las manifestaciones externas de la conducta. De ahí que a esta escuela también se la conoce con el nombre de **conductismo**.

Descarta el método introspectivo, al que considera fútil o ilusorio, puesto que las ciencias humanas deben limitar su estudio a la observación del organismo en situación; el estudio frente a los estímulos externos y/o internos es la única base de un estudio científico del hombre.

Todo hecho psicológico se reduce a la pareja estímulo-respuesta y en él no cuenta para nada la conciencia. El fin del behaviorismo es encontrar las leyes a las cuales obedecen las reacciones psicofisiológicas de manera que, dado un excitante, el psicólogo pueda predecir la reacción orgánica que se producirá y, dada una reacción determinada, saber por qué clase de estímulos o excitante ha sido producida.

La psicología behaviorista ha sido definida por el mismo Watson como "la ciencia de las acciones recíprocas que se ejercen por estimulación, ajuste y respuesta entre un organismo y su medio".

El behaviorismo sirvió de sustento y fundamentación psicológica (mezclado a veces con otras orientaciones) a la concepción y metodología de la educación. Las técnicas de *behavior modification* (modificación del comportamiento), elaboradas por B. E. Skinner y aplicadas a la educación, son el mejor ejemplo de ello. Por otra parte, hay que señalar que la pedagogía asumió de esta escuela el estilo metodológico conforme con el cual, en el estudio de los hechos, hay que limitarse al nivel de observación y experimentación, rechazando todo aquello que tenga un carácter finalista. Los métodos de intervención están basados fundamentalmente en la relación estímulo-respuesta, teniendo particularmente en cuenta los condicionamientos operantes.

BURÓCRATA. Persona que está dedicada, en forma profesional y permanente, al trabajo de administración.

Suele utilizarse con un cierto matiz despectivo, para designar un tipo de ejercicio de las funciones de ciertos funcionarios de la administración pública y de dirigentes políticos y sindicales. El modo de operar de los burócratas tiene unas características determinadas: la **despersonalización**, en cuanto el burócrata, aun cuando se relacione con personas, no trata con éstas en cuanto tales, sino con fichas, expedientes o legajos que las reemplazan. El burócrata dicotomiza su existencia entre lo que es como funcionario y lo que es como persona, si bien su neutralidad funcional conduce irremediablemente a la neutralidad psicológica personal. La **eliminación de toda iniciativa y de toda expresión creativa:** el burócrata procede aplicando al pie de la letra lo ya establecido; no quiere "complicaciones", de ahí que, además de no innovar, no haga nada si no hay un papel de por medio; corolario de esta falta de iniciativa es la ausencia de toda capacidad creativa. Por último, el burócrata se caracteriza por insertarse en **relaciones interpersonales superestructurales** de las que cree poder valerse y controlar, cuando en verdad está atrapado en el juego de los que, en última instancia, tienen el poder de decisión.

BUROCRATISMO. Deriva de la palabra "burocracia". Con este nombre se designa la tendencia a establecer formalidades que, con el transcurso del tiempo, se introducen en una organización y van creando procedimientos, formas de comunicación, distribución de funciones, etc., que terminan por complicar el funcionamiento del aparato administrativo. El burocratismo conduce a las formas de organización y de gestión que parecen tener un fin en sí mismo, con prescindencia del servicio que deben prestar a los administrados.

El término sirve asimismo para hacer referencia al comportamiento y conciencia de ciertos funcionarios de la administración pública y dirigentes políticos, sociales y sindicales. Los primeros se caracterizan por su actuación despersonalizada dentro de la monstruosa hipertrofia de la maquinaria administrativa; los otros, por actuar principalmente en niveles superestructurales, independientemente de las opiniones e intereses de sus bases y sin ningún control democrático por parte de éstas.

En el lenguaje político, se habla de la lucha contra el burocratismo para expresar un aspecto de la lucha por la democracia real frente a la ficticia del aparato estatal, partidario, sindical o de cualquier otro tipo de organización.

C

CALENDARIO ESCOLAR. Tanto en la elaboración del proyecto educativo institucional, como en el proyecto curricular del centro, una de las variables para considerar es la utilización y distribución del tiempo. Ésta es la razón de existir de la calendarización de actividades a nivel de cada institución docente, expresada en un cuadro con la previsión y distribución de las diferentes actividades que se realizarán dentro de un establecimiento docente durante el año escolar. Se incluyen las actividades para-escolares, los días feriados y las vacaciones.

CALIDAD DE LA ENSEÑANZA. Se trata de una valoración de la calidad de la enseñanza que puede realizarse a dos niveles: por una parte, evaluando la totalidad del sistema educativo (nacional o provincial); por otra parte, teniendo en cuenta la calidad de la enseñanza en los establecimientos docentes.

En ambos niveles, con las adaptaciones del caso, la calidad de la enseñanza consiste en establecer una relación entre las finalidades y objetivos formulados por el sistema educativo (o el centro educativo) y los resultados alcanzados.

Los parámetros desde los cuales se mide la calidad de la enseñanza vienen dados por dos factores: el modelo educativo adoptado y la capacidad de dar respuesta, en un país y en un momento histórico determinado, a las demandas sociales, socioculturales, políticas y económicas de esa sociedad.

El nivel de la calidad de la enseñanza, en cada uno de los niveles antes mencionados, es el resultado de una serie de factores.

CALIDAD INSTITUCIONAL. Es la cualidad atribuible a una institución cuyos componentes estructurales y funcionales responden a criterios de idoneidad conforme con lo que se espera de dicha institución.

CALIFICACIONES ESCOLARES. Son la forma de expresar de manera cuantitativa o cualitativa la evaluación global o específica que el docente hace del proceso de aprendizaje de un alumno.

Respecto de los sistemas de calificación, en cuanto escalas que acreditan un nivel de conocimientos, las notas numéricas de 0 a 10, preferentemente a las de 0 a 5 ó de 0 a 20, parecen ser la modalidad más aceptada.

La utilización de escalas cualitativas (apto, no apto, insuficiente, regular, bueno, notable, muy bueno, etc.) ha revelado ser muy poco representativa. Estas calificaciones son como una nebulosa elástica que no se sabe muy bien qué significa.

Si bien expresamos preferencia por la escala numérica de 0 a 10, ésta también tiene sus limitaciones; señalamos dos: la primera es la dificultad de ser justo con el alumno, al valorarlo con una nota dentro de una escala. La otra dificultad es la que se produce acerca de la relación que se establece entre la nota y lo que se sabe. Si se admite el aprobado con 4 puntos, esto hace suponer que esta calificación (teniendo en cuenta la escala utilizada) significa que el alumno sabe el 40 por ciento de lo que exige el programa de la asignatura.

CAMBIO SOCIAL. En el sentido lato del término, cambiar es la acción de pasar, variar, alterar o mudar de un estado a otro. En sociología, se habla de cambio social para designar, en sentido general, las variaciones producidas dentro de un cierto período, que afectan a las estructuras y funcionamiento de las instituciones, normas, valores, etc., de una sociedad, de una manera no efímera ni transitoria, sino estable o permanente.

Se trata de uno de los temas centrales de la sociología; más aún, puede decirse que la sociología nace de la preocupación por explicar las causas y la dirección de los cambios que se producen después de la revolución francesa y de la industrial. Las obras de Comte, Spencer y Marx son buen ejemplo de ello. Ya en el siglo XX, la preocupación por las explicaciones globales del cambio social perdieron predicamento; las investigaciones se centraron en el estudio de los cambios producidos en sociedades, comunidades e instituciones particulares.

Si bien persisten diferentes perspectivas e interpretaciones del proceso de cambio social, existe un acuerdo generalizado entre los sociólogos, de que el cambio es la condición normal de toda sociedad. No existe ninguna sociedad completamente estática; la ocurrencia de cambios es una normalidad aun en las sociedades más tradicionales y aparentemente estables. Ningún fenómeno o hecho social es completamente estático, al punto que podría aplicarse a la realidad sociocultural la expresión heraclitiana "todo cambia". Permanentemente se está pasando de un estado a otro en algún sector de la realidad social. Esto ha ocurrido siempre; lo nuevo no es el cambio, sino la amplitud, velocidad y aceleración del mismo, y lo importante es la dirección del cambio social.

Vivimos en un mundo que cambia, que cambia aceleradamente y que cambia cada vez más aceleradamente. Lo difícil es prever la dirección de los cambios. La libertad de los seres humanos, lo aleatorio, las bifurcaciones que se producen en cada coyuntura, la incertidumbre y lo imprevisto siempre están presentes. Todo esto tiene particular relevancia para las políticas públicas en general y para la educación en particular, con todas las implicaciones que ello tiene para la práctica educativa.

CAMPO PSICOLÓGICO. Expresión creada por Kurt Lewin —dentro de su teoría del campo— para designar la "totalidad dinámica" de los hechos físicos, biológicos, sociales y psicológicos (conscientes e inconscientes) que expresan el estado de relaciones de un individuo o de un grupo en un momento dado. Se trata del "espacio vital" de las personas sujetas a interacciones recíprocas.

Este campo comprende a la persona misma (con sus necesidades, motivaciones, percepciones, objetivos, ideales, preocupaciones, etc.) y su ambiente psicológico, es decir, todos los objetos y todas las situaciones percibidas como reales y eventuales, consideradas en un cierto espacio de tiempo.

La conducta o comportamiento, según esta concepción lewiniana, es una función del espacio vital o una función de la relación entre la personalidad y su ambiente psicológico. Se expresa en la fórmula: $B = F (LS)$ ($B = behavior$; $F = function$; $L = life$; $S = space$).

CAMPUS UNIVERSITARIO. Expresión de uso cada vez más generalizado para designar los terrenos en donde se levantan las instalaciones de una universidad, incluyendo las construcciones y el conjunto del equipamiento existente en la misma.

CAPACITACIÓN. Hacer apto para una cosa. Preparación para adquirir o mejorar los conocimientos y las aptitudes que la formación profesional no ha proporcionado para realizar una tarea o actividad.

CARÁCTER. En su contenido etimológico, la palabra significa "marca" o "sello", pero en su sentido psicológico y ético no existe acuerdo acerca del alcance y significado de este concepto. Allport ha contado, en lengua inglesa, 17.953 adjetivos y sustantivos que se utilizan para describir el carácter. Los psicólogos consideran que no se ha precisado aún, dentro de su disciplina, cuál es la naturaleza del carácter. Es casi unánimemente admitida su diferenciación del temperamento, pero algunos autores utilizan indistintamente los términos "carácter" y "personalidad".

Actualmente, la posición más generalizada es aquella que ha convenido en distinguir el temperamento del carácter, designando con el primer término lo innato y con el segundo lo adquirido, pero inserto en lo congénito y combinado con éste. En otras palabras: sobre la base biopsíquica innata (el temperamento), la influencia del medio sociocultural configura el carácter, que aparece —como lo indica Allport— cuando lo adquirido es juzgado desde un punto de vista ético o con criterios espirituales o valorativos. Esto último es lo que ha inducido a algunos a considerar el carácter como un concepto ético más que psicológico.

El carácter, pues, configura en el individuo un conjunto de disposiciones que dan como resultado una determinada manera de ser, de sentir y de reaccionar.

CARRERA DOCENTE. Conjunto de disposiciones que, dentro del sistema educativo, establece las formas y requisitos para incorporarse a la docencia y para regular la movilidad del profesorado dentro del sistema educativo.

La expresión también se utiliza para hacer referencia al circuito por el que transita el docente y que le permite acceder a diferentes niveles de responsabilidad.

Prácticamente en todos los países, los requisitos básicos de una carrera docente son los de titulación, aptitudes docentes, competencia, perfeccionamiento y actualización.

CATARSIS. Del griego *kátharsis*, nombre de acción del verbo *kathaírein* (purificar). Esta palabra fue inicialmente empleada por Aristóteles para indicar el efecto de purificación de los afectos y mitigación de tensiones que se logra entre los espectadores que asisten a una representación dramática, al presenciar la expresión de emociones y sentimientos que en ellos están reprimidos o inhibidos.

El término fue incorporado a la psiquiatría por Freud y Breuer para designar la "descarga mental" que se logra, con la ayuda de una persona (especialista o no), mediante el retorno a la conciencia de un recuerdo, con fuerte carga emocional, que se ha mantenido reprimido. Las técnicas utilizadas para lograr el efecto de catarsis son muy diversas, desde las charlas informales hasta el psicodrama, el sociodrama y la liberación de excitación (o de afectos) cuyas vías de descarga están momentáneamente bloqueadas.

También se habla del efecto de catarsis que se logra por la confesión entre los católicos y por ciertas manifestaciones como la danza, el baile, las caricias, los mimos, la música, etc., que ayudan a liberar parcialmente las tensiones.

En general, el término "catarsis" se utiliza para designar el efecto de apaciguamiento emocional y espiritual, por medio de la expresión verbal o imitativa de las pasiones y por presenciar los sentimientos y emociones propias representadas, aun ilusoriamente, por otros, como ocurre en el teatro o el cine.

CÁTEDRA. Plaza o puesto de trabajo que desempeña un profesor universitario y que ocupa en propiedad.

CENSO ESCOLAR. Estadística acerca de la situación educativa. Los censos escolares pueden ser a nivel nacional, provincial o municipal. De ordinario, se realizan mediante el llenado de planillas censales que se realiza en los establecimientos docentes y que éstos envían a las autoridades educativas. Estas planillas contienen datos sobre alumnos, personal docente y no docente, y aspectos relacionados con el equipamiento e infraestructura, tasas de escolarización, etc.

CENTRALIZACIÓN EDUCATIVA. Existe centralización educativa cuando la organización del sistema educacional está estructurada de tal manera que todas las decisiones importantes se toman a nivel de la administración central, con criterios uniformes para el conjunto de las instituciones educativas del país.

Ésta ha sido la característica generalizada de la administración educativa en los países latinoamericanos: la centralización del sistema educativo ha sido coincidente con la centralización de todo el aparato del Estado. De ordinario, el ministerio de educación a nivel nacional (y los órganos delegados) tenían todo tipo de competencias en materia educativa: nombramiento de personal, elaboración de planes, programas de estudios elaborados a nivel nacional que se aplicaban sin adaptaciones a todo el país, modos de evaluación, organización de los centros, etc. De igual manera, los libros de texto respondían a esa visión centralista de los currículum y sus contenidos desconocían las particularidades internas y necesidades de los educandos de provincias. Este tipo de organización para la administración y gestión del sistema educativo fue negativo desde el punto de vista funcional, y en cuanto a la posibilidad de adecuar el currículum a cada circunstancia concreta. La práctica de la centralización educativa ha sido desechada por inoperante e ineficaz. A fines del siglo XX, la tendencia es de signo contrario; en casi todos los países se está produciendo un proceso de descentralización de los servicios educativos, que permite la toma de decisiones a nivel provincial, incorporando las necesidades e intereses de las comunidades locales en los contenidos de la enseñanza.

CENTRO EDUCATIVO. Todo establecimiento destinado a una tarea educativa, cualquiera que sea su nivel o la enseñanza que imparte.

CENTROS DE INTERÉS. Es un concepto y una propuesta didáctica que se inician casi simultáneamente en Alemania y Estados Unidos, en torno a 1875. Para Königbauer, que es el precursor alemán, la escuela primaria debe iniciar al niño en la vida, que está orientada por intereses particulares que se generalizan y no por asignaturas. Parker y Dewey, en Estados Unidos, consideran que los métodos educativos deben adaptarse al desarrollo e intereses de los niños, y no a un esquema racional del saber.

La idea de los centros de interés queda consagrada en la pedagogía con las aportaciones de O. Decroly al campo educativo, y se relaciona con una organización del currículo que adopta como punto de partida las experiencias y vivencias de los propios alumnos. Por ello, los centros de interés encuentran un entorno más favorable para su desarrollo dentro de un modelo curricular abierto y flexible. Para este autor, pionero en su definición, hacen referencia principalmente a necesidades de alimentación e higiene, refugio y protección de la intemperie, defensa de los peligros buscando seguridad, además de la necesidad de relacionarse con los demás en una dimensión cooperativa de solidaridad.

Actualmente, el concepto de centros de interés en pedagogía es mucho más amplio. Tomás Sánchez Iniesta lo plantea en los siguientes términos: las instituciones educativas deberían garantizar la adquisición por parte de los alumnos de un conjunto de conocimientos culturales básicos, unidos a sus intereses y necesidades, para que puedan desenvolverse íntegramente y participar de un modo creativo y responsable en su comunidad. Por ello, la organización de estos contenidos básicos debería hacerse en torno a las necesidades e intereses que tienen un carácter más permanente en los alumnos, superando la mera oportunidad del momento. A estos temas más relevantes los llama "centros de interés". Ellos deben ser un referente obligado para los docentes, tanto en la organización de los objetivos y contenidos incluidos en el currículo, como en la metodología que se va a utilizar, es decir, en la organización general del proceso de enseñanza/aprendizaje.

Los centros de interés, para este autor, no son por tanto un tema cualquiera que se muestre interesante para los alumnos (suponiendo que participen en su elección), o para el docente (cuando es éste quien los determina en base al atractivo que puedan tener en un momento dado). Sánchez Iniesta los define como "ideas fuerza en torno a las cuales convergen las necesidades fisiológicas, psicológicas y sociales de las personas. Se consideran contenidos culturales básicos en los procesos de aprendizaje que deben realizar los alumnos y, en este sentido, tienen una mayor estabilidad y permanencia en la planificación que realiza el equipo docente a lo largo de una etapa educativa".

Un ejemplo de centro de interés es el conjunto de contenidos organizados en torno al tema de la nutrición, por ejemplo, en tanto que es una necesidad básica de los seres humanos y cuyo tratamiento goza de una gran estabilidad en el currículo. En él, pueden incluirse otros contenidos más particulares (estudio de determi-

nados alimentos, etc.), que tienen un alcance más limitado en el tiempo, son menos estables en la programación y pueden ser sustituidos por otro contenido similar sin alterar el sentido general del tema. Estos contenidos más particulares (estudio de las golosinas, el pan, las frutas, etc.) se denominan tópicos y, en ocasiones, han sido confundidos con los centros de interés.

CICLO EDUCATIVO. Período que comprende un determinado número de meses o años de estudio, en el que se integran o articulan varios cursos con el fin de dar unidad al proceso educativo dentro de un determinado nivel.

CIENCIA. El término "ciencia" deriva etimológicamente del vocablo latino *scientia* (saber, conocer). Esta noción concuerda con su raíz *scio,* que deriva del griego *isemi,* verbo que también equivale a "saber" en toda la extensión del término: tener noticias, estar informado, conocer. En su sentido general, teniendo en cuenta su etimología, la palabra "ciencia" alude a toda clase de saber. Sin embargo, en el sentido moderno del término, la ciencia alude a una forma de saber.

Actualmente, cuando se habla de ciencia se puede estar haciendo referencia a **una actividad** (algo que se hace), o bien a **un resultado o producto de ese hacer**. Para considerar una actividad como propia de la ciencia, existen dos criterios bastante generalizados: el **formalista**, que identifica la garantía de cientificidad con la formalización, especialmente con la formalización matemática, pero dejando de lado la formulación de problemas, la investigación del campo, la teorización, etc. El otro criterio es el **medotologista**, que relaciona la ciencia con el método científico, olvidando los supuestos, el marco teórico, los problemas y los fines de la actividad científica.

En cuanto la ciencia se considera como resultado o producto de una actividad, se alude a un conjunto de conocimientos racionales de carácter probabilístico que aspira a proporcionar explicaciones fiables de los hechos o fenómenos. Estos conocimientos se obtienen mediante la aplicación del método científico y, al ser verificados en su contrastación con la realidad, se sistematizan para expresar constructos que están en la mente del científico y con los cuales se hace referencia a hechos, fenómenos o procesos de una misma naturaleza.

En las últimas décadas del siglo XX, se ha producido una metamorfosis de la concepción de la ciencia: se ha pasado de una visión determinista a una visión probabilística. El determinismo causal queda fracturado y es reemplazado por las leyes probabilísticas y estadísticas. La idea de orden impecable en el universo cede a la idea de una combinación incierta y enigmática del "gran juego cosmogenésico", como dice Morin, del desorden, el orden y la organización. El universo ya no se considera una máquina, sino un organismo. La imagen estática y ordenada de un universo físico en equilibrio ha sido reemplazada, en la ciencia moderna, por una imagen dinámica de un universo en donde existe tanto el orden como el desorden. Esto conduce a un enfoque más relativista del conocimiento científico, como también a asumir la problemática de la complejidad, al interior mismo de la ciencia.

CIENCIAS DE LA EDUCACIÓN. Expresión de origen anglosajón, introducida a la pedagogía latinoamericana en los años setenta, como denominación alternativa a términos más tradicionales, como "ciencia de la educación" o "pedagogía". Para quienes propusieron este término, no se trata de un simple cambio terminológico, sino de una nueva y más amplia perspectiva de los conocimientos sobre educación, aludiendo al conjunto de disciplinas que estudian los diferentes componentes de las situaciones de educación: psicología de la educación, filosofía de la educación, teoría general de la educación, psicopedagogía, pedagogía, sociología de la educación, pedagogía comparada, pedagogía de la familia, didáctica general y especiales, historia de la educación, educación comparada, economía de la educación y otras.

CIENTIFICISMO. Tendencia a dar un valor excesivo al conocimiento científico. Creencia en el poder de la ciencia para resolver todo tipo de problemas.

CIENTÍFICO. Como sustantivo, persona que cultiva alguna ciencia y es investigador en el ámbito de la misma. Como adjetivo, perteneciente o relativo a la ciencia.

CIUDAD EDUCATIVA. Idea propuesta en el informe redactado a pedido de la UNESCO ("Aprender a ser", 1972). Partiendo de la idea de que la educación debe prolongarse a lo largo de toda la vida, y que la escuela podrá asumir cada vez menos por sí sola las funciones educativas de la sociedad, se afirma la importancia del medio como auténtico educador. Consiguientemente, debe tenderse a configurar la "ciudad educativa", habida cuenta de que las colectividades locales y la comunidad nacional son en sí mismas instituciones eminentemente educativas.

CIVILIZACIÓN. Conjunto de fenómenos y procesos que se dan en un espacio físico (sin límites rígidos) con una base demográfica y económica y tienen algunas características en común que son sus rasgos distintivos, expresados en comportamientos colectivos, estilos mentales, ritos y gestos relativamente estables. Esto permite hablar de una civilización y diferenciarlas unas de otras. Todas las civilizaciones han persistido a lo largo de siglos y todas han sido mortales.

CLASES ESPECIALES. Son las clases reservadas para alumnos cuyos conocimientos y capacidad de aprendizaje están por encima o por debajo de la media de los demás compañeros.

CLIMA DE LA CLASE. Disposición o estado de ánimo que predomina en una clase como consecuencia de las relaciones interpersonales existentes en ella.

El clima de clase, como resultante de la interacción de los elementos que la componen, afecta el rendimiento de los alumnos y hace que cada clase (y el consiguiente trabajo que se realiza en ella) pueda ser más o menos gratificante.

CLIMA ORGANIZACIONAL. Disposición o estado de ánimo predominante en un centro educativo. Son muchos y variados los factores y circunstancias que influyen en el clima organizacional de una institución docente: ,

• El trabajo en sí mismo (el tipo de actividades y tareas que se realizan cotidianamente) y la disponibilidad de unos recursos mínimos para poder realizarlo.

• La existencia (o no) de un ambiente y de relaciones interpersonales gratificantes dentro de la institución; grado de aceptación, confianza y comunicación entre la gente.

• Posibilidad de asumir responsabilidades y de participar en la marcha y logros del centro educativo; oportunidad para hacer aportes y presentar iniciativas o de experimentar algún tipo de innovación educativa.

• Reconocimiento social y económico.

• Valoración de las autoridades educativas que se tiene (o se deja de tener) por la labor profesional que se realiza. Formas de expresar y resolver problemas, conflictos y tensiones dentro del centro educativo y en relación con las autoridades educativas.

Todos estos factores que configuran el clima organizacional retroactúan sobre los procesos conductuales, valores, actitudes y estado de ánimo de los miembros de la organización.

COCIENTE INTELECTUAL. Este concepto (introducido por Stern en 1912) es una escala de medida del desarrollo mental alcanzado por un individuo. Representa la relación entre la edad mental y la cronológica del individuo.

CODIFICACIÓN. Método que se utiliza para proporcionar información en términos específicos para su procesamiento en un sistema mecánico.

COEDUCACIÓN. Durante mucho tiempo se confundió la coeducación con la escuela mixta; ésta se limita a que niños y niñas asistan al mismo centro educativo, recibiendo el mismo tipo de enseñanza. La coeducación, en cambio —como nos advierte Santos Guerra—, "no consiste sencillamente en la presencia en las mismas aulas de alumnos y alumnas, como si estuviesen ante el mismo aparato de televisión, escuchando/viendo los mismos contenidos del programa". Tampoco hay que identificar, como señala este autor, co-instrucción con co-educación. "La instrucción se dirige exclusivamente al terreno intelectual, de aprendizaje, de conocimiento. La educación tiene un carácter integral y abarca todas las facetas del perfeccionamiento humano." Por último, no hay que confundir la coeducación con la enseñanza y educación uniforme para uno y otro sexo: "El educador deberá actuar adaptándose a las diferencias, sin que esta diferenciación signifique discriminación, sino discernimiento." La coeducación consiste en que los alumnos y alumnas son educados como personas con igualdad de derechos y oportunidades a partir de la realidad de dos sexos diferentes, cada uno aceptando el propio sexo, como parte fundamental de la autoestima y con un adecuado conocimiento del otro como polo referencial. Mediante la coeducación, se procura superar el sexismo (discriminación que se ejerce sobre las personas en razón del sexo) y los estereotipos de género en cuanto creencias estructuradas sobre supuestos atributos "naturales" de mujeres y hombres.

COGNICIÓN. Sinónimo de acto y capacidad de conocimiento. Actividad mediante la cual la información se recibe, selecciona, transforma y organiza por parte del sujeto cognoscente, de manera que genera en él un tipo de conocimiento.

COHESIÓN SOCIAL. Conjunto de relaciones en las que los individuos se encuentran vinculados de tal manera que aseguran la ligazón entre las diferentes partes de un grupo, una organización o bien de la estructura social misma.

COHORTE. Término utilizado en estadística educativa, para designar al conjunto de niños/as de una edad o de un nivel determinado, en una escuela o en ámbitos más amplios o extensos.

COMPORTAMIENTO. En psicología, el término hace referencia a las acciones o reacciones de un individuo, en un ambiente y en un tiempo dados, que son resultado del medio y de la propia experiencia. Se diferencia de la conducta en cuanto ésta implica una valoración moral.

COMPORTAMIENTO COLECTIVO. El concepto de comportamiento colectivo cubre una gama amplísima de fenómenos psicosociales que van desde los fenómenos de masa y sus "efectos de contagio", pasando por los dinamismos que se dan en las muchedumbres, hasta el clima que se crea en las fiestas populares y en la acción pública de los grandes movimientos sociales. Su nota fundamental es la reacción, relativamente espontánea, de las personas ante un estímulo común, y el carácter altamente emocional de esas reacciones. En algunos casos, como en las fiestas populares, se expresan a modo de comportamientos espontáneos; en otras circunstancias, como en los estallidos sociales, son de carácter explosivo, como consecuencia de una agitación y retroalimentación que se produce entre la misma gente. En estos casos aparecen liderazgos que suelen recaer en aquellas personas que, en sus actuaciones e intervenciones, logran expresar mejor la atmósfera psicológica existente.

Durante las fiestas populares, el comportamiento de la gente expresa una especie de catarsis colectiva, en donde cada individuo vive una desinhibición y una libertad que le están vedadas en su vida cotidiana.

COMPRENSIÓN. Conocimiento más o menos profundo del significado de algo (objeto, hecho, proceso, cualidades, etc.).

En pedagogía, hace referencia a la operación por la cual un sujeto conoce lo que le es comunicado y puede servirse de las ideas, habilidades o destrezas que le han sido transmitidas.

COMPRENSIÓN EMPÁTICA. Concepto acuñado por Carl Rogers para designar la capacidad de un educador para "comprender desde adentro las reacciones del estudiante (o alumno)". Se trata de "una conducta en la que uno se mete en el pellejo del otro y mira el mundo con los ojos del alumno".

COMUNICACIÓN. La comunicación, cuya dimensión esencial surge de la interacción entre los individuos, es una de las características más genuinamente humana, hasta tal punto que los seres humanos no pueden desarrollarse como tales, sin la comunicación con los otros.

Se pueden distinguir diferentes niveles y ámbitos de comunicación: a) interpersonal, b) grupal y c) social. Desde una perspectiva sociocultural y educativa, cualquiera sea el ámbito de la comunicación, es a través de ésta como se produce el proceso de socialización de los individuos y de estructuración de la convivencia y de la vida social.

COMUNICACIÓN DE MASAS. Expresión con que se designa el conjunto de medios que permite la difusión de diferentes mensajes caracterizados por su capacidad para llegar a un público más o menos extenso y heterogéneo.

Entre los medios de comunicación de masas se encuentran la radio, el cine, la televisión, la prensa de gran circulación, las revistas, el libro de bolsillo, la fotonovela, los *comics* y los discos de gran tirada.

Comunicación de masas es la traducción al castellano de la palabra inglesa *mass-media*, propiamente "medios de masa", compuesta de *mass* (masa), y *media*, palabra latina, plural de *medium* (medio). Por ello, en sentido estricto, hay que hablar de "medios masivos de comunicación" y no de "comunicación de masas", pues lo peculiar de estos medios no es la comunicación entre las masas sino el hecho de la producción masiva de sus mensajes.

COMUNIDAD EDUCATIVA. Con esta expresión se hace referencia al grupo de personas que, dentro de un establecimiento docente, interviene en el proceso educativo. Generalmente comprende a los directamente implicados: personal docente, alumnos, y a los directamente interesados (los padres de los alumnos).

En otras circunstancias, el concepto se utiliza con mayor amplitud, incluyendo a los miembros del gabinete psico-pedagógico y a todas las personas que trabajan dentro del establecimiento docente, aunque las tareas que realizan no sean expresamente educativas.

La concepción y la práctica de la comunidad educativa se enmarcan dentro de una perspectiva organizacional que asume la participación como un principio básico y fundamental y que presupone un estilo de dirección democrático.

CONCEJEROS ESCOLARES. En Argentina, son cargos electivos, de carácter político, que se eligen en cada provincia y en algunas municipalidades. Conforman equipos provenientes de distintos partidos que se ocupan de todos los aspectos de administración, finanzas, designación de maestros, porteros, comedores escolares, etc.

CONCEPTO. Literal y etimológicamente, significa "lo concebido". En su acepción corriente, esta palabra alude a la representación simbólica con que se designa un objeto concreto o abstracto que es su referente. Se trata de los nombres con que se significan o designan las propiedades comunes de diversos objetos o eventos. En cuanto modo de señalamiento de algún aspecto de la realidad, los conceptos existen y son utilizados en nuestro lenguaje cotidiano.

En el ámbito de las ciencias, los conceptos son abstracciones, construcciones lógicas que el científico produce, expresadas de modo que puedan dar cuenta de un hecho o fenómeno que representan (simbolismo lógico) y que se expresa en un término concreto (simbolismo gramatical).

El concepto, pues, es distinto del fenómeno o cosa que representa, designa o simboliza, pero es básico como instrumento del trabajo científico, donde cumple una serie de funciones: es un instrumento de captación de realidad, ya sea guiando la observación o bien organizando la percepción; suministra un esqueleto formal para la categorización y formulación de leyes y teorías, y facilita la comunicación (función que también cumple el lenguaje común).

CONCEPTUALIZAR. Traducir en conceptos apropiados los datos de lo vivido o de lo conocido a través de la experiencia personal, mediante un acto de reflexión y entendimiento que "sintetiza la diversidad de las percepciones", como diría Kant, para organizarlas y estructurarlas en un orden racional determinado.

CONCERTACIÓN. La concertación es el modo de instrumentar acuerdos entre diferentes actores sociales involucrados, directa o indirectamente, para el logro de determinados objetivos en relación con los cuales se tienen diferentes intereses.

CONCIENCIA. Aspecto subjetivo e incomunicable de la actividad psíquica, producto y productora de la reflexión, por la cual la persona experimenta de manera inmediata sus propios estados.

Morin distingue entre la **conciencia cognitiva** (conocimiento de las actividades del espíritu a través de ellas mismas) y la **conciencia de sí** (que es un conocimiento reflexivo sobre sí mismo). En uno y otro caso, es una forma de percepción subjetiva de lo que nos rodea. Es un darse cuenta de

algo y a la vez advertirse como sujeto del propio acto.

¿Dónde se genera la conciencia? La respuesta de Platón de que la concienca se produce en el cerebro ha sido aceptada desde hace siglos, explicada como un aspecto de la vida psíquica. En el siglo XIX, se consideró al cerebro como base neurológica de la conciencia: sin que ello diese respuesta a la cuestión de cómo se produce. Fue a fines de 1998, cuando dos neurólogos, el premio Nobel Gerard Edelman y Giulio Tononi, sugirieron una explicación: la concienca se encuentra en un amplio conjunto de grupos de neuronas que mantienen entre sí interacciones mucho más estrechas que con el resto del cerebro. Este grupo de neuronas forman el núcleo dinámico de la conciencia, que se genera en un proceso neuronal unificado de alta complejidad, en una escala de tiempo de centenares de milisegundos.

CONCIENCIA COLECTIVA. Conjunto de creencias y sentimientos compartidos por los miembros de una colectividad.

CONCIENCIA MORAL. Forma de conciencia que se da más a nivel de sentimiento que de conocimiento, por lo que el ser humano vivencia su responsabilidad de hacer el bien y evitar el mal, al mismo tiempo que se siente sujeto a la exigencia y compromisos que se derivan de tal vivencia y sentimiento.

CONCIENTIZACIÓN. Proceso que busca elevar el nivel de la conciencia de una persona mediante el tránsito de un estado de conciencia mágica y pasiva a estados superiores de conciencia crítica y política. Esto implica la capacidad de comprender en forma objetiva la ubicación que se tiene en la naturaleza y en la sociedad y la voluntad de actuar con la finalidad de transformarlas. Este concepto constituyó un principio básico de la educación liberadora, tal como la formulara Paulo Freire. La educación como proceso de concientización implica tres fases: sensibilización, toma de conciencia crítica y acción transformadora. En los últimos años, Freire ha excluido este término dentro de su teoría pedagógica.

CONCIENTIZAR. Expresión utilizada, en pedagogía, para designar una modalidad operativa que tiene por finalidad "hacer tomar conciencia", "despertar la conciencia" del valor y dignidad del hombre en cuanto hombre, del sentido de lo humano y de su vocación de ser. Esto implica que el hombre se ubique, en alguna medida, como agente activo de su inserción en la naturaleza y en la sociedad y, a través de esta inserción (que significa toma de conciencia de su situación), encuentre la motivación y el impulso para actuar transformadoramente en la sociedad como sujeto de construcción del mundo. La concientización es siempre una toma de conciencia que se traduce en acción liberadora.

¿Cómo se expresa esa concientización? ¿Cómo se traduce en praxis? Un equívoco que encontramos frecuentemente entre trabajadores sociales y educadores es el de creer que la concientización consiste, simplemente, en una "toma de conciencia" del propio valor como persona, pero sin relación con los contenidos concretos en que esa dignidad se expresa. Para evitar caer en esta concepción vaga e inoperante, por a-histórica y por no estar situada en un determinado espacio, es necesario considerar la concientización en íntima conexión con la problemática de la liberación, que es más general y englobante. Lo que suele llamarse concientización, pero fuera de un proyecto de liberación, no difiere sustancialmente de las técnicas de manipulación, como las elaboradas por la sociología y psicología social. La concientización es lo más opuesto a las técnicas o artes para dominar al hombre con fines extraños a él mismo. Por definición, la concientización sólo es posible con referencia al hombre concreto, situado y fechado. Está en el plano del ser humano, corresponde a la empresa de ser hombre, de un hombre "que no es lo que debiera ser y debe ser lo que podría ser", según la inteligente expresión de Fromm.

CONDICIONAMIENTO INSTRUMENTAL. Tipo de aprendizaje en el que una respuesta va seguida de una recompensa o reforzamiento, lo que produce un incremento en la frecuencia de la respuesta.

CONDUCTA. Manera como los hombres dirigen sus acciones. La conducta no se reduce a los hechos materiales y objetivos, como sostienen los behavioristas, ni a las solas reacciones del organismo considerado como medio, que trata de reducir las tensiones que éste suscita.

En su acepción moral, manera de conducirse o comportarse una persona.

CONDUCTISMO. Traducción castellana de la palabra inglesa *behaviorism* (behaviorismo). Ambos términos se utilizan indistintamente entre los psicólogos de habla castellana, para designar la escuela psicológica que circunscribe el campo de la psicología al estudio de la conducta humana. Su método de estudio se limita al análisis de los fenómenos que, en un individuo, son objetivamente observables y operacionalizables. El conductismo rechaza la introspección como práctica científica. Propone una objetivación total: sólo es válido científicamente lo que se puede medir o cuantificar y, a su vez, operacionalizar.

CONFLICTO. El término designa cualquier estado antagónico entre dos o más partes, o en el individuo mismo, como consecuencia de la contraposición de intereses, valores o puntos de vista.

Los conflictos pueden darse **entre** individuos, grupos, instituciones, organizaciones, naciones y países.

Para el educador, dada la índole de su tarea, importa mucho tener una adecuada comprensión de los conflictos sociales e individuales y, si fuera posible, conseguir con los alumnos formas de consenso para la discusión y tratamiento de los conflictos que pueden producirse en el ámbito educativo. Esto supone una forma de educar para asumir los conflictos que surjan en el aula, como forma de prepararse para asumir, de manera madura, los diversos conflictos que surgen en los ámbitos de actuación de los seres humanos, a lo largo de toda la vida.

CONFLICTO PSICOLÓGICO. En psicología, el término hace referencia a la situación individual que se vive como consecuencia de la existencia simultánea de dos o más tendencias u objetivos que se excluyen mutuamente. El conflicto puede surgir a partir de pulsiones contradictorias, manifestándose a nivel de conducta, a nivel simbólico, en instancias de la personalidad y/o en instancias cognitivas.

CONFLICTO SOCIAL. Trátase de la extensión de un conflicto al conjunto de la sociedad o a una parte muy significativa de la misma, como consecuencia de una situación de enfrentamiento, contraposición, pugna, antagonismo u oposición de intereses, valores o puntos de vista, que no se está dispuesto a aceptar.

Para algunos científicos sociales, el conflicto es un aspecto constitutivo o inherente a la vida social; casi toda la sociología del siglo XIX y de comienzos del siglo XX consideró el conflicto social como uno de los fenómenos sociales inherentes a la organización y funcionamiento de la sociedad. Marxistas y darwinistas sociales lo consideran como el principal factor explicativo de la evolución de las sociedades. Posteriormente, en la sociología norteamericana, coincidente de algún modo con el desarrollo del funcionalismo, el conflicto fue considerado como una enfermedad o patología social que es necesario erradicar.

En los últimos años, se ha ido atenuando esta contraposición en el modo de concebir la organización social, ya sea en términos de modelo de consenso o de modelo de conflicto. Paz y pugna, consenso y conflicto se consideran como parte de la dialéctica de la vida social y de los procesos sociales más en particular. Sin embargo, en la sociología contemporánea, subsisten los desacuerdos acerca del papel y significado de los conflictos en la vida social y en el funcionamiento de los sistemas.

CONFORMISMO. Actitud y comportamiento del individuo que adopta un determinado modo de vida, conforme con los modelos, valores y usos establecidos en el medio social donde se encuentra y desarrolla su vida.

Las personas totalmente conformistas son aquellas que se ajustan a lo dado y a lo existente; como consecuencia de ello, se vuelven gregarias y apagan en sí mismas toda forma de crítica social y de creatividad.

Cuando se realizan programas de acción social, con personas, grupos o colectivos conformistas y gregarios, difícilmente se podrán realizar actividades que supongan cambios sociales o culturales. En pedagogía, el conformismo se expresa en una concepción educativa orientada al mantenimiento de los valores vigentes, ya sea en lo religioso, económico o político.

CONOCIMIENTO. En sentido lato, el término hace referencia a la acción y efecto que tienen lugar cuando un sujeto cognoscente, en ejercicio de sus facultades intelectuales, aprende un objeto de conocimiento. La noción de conocimiento, como nos advierte Morin, nos parece una y evidente, pero en "el momento en que uno se interroga acerca de lo que es conocer, esta noción estalla, se diversifica y se multiplica, en nociones innumerables, planteando cada una de ellas nuevos interrogantes".

Se trata de un fenómeno multidimensional que no podemos reducir a algunas de las formas de actividad con las que se expresa y realiza el conocer: información, percepción, memoria, descripción, imaginación, pensamiento, etc. Por otra parte, el conocimiento es, a la vez, una **competencia** (aptitud para producir conocimientos), una **actividad cognitiva**, que se efectúa en función de esa competencia, y un **saber**, resultado de esas actividades.

Estamos siendo en un mundo real en el que nos movemos y somos entre diferentes cosas existentes. Cuando conocemos, decimos "algo" de ese mundo y realidad, pero nuestro "decir" es hacer afirmaciones tal como se nos aparece, ya que en el conocer no podemos captar la esencia de los hechos, fenómenos o procesos observados. No se construye la realidad observada, como diría el constructivismo, pero el conocimiento que tenemos de ella está condicionado por lo que tenemos en nuestra mente. El conocer no es reflejo de la realidad, ni es tampoco simple construcción de la realidad, sino descubrimiento de relaciones objetivas en esa misma realidad.

En pedagogía, cuando se habla de conocimiento/s, se alude a las informaciones más o menos sistemáticas que son resultantes de las enseñanzas proporcionadas.

CONSEJERO ESCOLAR. Docente encargado de asesorar y orientar a los estudiantes para alcanzar un buen aprovechamiento de sus estudios y para proporcionarles una orientación adecuada en la elección de carrera.

CONSEJO ACADÉMICO. Asamblea de los representantes de los profesores, graduados y alumnos de una universidad, en el caso de que ésta tenga un gobierno tripartito. En algunas circunstancias, intervienen también los poderes públicos, las empresas y el personal no docente de la universidad. El consejo académico es quien estudia, discute y establece las disposiciones que rigen la actividad académica y administrativa de una universidad.

CONSEJO DIRECTIVO. Denominado también en algunos países consejo escolar de centro, es el órgano colegiado de gobierno de un establecimiento docente. Generalmente está integrado por el director (que lo preside), el jefe de estudios, el secretario (con voz y sin voto) y los representantes de los diferentes estamentos de la comunidad educativa.

CONSEJO ESCOLAR. Organismo que colabora en la administración de las escuelas y en la coordinación de actividades, dentro de un ámbito determinado: comarcal, departamental, provincial, regional o nacional.

CONSERVATORIO. Instituto (público o privado) en donde se realizan estudios musicales, mediante la enseñanza de composición, canto, música y danza.

CONSTRUCTIVISMO. El término se ha utilizado para designar cosas totalmente diferentes, desde un movimiento artístico ruso que se desarrolló a partir de 1920, hasta la hipótesis de la constructibilidad en lógica y matemáticas. Pero es en el campo de la epistemología, y de manera particular de la psicopedagogía, en donde adquiere relevancia para el campo de la educación.

Para la posición constructivista en epistemología, la realidad que creemos conocer no es registro ni reflejo de lo existente, sino una construcción de nuestro pensamiento por el que organizamos nuestro mundo experiencial, y conforme con ello percibimos la realidad y actuamos sobre ella. En el acto de conocer, hay una preponderancia del que conoce, de la construcción que hace el sujeto cognoscente sobre el conjunto de las realidades que observa y conceptúa. Cada persona que observa la realidad, operando como un sistema procesador de información, dice algo sobre ella y al decir expresa una construcción del espíritu. No descubre hechos, sino que formula proposiciones acerca de los mismos.

El constructivismo en cuanto concepción psicopedagógica (encuadrado dentro de los enfoques de la psicología cognitiva) es una explicación del proceso de enseñanza/aprendizaje, especialmente de este último. Mientras el constructivismo, en epistemología, responde a las cuestiones ¿qué conocemos?, ¿qué podemos conocer?, en psicopedagogía el interrogante básico que se plantea desde una perspectiva constructivista es: ¿cómo adquirimos los conocimientos?

En los últimos años, el constructivismo constituye el marco teórico-referencial de algunas propuestas de reformas educativas (España, Argentina, Bolivia, Chile y Paraguay). Cabe advertir que no se trata de una teoría psicológica o psico-pedagógica en sentido estricto, sino de un marco explicativo, expresado en un conjunto articulado de principios que permite:

- diagnosticar y planificar los procesos educativos, en general, y
- orientar la forma de llevar a cabo el proceso de enseñanza/aprendizaje, en particular.

Además de no ser una teoría psico-pedagógica totalmente formulada, tampoco existe una sola concepción del constructivismo. La lectura de los principales representantes del constructivismo revela esa variedad: Wallon, Piaget, Neiser, Vygotsky, Ausubel, Novak, Bruner, Dirver, Coll, Carretero y otros. Como advierte Coll, las aportaciones de estos autores "discrepan entre sí en no pocos puntos y ninguno de ellos proporciona por sí solo, a mi juicio, una visión integrada del desarrollo y del aprendizaje humano suficientemente satisfactoria".

La emergencia de la concepción constructivista en psicopedagogía es el resultado y la convergencia de análisis realizados en tres ámbitos diferentes:

• desde la práctica pedagógica, reflexionando sobre el fracaso escolar y en la crítica de los modelos tradicionales de enseñanza/aprendizaje;

• por la influencia de la concepción constructivista en epistemología, y

• a partir de las críticas a las teorías del aprendizaje vigente, especialmente al behaviorismo y asociacionismo, por una parte, y el aprendizaje por descubrimiento, por la otra.

Las ideas fundamentales de la concepción constructivista acerca del aprendizaje escolar pueden resumirse en cuatro ideas principales: importancia de los conoci-mientos previos que tienen los educandos, habida cuenta de que todo nuevo conocimiento debe estar anclado en las estructuras previas de los educandos; asegurar la construcción de aprendizajes significativos; el educando es el responsable último e insustituible de su propio aprendizaje; y, por último, el aprendizaje no excluye la necesidad de ayuda externa.

CONTENIDOS BÁSICOS Y COMUNES. Expresión utilizada en Argentina para señalar las enseñanzas mínimas que se deben proporcionar a todos los educandos del país. Como tales, resumen el conjunto de saberes relevantes que integrarán el proceso de enseñanza en todo el país. Son **básicos**, como dice Daniel Pinkasz, "porque son los que se consideran que todo ciudadano de un determinado país tiene que manejar para desempeñarse competente, crítica, eficiente y autónomamente en un determinado contexto histórico"; y son **comunes** porque "si hablamos de federalización y de regionalización, sabemos que existen traslados interprovinciales (ya sean de alumnos o de docentes), entonces tiene que haber un piso común, tanto para mantener la unidad nacional en términos de conocimientos circulantes, como posibilidad de ser transmitidos por parte de los docentes".

CONTENIDOS EDUCATIVOS. De manera general, se dice que los contenidos educativos son todo aquello que se enseña a los alumnos y que éstos deben aprender. Entendidos con este alcance, los contenidos se expresan en el conjunto de temas que constituye cada asignatura.

Dentro del marco del modelo curricular, los contenidos no se restringen a los temas de una asignatura o al conocimiento de determinadas disciplinas dentro de un plan de estudios. Su alcance es mucho más amplio, aludiendo al saber y formas culturales cuyo conocimiento y asimilación se consideran esenciales. César Coll y sus colaboradores, cuando se refieren a los contenidos, distinguen tres tipos: conceptuales, procedimentales y actitudinales. Estos tres tipos de contenidos son necesarios para adquirir las cinco capacidades que esos contenidos deben ayudar a desarrollar: cognitivas, psicomotrices, de autonomía y equilibrio personal, de relación interpersonal y de inserción social.

CONTROL SOCIAL. Conjunto de mecanismos, medios, procesos y prácticas generales de influencia por medio de los cuales la sociedad, las instituciones y/o los grupos dentro de ella condicionan e inducen a los individuos y grupos a adoptar comportamientos, normas, reglas de conducta, valores, ideas o ideales que se consideran socialmente buenos.

El control social, en cuanto forma de presión y condicionamiento social, se ejerce bajo dos formas diferentes: *a)* el control coactivo, que opera por medio de la fuerza, los castigos, las sanciones legales, etc., y *b)* el control persuasivo, que actúa sobre la gente apelando al elogio, la recompensa, la sugestión, el reconocimiento. En un caso, es un modo de castigar la desviación; en el otro, de recompensar el conformismo.

CONVALIDACIÓN DE ESTUDIOS. Reconocimiento oficial de las asignaturas aprobadas o título/s adquirido/s en una institución educativa o país distinto del que hace el reconocimiento.

COOPERACIÓN: Actuación conjunta y articulada de diversas personas, grupos o entidades para llevar a cabo una tarea en común o alcanzar un mismo fin en el que convergen intereses comunes, semejantes o complementarios.

Su expresión se manifiesta a través de la conducta de los individuos, al interior de una amplia gama de grupos, desde la familia, los grupos de amistad, los equipos de trabajo, hasta las organizaciones que suponen acuerdos contractuales específicos y delimitados.

Desde el punto de vista pedagógico, la cooperación es una forma de enseñanza en grupo o en equipo, que proporciona un aprendizaje conjuntivo, efectivo y social basado en el principio de solidaridad en lugar de hacerlo en el de competitividad.

COOPERADORAS ESCOLARES. Son agrupaciones de padres de alumnos, elegidos por éstos y que tienen un mandato de duración anual. Son asesorados por el director/a del centro educativo. El objetivo de las mismas es colaborar con el establecimiento docente, atendiendo gastos de material e infraestructura necesaria para el funcionamiento del centro.

COOPERATIVA. Asociación que agrupa a personas, basada en el principio de ayuda mutua y reciprocidad, destinada a cumplir funciones de ahorro, producción, distribución o consumo, caracterizada fundamentalmente por no perseguir fines de lucro, por su carácter democrático y por sus fines de servicio.

En la institución cooperativa, se suelen distinguir dos aspectos: la "sociedad cooperativa" (el elemento social) y la "empresa cooperativa" (el elemento económico). De hecho, los aspectos se interrelacionan, pero conviene tener en cuenta que la cooperativa es algo más que una simple empresa y, para que cumpla sus finalidades, no debe descuidar los aspectos sociales. Lamentablemente, en la práctica, muchas cooperativas sólo son empresas, descuidando completamente la que ha sido llamada la "regla de oro del cooperativismo", el fenómeno de la educación.

COORDINACIÓN. Acción y efecto de coordinar, o sea, de disponer cosas con orden y método.

En el campo educativo, la coordinación consiste en articular, de manera armónica, ordenada y funcional, el contenido de los programas, la secuenciación de los mismos y su temporalización. Su finalidad es dar unidad de acción para evitar desajustes y conseguir los objetivos educativos propuestos. Se utiliza, asimismo, para indicar la sincronización en la utilización de los recursos.

COORDINAR. Disponer el ensamblaje y armonía de distintos elementos que cooperan a un fin.

CORRELACIÓN. En sentido amplio, lo que no se da en el uno sin el otro. Influencia de un fenómeno sobre otro. En matemáticas, indica la rigidez de la relación existente entre dos variables.

Medida estadística del grado de relación entre diferentes variables. Se expresa en la forma de un índice. La correlación máxima es 1, que indica una dependencia total; una correlación 0 indica independencia, y una correlación -1, que la dependencia es inversa.

COSTO-BENEFICIO. Evaluación de cualquier actividad en la que se relacionan los resultados obtenidos con el costo para lograrlos.

COUNSELING. Término inglés ampliamente utilizado para hacer referencia al consejo/asesoramiento que se presta a otra persona.

El *counseling* es un proceso de interacción que facilita una mayor y mejor comprensión del estado o situación de una persona, así como de los factores que la determinan en un momento dado, de cara a una identificación y priorización de sus problemas. Este proceso debe culminar en una toma de decisiones de la persona afectada, que mejore su situación de forma satisfactoria para ella.

Muchos profesionales del campo de la psicología y la psicopedagogía prefieren utilizar el término *counseling* para evitar la connotación que a veces tiene en castellano la palabra "consejo".

CREATIVIDAD. Capacidad de pensar, producir y actuar en forma innovadora o nueva en el campo intelectual, artístico, productivo, tecnológico, de la acción social, etc. En términos generales, puede decirse, siguiendo a Howard Gardner, que "el individuo creativo es quien resuelve *regularmente* problemas o inventa productos en un *ámbito*, y cuyo trabajo es considerado innovador y aceptable por los miembros reconocidos de un campo".

Buena parte de las formulaciones sobre creatividad tienen su origen en los trabajos de Henri Poincaré a comienzos del siglo XX, en su búsqueda de procedimientos para conseguir nuevas soluciones a los problemas matemáticos. Posteriormente, J. P. Guilford, W. Gordon, Lowenfeld, Lambert y otros fueron haciendo desarrollos sobre el proceso de creatividad, algunos de ellos señalando además la necesidad de una educación que fomente la creatividad entre los estudiantes.

Desde el ámbito de la teoría pedagógica y desde diferentes concepciones de la misma, se ha ido señalando la importancia de desarrollar la creatividad de los alumnos. En cuanto a la forma de traducirla a la práctica educativa, importa destacar los tres elementos principales del proceso creativo:

• **Los sujetos creadores.** En el caso de la educación, se trata de que los alumnos sean tales sujetos, liberando en ellos el proceso creativo. Para ello hay que intentar superar lo que J. L. Adams denomina "los cuatro impedimentos de la creatividad" (de percepción, emocional, cultural y ambiental) y de desarrollar lo que De Bono llama el "pensamiento lateral", con el fin de generar nuevas ideas y nuevos enfoques en la forma de resolver los problemas. La educación formal promueve más el pensamiento analítico que el creativo, que supone liberarse de esquemas y estereotipos mentales, para asumir nuevas maneras de pensar.

• **Las fases de un proceso creativo**, que se resumen en lo siguiente:

Preparación. La creación se logra con un 10 por ciento de inspiración y un 90 por ciento de transpiración, lo que supone recopilar información acerca de un problema y una larga reflexión y estudio sobre el mismo.

Maduración e incubación del problema, de modo que el inconsciente se ponga a trabajar y establezca nuevas conexiones.

Nacimiento de la idea creativa. La nueva idea pasa al consciente y es formulada como tal, aun cuando no sea de una manera totalmente precisa.

Primeras contrastaciones y perfeccionamiento de la idea. De ordinario, a las ideas creativas hay que ir puliéndolas en un proceso de aproximaciones sucesivas.

Creación de algo nuevo, ya sea en el ámbito de la creación artística, la invención tecnológica o como descubrimiento científico; se trata del producto creado.

• **El ambiente propicio a la creación.** Todo tipo de creación necesita de un ambiente adecuado; la institución docente también debe ofrecer un ambiente propicio para fomentar la creatividad en los alumnos. Para ello, debe combinar participación y libertad, responsabilidad y disciplina, motivación y tenacidad.

CRÉDITO. Unidad de enseñanza equivalente a 10 horas de teoría y práctica. Una licenciatura comprende un mínimo de 300 créditos (3.000 horas); y una diplomatura, 180 (1.800 horas).

CREENCIA. Tener por verdadero un enunciado que no puede ser verificado o demostrado. Fe, convicción, persuasión y opinión. Aceptada en el lenguaje corriente como en sociología, la palabra no tiene necesariamente un significado religioso.

En sociología, designa el conjunto de proposiciones o hechos que son aceptados como verdaderos por una sociedad determinada, sin que hayan sido verificados o probados. Las creencias pueden abarcar desde una opinión común, aceptada por todos como evidente, hasta las convicciones religiosas, que se fundan en un testimonio sobrenatural.

En filosofía, según Kant, la creencia es lo que se tiene por verdadero en virtud de razones que son suficientes desde el punto de vista subjetivo, pero insuficientes objetivamente; se trata de un asentimiento pleno en cuanto excluye toda duda, pero carece del carácter intelectual y lógicamente comunicable que distingue la certeza o el saber. Por su parte, Ortega y Gasset ha opuesto las creencias a las ideas: las creencias son todas aquellas cosas con las que contamos absolutamente, aunque no pensemos en ellas, por lo que constituyen la base de la vida humana.

CRISIS. Derivado del griego *krisis* (separación, selección, decisión). Tiene el mismo origen que el verbo *krinein* (separar, decidir, juzgar). La raíz sánscrita de crisis (*krio-kir*) tiene el significado de "limpiar, purificar". En las lenguas europeas (neolatinas, germánicas, eslavas, etc.), se ha conservado este sentido originario de crisis en las palabras "crisol", "acrisolar", "crítica". Crisol tiene el sentido de lo que purifica toda escoria que se ha incrustado a lo largo del tiempo. En griego significa, además, "juicio, decisión"; en la crisis, hay que decidirse por un nuevo camino.

Desde un punto de vista psicológico, hay situaciones de crisis que son normales (por ejemplo, la crisis de la adolescencia, y todas aquellas que se producen como consecuencia del propio proceso evolutivo). En otros casos, la crisis psicológica expresa una patología reflejada en conflictos neuróticos o alteraciones emocionales.

En sociología, el término expresa la alteración o interrupción de un proceso social regular y previsible, en el que se produce una ruptura de equilibrio que incide en el funcionamiento de la sociedad. Hay crisis que, por su carácter instantáneo, son impredecibles en las mutaciones que producen en diferentes sectores de la sociedad.

CUALIFICACIÓN. Conjunto de conocimientos, cualidades y habilidades individuales que es necesario poseer para actuar de acuerdo con las exigencias de una situación determinada o para desempeñar correctamente un cargo.

CULTURA. Parece ser que, hasta el siglo XV, la palabra "cultura" sólo se aplicó al trabajo de la tierra. El verbo latino *colere*, del que deriva la palabra "cultura, designa tanto el acto de cultivar la tierra (de donde deriva agricultura), como el de honrar, rendir culto, tributo, especialmetne a los dioses. Actualmente, existe tan amplia polisemia en torno a la palabra, que el término es utilizado con una gran amplitud y pluralidad de sentidos. Sin embargo, todos ellos pueden reducirse a tres concepciones principales:

La cultura como **adquisición de un conjunto de saberes y como resultado de dicha adquisición**. Éste es el uso corriente que suele darse al término. La cultura se identifica —en esta concepción— con el refinamiento intelectual o artístico, entendido éste como un conjunto de saberes y conocimientos eruditos acerca de ciertas "cosas superiores", como la filosofía, la literatura, la música clásica, el arte, la pintura, el teatro, el conocimiento de la historia, de la geografía, de la mitología o el dominio particular de una ciencia o un arte.

Dentro de esta concepción, la palabra "cultura" sirve también para designar cualidades subjetivas de la persona cultivada; culto es aquel que, por el estudio, ha desarrollado sus capacidades intelectuales, ha adquirido cultura. En este caso, tener cultura, ser culto es equivalente a disponer de muchos datos y conocimientos sobre saberes librescos; consecuentemente, a mayor grado de instrucción, se tiene mayor cultura. Culto es también el que produce obras culturales, entendidas con el alcance antes indicado.

Otra concepción es la que se desarrolla a partir de la noción antropológica de cultura, que surge especialmente en el mundo anglosajón: la cultura se concibe como **estilo de ser, de hacer y de pensar y como conjunto de obras e instituciones**. La cultura comprende el conjunto de rasgos que caracterizan los modos de vida, y se manifiesta a través de una serie de objetos y modos de actuar y de pensar que son creados y transmitidos por los hombres como resultado de sus interacciones recíprocas y de sus relaciones con la naturaleza a través del trabajo. Esto se revela en manifestaciones y realizaciones que se dan tanto en el plano intelectual como en el material. Así, se considera cultura la creación de una reja de arado, un automóvil, el modo de usar el pañuelo, las reglas de fútbol, el sistema electoral, el modo de vestirse y de peinarse, la forma de criar los niños, los ritos funerarios, la utilización del sistema decimal, la ópera *Carmen* o una nave espacial; igualmente, son cultura las herramientas y maquinarias, los sistemas filosóficos y científicos, las reglas de conducta, modos, usos, hábitos e instituciones. Para decirlo en breve: engloba la totalidad del mundo artificial que el hombre ha construido sobre el mundo de la naturaleza. La amplitud de este modo de entender la cultura la transforma en cierta medida en un concepto ilimitado y de difícil aprehensión. Frente a la cultura, así entendida, toda persona es más o menos culta y toda persona es productora de cultura, aunque lo sea de manera muy dispar y diversa.

Por último, la cultura se concibe como **creación de un destino personal y colectivo**. En la concepción antropológica, la cultura es estilo de vida, pero estilo de vida adquirido y conservado: es una concepción apoyada en el pasado. En la concepción constructiva o creativa, la cultura se entiende como creación del futuro. Se trata, como dice Garaudy, de "elaborar una cultura que ya no esté hecha sólo de respuestas provenientes del pasado, sino de interrogantes que plantea la invención del futuro; una cultura que ya no es un ornato de unos pocos, sino la posibilidad del desarrollo humano de todos, una cultura que no encierra al hombre en sí mismo sino que lo abre a una creación sin fin del futuro"; esto significa "crear a partir de las iniciativas de base, y a todos los niveles de la economía, de la política, de la cultura, comunidades responsables que tomen a su cargo su propia vida para redefinir los fines humanos de cada actividad social y sus métodos de organización y de gestión".

CULTURA DE LA POBREZA. Expresión acuñada por el antropólogo Óscar Lewis, y utilizada ampliamente en sus obras e investigaciones, para indicar la subcultura propia de los pobres, distinta de la cultura madre. Para Lewis, esa subcultura de la pobreza "tiene sus propias modalidades y consecuencias distintas, sociales y psicológicas, para sus miembros". Pero esta subcultura rebasa los límites regionales de lo rural y urbano, y aun de lo nacional, y como patrón de vida, que crea la

misma pobreza, se transmite de generación en generación.

La cultura de la pobreza es definida por el autor mencionado como "una subcultura de la sociedad occidental con estructura y fundamentación racional propias, un modo de vida transmitido de una a otra generación a lo largo de líneas familiares..., una cultura en el sentido antropológico tradicional de proporcionar a los seres humanos un plan de vida, un conjunto de soluciones disponibles para los problemas humanos".

Según Lewis, la cultura de la pobreza florece en la etapa inicial del capitalismo como rasgo genérico de la libre empresa, así como es también un rasgo endémico del colonialismo. Óscar Lewis se inclina a creer que en los países socialistas no existe cultura de la pobreza tal como él la define. Igualmente, sostiene que, cuando los pobres adquieren conciencia de clase o comienzan a participar de forma activa en los sindicatos, o cuando adoptan una concepción intervencionista del mundo, dejan de pertenecer a la cultura de la pobreza, aunque sigan siendo pobres.

CURRÍCULUM. Término prácticamente desconocido en la pedagogía latinoamericana hasta finales de la década de los setenta, aunque en el mundo anglosajón se venía empleando desde hace más de medio siglo. Según Stephen Kemmis, la palabra *"curriculum"* se utilizó por primera vez en 1633, en la Universidad de Glasgow, Escocia, en el marco de la Reforma Educativa Calvinista Escocesa. Sin embargo, la teoría del currículum, tal como se plantea actualmente, surge en torno al año 1918, con la publicación del libro de F. Bobbi *The Curriculum*. La propuesta o preocupación central de este autor es la de racionalizar la práctica educativa de cara al logro de determinados resultados de aprendizaje, a fin de que los alumnos adquieran las capacidades necesarias para desempeñarse con efectividad en un tiempo y en una sociedad determinada.

Si pasamos revista a lo publicado desde los años sesenta acerca del currículum, se ha de concluir, como advierte Teresa Mauri, que no se "trata de un concepto perfectamente delimitado sobre cuya concepción se supone que existe un alto grado de consenso... existen diferentes concepciones del currículum... cada una de estas acepciones pone el acento de modo diverso"; o, como dice César Coll,

"cada especialista tiene su propia definición con matices diferentes".

Dentro de esta gran variedad de definiciones, si nos ceñimos al alcance que se le da dentro del modelo de reforma educativa adoptado en diferentes países, el concepto de currículum, en sus aspectos operativos, se expresa con tres alcances:

a. *El currículum como normativa oficial* acerca del modo de estructurar los estudios en todos los niveles del sistema educativo. Explicita el conjunto de decisiones resultantes del modelo de reforma educativa adoptado o de la ley general de educación. En este caso, el currículum es la matriz básica del proyecto educativo que establece las coordenadas de organización y funcionamiento del sistema educativo, los componente curriculares de obligado cumplimiento y los contenidos básicos o enseñanzas mínimas comunes para todo el país. Dentro del marco de las reformas educativas emprendidas en España y algunos países de América latina, se trata del diseño curricular prescriptivo en el que se expresan las resoluciones y disposiciones generales de la administración educativa, sea a nivel nacional o jurisdiccional, que define el currículum para todos los educandos.

b) Una segunda acepción se refiere al currículum como el *instrumento pedagógico-didáctico* que planifica la actividad educativa a nivel de cada establecimiento docente. Este alcance que se le da al término currículum, como concepto didáctico, es equivalente al de proyecto curricular de centro. Por una parte, expresa el conjunto de decisiones tomadas por el equipo de un establecimiento docente, adaptando las prescripciones y disposiciones legales sobre educación a la situación concreta de cada centro educativo y, por otro lado, se trata de articular los contenidos, la secuenciación y temporalización, las estrategias pedagógicas, las formas de evaluar, la orientación y tutoría, y la atención a la diversidad, con el fin de configurar el conjunto de experiencias y aprendizajes que tienen lugar en la escuela o fuera de la misma, promovidas por el centro educativo.

c. El currículum como *conjunto de experiencias y oportunidades de aprendizaje* que los alumnos/as realizan en un centro educativo bajo orientación de sus profesores. En este caso, el currículum se identifica con todo lo que la escuela les ofrece a los alumnos de cada a una preparación especí-fica según sea el nivel de que se trata. De acuerdo con esta concepción, el currículum es lo que efectivamente se realiza como consecuencia de la actuación de los profesores o maestros y de la dinámica que se produce en cada grupo-clase. Se expresa en la programación de aula y constituye su máxima concreción y especificidad.

Visto desde una perspectiva más amplia y global, el currículum es el seleccionador y organizador del conocimiento disponible y de la cultura vigente, que se estima necesario y oportuno transmitir en un momento histórico determinado. Esta cuestión, que está vinculada a lo que los sociólogos de la educación denominan la base social del currículum, expresa, como dice César Coll, "la forma en que una sociedad selecciona, clasifica, distribuye, transmite y evalúa el conocimiento educativo, que considera público, refleja la distribución del poder y los principios de control social".

CURRÍCULUM NULO. Definido por Eisner como lo que las escuelas no enseñan; son las opciones que no se brindan a los alumnos.

CURRÍCULUM OCULTO. Este concepto es utilizado como contrapuesto o diferenciado del currículum formal o explícito que es el que todos conocen y que la escuela sostiene que enseña. Se trata del currículum latente o tácito, no explicitado ni por el sistema educativo, ni por el centro docente, pero que en forma asistemática y no prevista influye en el aprendizaje de los alumnos. Se trata de los conocimientos, procedimientos, actitudes y valores que los alumnos aprenden pero que no figuran explicitados.

El término fue puesto en circulación en los años sesenta, por Philip Jackson. Expresa una concepción fundamental de la corriente de sociología de la educación expresada en las obras de Berstein, Young y Apple. Para esta línea sociológica, hay "algo" subyacente en los mensajes que se transmiten a través de la educación y, de manera particular, de la escolarización. Conforme con esto, según el lugar que se ocupa dentro de la estratificación social o, si se quiere, según sea la clase social a la que se pertenece, será el tipo de educación recibida. Para quienes sostienen esta tesis, hay una clara afinidad entre la cultura de la escuela y la cultura de la clase dominante. La escuela transforma en currículum, dice Apple, "lo que primero era una ideo-

logía que expresaba los intereses de una clase social"; de este modo reproduce y legitima como natural el orden social existente.

CURSILLO. Curso de corta duración. Sus propósitos son muy variados, pero su finalidad se orienta siempre a la adquisición de nuevos conocimientos o para ofrecer información a personas que, por sus ocupaciones o responsabilidades, no pueden hacer cursos extensos. Los cursillos, por su propia naturaleza, no pueden ofrecer información y formación en profundidad, pero tienen la ventaja de poder informar en poco tiempo acerca de nuevos enfoques, problemas, métodos, etc.

CURSO. Conjunto planificado y secuenciado de elementos de aprendizaje y estudio, que compone la enseñanza de una asignatura.

CURSOS GENERALES. Se trata de los cursos que se dictan para todos los alumnos que corresponden a un determinado nivel o ciclo.

CURSOS OPTATIVOS. Son los cursos a los que un estudiante puede optar, de una lista que propone la institución educativa, y que tienen nota o crédito equivalente a otros cursos.

D

DEBER. Concepto clave de la educación moral, hasta el punto de que algunos han reducido la moral a un conjunto de deberes que se deben cumplir.

DEBERES ESCOLARES. Ejercicios o tareas, por lo general escritos, que los docentes encomiendan a los alumnos para ser realizados fuera de las horas de clase, en sus casas.

Definidos como "trabajos del colegial", eran una práctica corriente en la escuela tradicional, que los consideraba útiles para la ejercitación de la memoria, la autodisciplina y la formación de la voluntad. Las corrientes pedagógicas modernas consideran que estas tareas realizadas en casa son inadecuadas, por dos razones principales: porque son actividades que producen una sobrecarga y una exigencia excesiva de tipo psíquico y porque, al prolongar la jornada escolar en casa, los alumnos disponen de menos tiempo para jugar, actividad absolutamente necesaria para el desarrollo de la personalidad de los niños y niñas.

DEBILIDAD MENTAL. El término se aplica para designar los grados más leves de deficiencia mental. Comprende los sujetos con un CI entre 60 y 70. Algunos los denominan deficientes, ligeros o límites. En general, son personas que no sobrepasan la edad mental de 7 a 10 años, de ahí que tengan dificultades para seguir una escolaridad normal.

La forma en que se ha abordado la atención a la diversidad, con un apoyo psicopedagógico especializado, permite que las personas que sufren debilidad mental puedan conseguir autonomía e independencia en su vida corriente y asegurar su integración social.

DEDUCCIÓN. Inferencia, conjetura, derivación e implicación lógica. Método o procedimiento, discursivo y lógico, en el que ciertos enunciados se derivan de otros de un modo puramente formal.

De ordinario, se entiende por deducción el modo de razonamiento caracterizado por el pasaje de una o varias proposiciones tomadas como premisas a otras de generalidad igual o menor.

DEDUCIR. Sacar consecuencias de un principio, afirmación o supuesto, de un hecho o de una actitud. Conjeturar, inferir, derivar. Establecer conclusiones.

DEFICIENTE MENTAL. Término genérico que se refiere a trastornos permanentes en los procesos cognitivos de una persona. La deficiencia mental es debida a causas que actúan antes o durante el nacimiento, o en los primeros meses de vida. Estas causas pueden ser: *a)* factores genéticos (por ejemplo, el síndrome de Down); *b)* factores tóxicos infecciosos durante la gestación (rubeola, sífilis); *c)* factores traumáticos, especialmente durante el parto; *d)* factores del medio natural (familiares, culturales, sociales), que influyen en el desarrollo del niño/a.

La deficiencia mental se define, según la American Association of Mental Deficiency, "como el funcionamiento intelectual general claramente inferior al de la media, que comienza en el período de desarrollo del niño/niña y va habitualmente asociado a un conjunto de déficits".

DEFICIENTES MOTÓRICOS. Personas que sufren, de manera persistente, una afección más o menos grave de la motilidad. Las causas de estas deficiencias pueden ser de origen cerebral, espinal, muscular u óseoarticular.

DEFICIENTES SENSORIALES. Personas que sufren anomalías en los órganos sensoriales. De ordinario, se trata de deficiencias en los dos órganos más importantes (vista y oído), de lo que se derivan dos tipos de deficiencias sensoriales: *a)* de la visión, que puede ser de dos tipos: ciegos o deficientes visuales o ambliopes (miopía, hipermetropía, astigmatismo, estrabismo); *b)* de la audición (hipoacúsicos y sordos).

DEFINICIÓN. Del latín *definitio*, derivado de *definire* (marcar los límites, limitar, determinar, precisar). En sentido general, hace referencia a una proposición que expone, con claridad y exactitud, los caracteres genéricos y diferenciales de una cosa material o inmaterial. Un término o palabra (el simbolismo gramatical) constituye el *definiendum*, mientras que la enumeración de ese contenido es el *definiens*.

Durante mucho tiempo, desde una perspectiva fundamentalmente filosófica, haciendo referencia a una distinción tripartita, se habló de la definición nominal, la conceptual y la real. Actualmente se habla también de la definición operacional y de la ostensiva, y se distingue entre analítica (de forma explicativa) y sintética (constructiva).

DELEGACIÓN DE FUNCIONES. Acto por el cual una autoridad, investida de ciertos poderes, transfiere a otro u otros el ejercicio de sus funciones, en su totalidad o en parte.

Otorgamiento de representación, mando o funciones. Confiar a alguien (otro u otros) la jurisdicción que se tiene por función u oficio para que haga las veces de uno o se encargue de su representación. Confiar a un subordinado la misión de conseguir un objetivo, dejándole una cierta iniciativa en la elección de los medios.

DELINCUENCIA. En sentido corriente, hace referencia a la infracción o comisión de un delito.

Los diferentes intentos para dar una explicación de las causas de la delincuencia pueden resumirse en los siguientes enfoques. **Teorías psicogenéticas:** explican los procesos causales de la delincuencia en la contextura psicológica del mismo delincuente; según este enfoque del problema, hay que buscar las causas en el que delinque, en sus problemas personales o familiares. **Teorías sociogenéticas:** explican las causas no sólo por la familia, sino también por el contexto sociocultural en donde "lo normal" es ser delincuente. **Teorías de las subculturas:** dan gran importancia a las bandas organizadas que producen una subcultura delincuente (sistema de valores, creencias y significaciones, que confieren rango social a los actos delictivos). **Concepto de delincuente situacional:** según este enfoque, no hay que buscar el origen de la delincuencia en causas profundas (psicológicas o estructurales), sino en situaciones (contingencias inmediatas) de la vida del individuo que delinque. Por último —y éste es el enfoque más reciente—, está la vinculación entre **delincuencia y desviación secundaria**: el estigma de haber sido tratado como delincuente lleva al camino de la delincuencia, es una invitación a asumir el papel de delincuente.

DELINCUENCIA INFANTIL. Conjunto de actos antisociales o faltas cometidas por niños. Para la sociología y la criminología actuales, se considera que, en sentido estricto, no se puede hablar de delincuencia con respecto a menores, ya que se trata de hechos que salen fuera de la esfera del Derecho Penal, aunque se admite su uso en sentido analógico.

DELINCUENCIA JUVENIL. Conjunto de actos antisociales o faltas cometidas por jóvenes menores de edad.

Desde un punto de vista psicológico, se ha clasificado a los delincuentes juveniles en tres grandes tipos. **Delincuente relativamente integrado:** posee un control personal adecuado, suele ser miembro de una banda o grupo organizado y tiene una vida fami-

liar aceptable. **Delincuente de ego relativamente débil:** se trata de un individuo inseguro, ansioso, con conflictos interiores; no suele pertenecer a bandas, realiza actos delictivos caracterizados por la destrucción de bienes materiales y otros de carácter agresivo. **Delincuente que carece de superego:** no ha internalizado normas de grupos, comete delitos contra la propiedad y participa en bandas caracterizadas por su agresividad.

DEMOCRATIZACIÓN DE LA ENSEÑANZA. La democratización, en cuanto tendencia o proceso hacia un mayor nivel de democracia (en el sentido de poner "algo" al alcance de toda la sociedad), es un fenómeno que también se da en la educación desde mediados de siglo.

La expresión "democratización de la enseñanza" o "democratización de la educación" se utiliza con tres alcances diferentes: *a)* como forma de universalización de la enseñanza primaria y secundaria; *b)* como forma de posibilitar el libre acceso a las instituciones públicas de enseñanza superior a todas aquellas personas que tengan aptitudes, sin ninguna exclusión por razones económicas, sociales, religiosas, raciales, políticas o de sexo; *c)* como forma de organizar el funcionamiento de las instituciones docentes y el sistema de enseñanza/aprendizaje, garantizando y posibilitando la participación democrática de quienes constituyen la comunidad educativa.

Para que la democratización de la enseñanza sea posible, es necesaria la provisión de un número adecuado de becas, residencias estudiantiles baratas, comedores escolares o universitarios, facilidades sanitarias y, sobre todo, garantizar la gratuidad de la enseñanza, especialmente en los niveles que, según la legislación de cada país, se consideran como enseñanza obligatoria.

DEMOGRAFÍA. Estudio de la población humana de una nación, país, región, provincia, ciudad o pueblo, en lo relativo a su magnitud, estructura, distribución, tendencias y desarrollo. La demografía se vale fundamentalmente de métodos estadísticos, distinguiéndose dos ramas principales: *a)* la demografía **cuantitativa**, que estudia factores como tasas de nacimiento, mortalidad, matri-

monios, migraciones, etc., y *b)* la demografía **cualitativa**, que mide las características de los individuos, como sexo, edad, estado de salud, etc.

Otra distinción que suele hacerse en los estudios demográficos es entre el aspecto estático, que concierne al estudio de la población en un momento determinado, y el aspecto dinámico, que estudia el desarrollo o variación de la población por efecto o fases vitales.

DEMOSTRACIÓN EDUCATIVA. Razonamiento o procedimiento que realiza un maestro o profesor ante sus alumnos, ya sea para ilustrar experimentalmente un modo de hacer o bien argumentando de tal manera que enseñe a pensar razonada y razonablemente.

DEONTOLOGÍA. Derivado del griego *deontós*, genitivo de *deon* (deber), y *logia* (estudio, tratado). En moral, teoría de los deberes. Se suele utilizar como equivalente a "ética profesional". Sistema normativo de la actividad humana dentro de una profesión.

DEPARTAMENTALIZACIÓN. Forma de estructurar orgánica y funcionalmente, por departamentos, una institución docente. A nivel de educación media, suelen ser tres los principales departamentos: didáctica, orientación y actividades complementarias.

En el nivel universitario, la propuesta de departamentalización diseñada por Rudolh Acton tuvo una amplia aplicación en América latina a partir de los años sesenta. Conforme con este modelo, la estructura básica de las universidades se articuló sobre la base de los departamentos constituidos como unidades académicas, tanto en el ámbito de la docencia como en el de la investigación.

DEPENDENCIA. En términos generales, hace referencia a un estado o situación de subordinación, sometimiento, sujeción o inferioridad jerárquica.

Las situaciones de dependencia no sólo existen entre personas, sino también entre grupos, clases y naciones, no por razones de jerarquía o disciplina sino como consecuencia de determinadas estructuras políticas y económicas.

DEPENDENCIA PSICOLÓGICA. Condición o estado de una persona que psicológicamente no se basta a sí misma, viéndose precisada constantemente de contar con otro para hallar consuelo, apoyo e incluso dirección. En algunos casos, tiende a colocarse bajo el dominio de otro y a someterse a él.

DEPRESIÓN PSICOLÓGICA. Con este término se designa en psicología a veces un conjunto de emociones y en otras ocasiones un trastorno, que tiene manifestaciones en lo físico y en lo mental: descenso de la actividad, fatigabilidad, insomnio, descontento de sí mismo, sentimiento de impotencia, disminución de la atención, vacíos de memoria, autodepreciación, tristeza profunda, desaliento, desánimo, falta de interés o congoja, etc.

Los estados depresivos pueden ser **constitucionales o endógenos** (son estados más o menos duraderos, sin aparente causa externa), y **reaccionales o exógenos** (debidos a causas externas localizadas).

DESAJUSTE DE LA PERSONALIDAD. Condición o estado en que el individuo no está en relación armoniosa e integrada con su entorno.

DESAJUSTE SOCIAL. Incapacidad de un individuo para mantener relaciones satisfactorias con su medio social (personas, familia, grupos, etc.), configurando un problema psico-social por el grado de insatisfacción en el tipo de relaciones existentes.

DESARRAIGO. Situación caracterizada por la inexistencia o debilidad de los lazos que ligan a las personas con el medio en que viven.

DESARROLLO COGNITIVO. Expresión acuñada por Piaget para designar la adquisición sucesiva de estructuras lógicas cada vez más complejas que subyacen a las distintas áreas y situaciones que el sujeto es capaz de ir resolviendo a medida que crece. Piaget distingue tres grandes fases cualitativamente distintas en el desarrollo cognitivo.

Período sensorio-motriz (0 a 12 meses/2 años). En este período, el niño dispone de un limitado repertorio de respuestas reflejas, no diferenciándose del mundo en el que está inmerso. A partir de la pura acción, estas respuestas se irán diferenciando en un creciente número de esquemas que constituirán las subestructuras del pensamiento ulterior, como las de espacio, tiempo y causalidad. Las acciones que realiza el niño se van coordinando progresivamente en esquemas de causalidad y de medios afines para lograr la solución de problemas prácticos.

En la fase sensorio-motriz, el niño tiene inteligencia práctica, pero no tiene ni pensamiento ni lenguaje. Este período se caracteriza por las reacciones circulares primarias en las que el niño trata de reproducir un resultado obtenido al azar. Posteriormente se adquieren reacciones circulares secundarias. Repitiendo la misma acción, le siguen conductas intencionales y luego las experiencias para constatar algo. El fin de este estadio se caracteriza por la aparición del lenguaje.

Período de las operaciones concretas. Este período suele dividirse en dos etapas: **Pre-operatorio** (2 a 7 años). Lo que ha sido adquirido a nivel sensorio-motriz es reelaborado a nivel de representación, las acciones se interiorizan y alcanzan valor simbólico. Si bien el niño tiene dificultades para resolver problemas lógicos y matemáticos, en torno a los cuatro años se inicia el estadio de inteligencia intuitiva. Su pensamiento es básicamente "egocéntrico", centrado sobre el propio sujeto. **Etapas de operaciones concretas** (7 a 12 años). A partir de los siete años aproximadamente, el niño comienza a adquirir la capacidad para realizar operaciones mentales. Estas operaciones mentales proporcionan al niño la capacidad de entender nociones como las de conservación, clasificación, seriación; de movimiento, velocidad y tiempo, y el concepto de número. Al final de este período, gracias al progresivo dominio de las tareas operacionales concretas a las que hemos aludido, el sujeto habrá adquirido los instrumentos intelectuales del individuo adulto. En este estadio, su mayor desarrollo se logra en el lenguaje, que es el instrumento básico de todos los desarrollos cognitivos posteriores.

Período de las operaciones formales (12 a 15 años). Aparece el razonamiento abstracto: el niño se hace capaz de razonar sobre lo real y también sobre lo posible, representado por proposiciones. Adquiere también la capacidad de razonamientos lógicos y deductivos, sobre hipótesis y proposiciones, y de entender y producir enunciados sobre cosas que no han sucedido. Considera todas las posibilidades de las relaciones entre efectos y causas. El niño puede plantearse problemas y examinar diversas alternativas para resolver los problemas, habida cuenta de que ha perfeccionado algunos instrumentos de prueba. Por otra parte, es capaz de utilizar una cuantificación relativamente compleja (proporción, probabilidad, etc.).

DESARROLLO CURRICULAR. Esta expresión hace referencia al proceso de desarrollar el diseño curricular a nivel de institución docente, para adaptarlo a las características del contexto en que se aplica, especialmente las del alumnado del centro educativo. Este desarrollo se lleva a cabo en dos niveles de especificación y concreción: la elaboración del proyecto curricular a nivel de centro educativo y las programaciones de aula.

Tanto uno como otro nivel de especificación adapta lo prescriptivo que establece la política educativa, a la realidad social en que se aplica, teniendo en cuenta los elementos extra-curriculares (el entorno y las características de los alumnos) que condicionan las propias prácticas educativas.

DESCENTRALIZACIÓN. Transferencia de competencias detentadas por un poder central a entidades subordinadas.

DESCENTRALIZACIÓN ADMINISTRATIVA. Transferencia o traspaso de ciertos componentes de la autoridad (atribuciones, competencias y/o funciones) entre entidades administrativas de una misma organización o entre distintas organizaciones. Cuando se trata de organizaciones pertenecientes todas ellas al ámbito de la administración pública, generalmente el proceso se desarrolla desde el nivel estatal hacia los niveles regionales, provinciales y municipales.

Durante muchos años, se distinguieron dos tipos principales de descentralización: la descentralización geográfica, territorial o zonal, y la descentralización funcional o institucional, llamada también descentralización por servicios. Actualmente, se hace una clasificación más amplia de los tipos básicos de descentralización. **Desconcentración** (que antes se denominaba descentrali-

zación geográfica o territorial), que consiste en traspasar competencias administrativas de forma permanente, por parte de un órgano superior a otro inferior, sea central o periférico, dentro de un mismo ente u organismo público. **Delegación** (antes llamada descentralización funcional o institucional), que consiste en que una persona con responsabilidades jerárquicas dentro de la organización transfiere a otra u otras, de menor jerarquía, una serie de atribuciones de carácter funcional. **Devolución,** que consiste en transferir funciones de una organización central a otras periféricas o locales, dentro de la administración pública. Esto implica, además, transferencia de poderes y funciones del gobierno central a los gobiernos regionales, provinciales y locales, con carácter permanente y definitivo. Esta transferencia puede darse a diferentes escalas; así por ejemplo, el gobierno central puede transferir poderes y competencias a los gobiernos provinciales o estatales, y éstos, a su vez, pueden transferir poderes y funciones a los municipios. La descentralización como devolución está estrechamente ligada al federalismo y al fortalecimiento de los gobiernos locales.

Esta forma de descentralización se da, asimismo, en entidades privadas y no gubernamentales, como necesidad que enfrenta cualquier organización que supera ciertas dimensiones.

DESCENTRALIZACIÓN EDUCATIVA. La tendencia generalizada a escala mundial de una creciente descentralización de la actividad de la administración pública se ha expresado también en el ámbito educativo. Estos cambios, producidos desde mediados de los años ochenta, han configurado un nuevo modelo de organización educativa, caracterizado por:

• Mayores atribuciones y competencias educativas transferidas legalmente a las jurisdicciones provinciales y, en algunos casos, a los municipios.

• Posibilidad de aplicar el principio de organización curricular descentralizado para todo el sistema educativo, principio básico de la reforma inspirada en el modelo curricular y el constructivismo.

• Un campo más amplio de innovación y autonomía pedagógica de los maestros y profesores.

• Mayor protagonismo de los docentes, expresado en la participación de los mismos, tanto en la elaboración del proyecto educativo de centro, como en el proyecto curricular del mismo.

Todo esto crea, a su vez, las condiciones para que los padres de los alumnos puedan tener una mayor y más efectiva intervención en el funcionamiento de los centros educativos.

DESEQUILIBRIO EMOCIONAL. Desajuste o alteración de la vida afectiva de una persona.

DESEQUILIBRIO MENTAL. Alteración de las funciones mentales cuyo grado extremo de perturbación es la locura o enfermedad mental. Hay otras formas de desequilibrio mental que se manifiestan en comportamientos inestables, en diferentes manifestaciones neuróticas, en disarmonías de la personalidad, etc.

DESERCIÓN ESCOLAR. Abandono de los estudios que se estaban realizando en un establecimiento educativo.

DESESCOLARIZACIÓN. Tesis sostenida por Ivan Illich (que fue quien acuñó el término) y por otros autores de tendencia anarquista como E. Reimer y N. Christie. Los partidarios de la desescolarización parten del supuesto de que la educación formal es una manifestación de la burocratización de la sociedad, al mismo tiempo que la escuela es un instrumento de domesticación para que cada individuo sea un productor siempre dispuesto a producir y un consumidor siempre dispuesto a consumir.

De gran impacto, pero de escasas repercusiones prácticas, la tesis de la desescolarización fue desechada por irrealista, sin que aporte nada para el mejoramiento de la educación o de la sociedad en su conjunto. Como buena parte de las tesis anarquistas, confunde "lo deseable", puesto en un horizonte utópico (la sociedad convivencial en donde existen nuevas relaciones sociales y un nuevo modo de vida), con lo que es "posible" en un momento histórico determinado. Actualmente, esta tesis ha sido abandonada; sin embargo, la tesis de Illich ha contribuido, entre otras cosas, a quitar rigidez a la institución educativa y a relativizar la importancia de la escuela como medio de movilidad social ascendente e instrumento para lograr un mejor *status* social.

DESPERSONALIZACIÓN. Estado más o menos patológico producido por un trastorno de la conciencia del yo psíquico, corporal o social que conlleva la impresión de no ser ya uno mismo, con vivencia de ataque a la propia identidad y con una sensación de irrealidad o de falsa identificación. Trastorno frecuente en los estados delirantes de psicosis en sus formas esquizofrénicas.

DESTREZA. Habilidad con que se hace una cosa. No hay destreza "para hacer cosas", sino destrezas para habilidades específicas.

DESTREZA MANUAL. Capacidad o habilidad para hacer cosas con las manos. En el campo educativo, tiene importancia cuando se trata de carreras técnicas que, por su naturaleza, exigen habilidad de tipo manipulativo.

DESVIACIÓN SOCIAL. Del latín *deviatio*, *deviationis* (alejamiento, separación del camino).

En sociología y psicología, el término hace referencia a comportamientos que transgreden las normas y valores de un grupo o de la sociedad global. Esta transgresión puede expresarse a través de la conducta de un individuo o de un grupo que viola reglas normativas, o bien cuando el comportamiento no es acorde a las expectativas de la sociedad.

En determinadas corrientes sociológicas, el concepto de desviación social está estrechamente ligado, y a veces es utilizado como equivalente a "inadaptación social", "desajuste social" o "comportamiento desviado". Todo lo cual produce formas de desorganización social que constituyen manifestaciones de patología social.

Los análisis de la desviación social que consideran negativa o patológicamente toda divergencia de comportamiento, respecto de lo establecido por el sistema vigente, interpretan de una manera conservadora el orden social vigente, considerándolo como algo no cuestionable que debemos aceptar axiomáticamente. Si aceptamos que nuestra sociedad está enferma, a la luz de lo que Fromm denomina "la patología de la normalidad", las transgresiones a lo establecido pueden ser síntomas —no siempre, por supuesto— de salud mental.

DETERMINISMO. Doctrina según la cual los fenómenos del universo (o una categoría de esos sucesos) dependen estrechamente de los que los preceden y no hay sino una resultante posible.

Filosóficamente, el determinismo niega la influencia personal sobre ciertos acontecimientos, pues considera que vienen dados por una causalidad necesaria.

Científicamente, el determinismo está definido por la previsibilidad; según esta teoría, siendo conocidas ciertas condiciones, los hechos que se siguen pueden ser previstos con una certeza y exactitud rigurosas, puesto que las mismas causas son siempre seguidas por los mismos efectos.

El determinismo psicológico sostiene que el mundo psíquico depende de los antecedentes y no comporta ninguna libertad. Los factores determinantes pueden ser físicos o fisiológicos, de orden social o de orden psicológico. Todos los fenómenos humanos están interpretados en función directa de los condicionamientos naturales.

DIAGNÓSTICO. Del griego *diagnostikós*, formado por el prefijo *dia* (a través) y *gnosis* (conocimiento o apto para conocer). En general, el término indica el análisis que se realiza para determinar cuál es una situación y cuáles son las tendencias de la misma. Esta determinación se realiza sobre la base de informaciones, datos y hechos, recogidos y ordenados sistemáticamente, que permiten juzgar mejor qué es lo que está pasando.

Con este alcance y significado, que surge de la misma etimología del término, la palabra "diagnóstico" es utilizada en diferentes circunstancias, para hacer referencia a la caracterización de una situación, mediante el análisis de algunos síntomas. Como término técnico-profesional, ha sido ampliamente empleado en la medicina, desde hace muchas décadas. Esto, naturalmente, ha dado su impronta al uso que luego se le dio en otros campos, particularmente en las ciencias sociales, constituyendo uno de los elementos clave de los métodos de intervención social.

DIAGNÓSTICO PEDAGÓGICO. Análisis de una situación educativa y de sus principales tendencias de evolución. Se realiza de acuerdo con las fases o mo-

mentos propios de todo diagnóstico: *a)* Descripción de un cuadro de situación, ofreciendo la información básica acerca de un determinado aspecto educativo que ha sido motivo de un estudio sincrónico y diacrónico, considerado en la situación contextual que condiciona el problema estudiado. *b)* Análisis de los recursos y medios disponibles para resolver el problema. *c)* Pronóstico, teniendo en cuenta la situación actual y las tendencias posibles, como consecuencia de las exigencias del currículum (esto es particularmente válido cuando se hacen diagnósticos en relación con problemas de aprendizaje) o de la programación anual de actividades. *d)* Decisiones que hay que adoptar para que la acción educativa sea efectiva, habida cuenta de la situación inicial desde la que se parte y de las circunstancias en las que se van a desarrollar las acciones destinadas a cambiar la situación-problema.

DIAGNÓSTICO SOCIAL. Concebido de acuerdo con el modelo de actuación profesional de la medicina, el diagnóstico social es el momento analítico/explicativo del proceso de intervención social, constituido como el nexo o

bisagra entre la investigación y la programación. Su realización se basa en el principio metódico/operativo de la "necesidad de conocer para actuar". Pero un diagnóstico no se hace sólo para "saber cómo actuar"; se elabora también con dos propósitos bien definidos, orientados a servir directamente para la acción:

• En primer lugar, ofreciendo una información básica que sirve para programar acciones concretas. Esta información será más o menos amplia, según se trate de elaborar un plan, programa o proyecto, o simplemente con el propósito de realizar actividades.

• En segundo lugar, se trata de proporcionar un cuadro de situación que sirva para las estrategias de actuación.

Un diagnóstico social comporta algo más que la tarea de llevar a cabo una investigación. En un estudio sobre problemas sociales, se recogen y sistematizan, relacionan, analizan y se interpretan datos e informaciones sobre estos problemas. En un diagnóstico, hay que comprender los problemas de cara a la acción. Esto supone conocer:

• cuáles son los problemas (en un análisis sincrónico y diacrónico de los mismos); el porqué de esos problemas en una situación determinada;

• cuál es el contexto que condiciona la situación problema estudiada (hasta aquí, todo esto podría ser parte del estudio/investigación);

• cuáles son los recursos y medios disponibles (o a los que se puede acceder a medio plazo) para resolver estos problemas;

• cuáles son los factores más significativos que influyen y los actores sociales implicados;

• qué decisiones hay que adoptar acerca de las prioridades, objetivos y estrategias.

DIALÉCTICA. Del griego *dialektiké* (arte de la discusión) y *dialektikós* (que concierne a la discusión). En el lenguaje corriente, el término se utiliza con dos alcances diferentes: unas veces, con una connotación positiva para destacar el rigor de un razonamiento o de una demostración (por ejemplo, "una dialéctica irrefutable"); en otros casos, con un sentido negativo, para indicar el carácter sofisticado o artificioso de una argumentación (por ejemplo, "es pura dialéctica").

La palabra "dialéctica" se utiliza hoy con diferentes alcances:

• Como la ciencia de las leyes generales del movimiento y del desarrollo de la naturaleza, de la sociedad y del pensamiento, que estudia la realidad como totalidad concreta en movimiento, agitada con contradicciones internas.

• Como proceso de un pensamiento que toma conciencia de sí mismo y se expresa por afirmaciones antitéticas que una síntesis englobante trata de reducir.

• Como proceso de un pensamiento o acontecer que progresa por una alternancia de movimientos de sentido inverso y por un juego de causalidad recíproca (dialéctica de la intuición y del discurso, del amor y del deber, de la invención y de la reflexión...).

• Como método de investigación, pretende constituir un discurso sobre el ser de la realidad y de interpretación de la misma, apoyado en las cuatro leyes de la dialéctica: *a)* todo actúa sobre todo; *b)* todo está cambiando continuamente; *c)* todo se hace por acumulación cuantitativa seguida de un salto cualitativo; *d)* el proceso de cambio o principio del movimiento reside en la lucha interna de los elementos contradictorios que configuran, a su vez, una unidad de antinomias.

DIDÁCTICA. Proviene del verbo griego *didasko*, que significa enseñar, instruir, exponer claramente, demostrar. Término genérico que designa la disciplina y el arte que guía la práctica educativa y el proceso de enseñanza prescribiendo lo que debe hacer el docente para lograr que sus alumnos aprendan y lo hagan con provecho y agrado. Se trata, pues, de facilitar el aprendizaje, debido a la forma en que se lleva a cabo.

Mientras la pedagogía organiza sistemáticamente los conceptos y principios referidos a la educación en su conjunto, la didáctica los operacionaliza e instrumentaliza, poniéndolos en práctica en el proceso de enseñanza/aprendizaje. De ahí que algunos consideren la didáctica como el brazo instrumental de la pedagogía.

Las definiciones de carácter técnico que proponen los especialistas, si bien pretenden darle una delimitación más rigurosa, de algún modo coinciden con el alcance genérico del término. He aquí algunas definiciones clásicas, cuyas similitudes y diferencias es fácil constatar. Comenzamos por Comenio, que en el siglo XVII definió la didáctica como un "artificio para enseñar... de tal manera que no pueda por menos que obtenerse un resultado". Y agregaba: "enseñar rápidamente, sin molestias ni tedio, ni para el que enseña, ni para el que aprende". De las propuestas en estos últimos treinta años, escogemos algunas. "Disciplina pedagógica de carácter práctico y normativo que tiene por objeto específico una técnica de enseñanza, es decir, una técnica para dirigir y orientar eficazmente a los alumnos en su aprendizaje", Mattos, 1963; "conjunto de técnicas a través de las cuales se realiza la enseñanza; para eso reúne y coordina, con sentido práctico, todas las conclusiones y resultados a que han llegado las ciencias de la educación, a fin de que la enseñanza resulte más eficaz", 1973; "Es una doctrina general de la enseñanza", Stocker, 1964; "es una teoría general de la enseñanza", Tomaschewsky, 1966; "es una metodología de la enseñanza", Clapárede, 1964; "es una ciencia práctico-proyectiva, o sea, una teoría de la praxis docente", Titone, 1974; "es el estudio de diversas maneras de enseñar", Jacqui-

not, 1977. Todas estas definiciones, en cierta medida, encierran bajo el término "didáctica" la confluencia de dos dimensiones: la teoría educativa y la práctica de la enseñanza, aunque el énfasis está puesto en el componente práctico.

DIDÁCTICA ESPECIAL. Es la didáctica aplicada a cada disciplina o materia de la enseñanza. También se habla de didáctica especial para hacer referencia a la aplicación que se hace en cada institución, nivel, área o ciclo de la educación. Últimamente, se han desarrollado didácticas especiales para la atención a la diversidad dentro de las instituciones docentes, ya se trate de niños/as superdotados/as o de niños/as con alguna discapacidad.

DIDÁCTICA GENERAL. Es la didáctica que se aplica a todas y cualquiera de las asignaturas y en todos los ámbitos formales e informales de la educación.

DIDÁCTICO. Aquello que es adecuado y apto para enseñar. Alcance del término "didáctica" en sentido adjetivo. Se dice que alguien es "didáctico" o que tiene "capacidad didáctica", cuando es capaz de transmitir y anunciar eficazmente un determinado mensaje que pretende reciban y entiendan los destinatarios del mismo.

DIDACTISMO. Forma de atenerse a los aspectos formales de la didáctica, llevando los principios, pautas y reglas de la didáctica más allá de sus posibilidades. Concepción según la cual el estricto cumplimiento de los procedimientos que utiliza el docente se considera como el factor determinante del éxito pedagógico.

DIFERENCIACIÓN SOCIAL. Término que designa los procesos por los cuales se producen diferencias sociales entre individuos, grupos y clases, debido a que, dentro de la organización política, económica y social, existen diferentes funciones y rangos.

En cuanto agrupación de los miembros de la sociedad en grandes conjuntos, algunos sociólogos distinguen cuatro clases de diferenciación social: de función, de rango, de cultura y de intereses. Desde otro punto de vista, se distingue entre la diferenciación inter-grupal y la intra-grupal.

DIFUSIÓN CULTURAL. Expresión utilizada, principalmente por los antropólogos, para designar el proceso por el cual los rasgos o complejos de rasgos se transfieren de una cultura a otra, por contacto y difusión de elementos de cultura y de civilización, dentro de un conjunto etnogeográfico o área cultural determinada. Se produce a través de diferentes agentes: la migración, el comercio, la guerra, el cine, la televisión, la literatura, etc. La clase de elementos que pasan de una cultura a otra depende de los agentes de difusión, tanto de los transmisores como de los receptores.

DINÁMICA DE GRUPOS. Se trata de uno de los más importantes temas de la teoría y la práctica psicológica, con amplia aplicación en todas las metodologías de intervención social. Con esta expresión se hace referencia al conjunto de interacciones y procesos que se generan en el interior de los grupos, como consecuencia de su existencia.

Esta expresión suele utilizarse con tres alcances diferentes, según se considere como tema teórico de la psicología, como técnicas y como modo de actuar en grupo. Como **teoría**, se trata de aquel aspecto o tema de la psicología (social, industrial, educativa y ocupacional, y de la psicoterapia) que estudia el conjunto de los procesos psicosociales en los grupos primarios y los fenómenos que se producen en su interior. La teoría de la dinámica de grupos considera a éste como una realidad nueva, con una dinámica y fuerza distinta de la simple suma de los individuos que lo forman. Como **técnica**, la dinámica de grupos es el conjunto de medios y procedimientos que, aplicados y utilizados en una situación de grupo, tiene por objetivo ayudar al conocimiento de los procesos y fenómenos psicosociales que se producen en el seno del mismo. Este conocimiento, si es canalizado adecuadamente, contribuye a mejorar la integración y las relaciones personales dentro de este ámbito. Y, como **espíritu grupal**, el término hace referencia a la atracción positiva interpersonal y a la cooperación socioemocional que existe en el interior del grupo. Desde el punto de vista de las prácticas sociales, el espíritu grupal no sólo es garantía de cohesión social, sino que también es un estímulo al trabajo grupal basado en el respeto a las personas y la búsqueda de una mayor y más democrática participación de los diferentes miembros que lo conforman.

DIRECCIÓN. Gobierno, administración, mando, manejo, conducción, jefatura. Camino o rumbo que establece y mantiene una línea de actuación determinada. Persona o personas que están al frente de una organización y que tienen la responsabilidad de la ejecución o realización de algo.

DIRECCIÓN DE CENTROS EDUCATIVOS. El modelo de conducción, manejo y administración de un establecimiento docente frecuentemente está estructurado en coherencia con una determinada concepción de la educación. El modelo curricular propicia un estilo de dirección participativo y democrático, buscando armonizar la eficacia de la función de conducción con el funcionamiento democrático de los órganos colegiados y la máxima participación de la comunidad educativa en su conjunto.

DISCAPACIDAD. Toda limitación que sufre una persona como consecuencia de algunas deficiencias que le impiden o dificultan determinadas actividades, en las formas que se consideran normales para el ser humano. Se trata de un concepto estrechamente ligado a los de deficiencia y minusvalía. En la clasificación internacional que la OMS dio en el año 1980, se proponen las siguientes definiciones:

Deficiencia. Toda pérdida o anormalidad de una estructura o función psicológica, fisiológica o anatómica:

• Ausencia de una mano.
• Mala visión.
• Sordera.
• Retraso mental.
• Parálisis espástica.

Discapacidad. Toda restricción o ausencia (debida a una deficiencia) de la capacidad de realizar una actividad en la forma o dentro del margen que se considera normal para un ser humano:

• Dificultad para subir escaleras.
• Dificultad para hablar.
• Dificultad para arrodillarse.
• Dificultad excretoria controlada.
• Discapacidad para comprender.

Minusvalía. Toda situación desventajosa para un individuo determinado, consecuencia de una deficiencia o de una discapacidad, que limita o impide el desempeño de un *rol* social que es normal en su caso, en función de la edad, sexo y factores sociales y culturales:

• Minusvalía de independencia física.
• Minusvalía ocupacional.
• Minusvalía de integración social.
• Minusvalía de autosuficiencia económica.

DISCIPLINA. Cuerpo organizado de conocimientos sobre un conjunto de cosas de igual naturaleza.

DISCIPLINA ESCOLAR. Esta expresión se utiliza para designar el conjunto de medidas o reglas de comportamiento que tienen por finalidad asegurar el desarrollo ordenado de una clase o el funcionamiento de un centro educativo. Con el fin de asegurar el orden imprescindible para llevar a cabo las tareas de enseñanza/aprendizaje, y desarrollar hábitos de convivencia y de responsabilidad.

DISCRIMINACIÓN. Derivado del latín *discriminare*, que proviene de *discrimen* (lo que sirve a separar). Dar trato de inferioridad a una persona o colectividad en razón de su raza, religión, ideas, sexo, edad, condición física, mental, social o individual. Esta desigualdad de trato puede darse en cuanto a consideración social, derechos, prerrogativas, etc.

DISEÑO CURRICULAR. Con esta expresión se designa la propuesta educativa realizada al más alto nivel de responsabilidad política/administrativa dentro del sistema educativo. El diseño curricular, que en algunos países denominan "currículum nacional", fija los lineamientos de la política educativa de un país en un momento histórico determinado. Es la matriz básica del proyecto educativo en el que se establecen los objetivos y directrices de validez nacional para el conjunto del sistema educativo, formulando un conjunto de prescripciones, sugerencias y orientaciones. El Ministerio de Cultura y Educación de Argentina ha definido el diseño curricular como "un proyecto socio-político-cultural que orienta una práctica educativa escolar articulada y coherente, e implica una planificación previa flexible con diferentes niveles de especificación para dar respuesta a situaciones diversas, no todas previsibles, y constituirse en un marco de actuación profesional para los planificadores, técnicos, directores y docentes".

Si bien es una propuesta que emana del gobierno nacional, expresada a través de la administración educativa (Ministerio de Educación), como representante de la sociedad, antes de su formulación final debe ser puesta a consideración y discusión, en todas las instancias y niveles institucionales (las provincias y eventualmente los municipios) que tienen competencias educativas. También deben ser consultadas las organizaciones, instituciones, grupos y cuerpos profesionales interesados en esta problemática. De manera especial, hay que someterlo a la consideración de los docentes.

Esta matriz básica o marco común para todo el país queda expresada en leyes y decretos que rigen la enseñanza. Todas estas disposiciones tienen un carácter prescriptivo y orientativo en lo que se refiere a:

- los objetivos generales de la educación;
- los contenidos básicos o enseñanzas mínimas prescritos para todo el Estado y que deberían alcanzar a todos los educandos del país;
- las orientaciones generales y específicas;
- las prescripciones curriculares básicas y los criterios para llevar a cabo el desarrollo curricular.

A través del diseño curricular, como explica César Coll, se determinan "las formas culturales o contenidos (conocimientos, valores, destrezas, etc.), cuya asimilación es necesaria para que el alumno llegue a ser miembro activo de la sociedad y agente, a la vez, de creación cultural". En el diseño curricular se expresan los grandes objetivos educativos de una manera abierta y flexible, de modo que se irá concretando a diferentes niveles de especificidad, adecuado a cada contexto concreto.

DISEÑO DE INVESTIGACIÓN. Esta expresión sirve para designar el esbozo, esquema, prototipo o modelo que indica el conjunto de decisiones, pasos y actividades que se han de realizar para guiar el curso de una investigación.

En el campo de la sociología, este diseño incluye, por lo menos, las siguientes tareas: elaboración del marco teórico, constitución del equipo de investigación, coordinación de las tareas concernientes a la investigación, lección de los instrumentos metodológicos, organización del material de consulta y de investigación, elección de la muestra y elaboración del presupuesto.

DISLALIA. Dificultad o trastorno para la pronunciación y articulación de las palabras, que se manifiesta en forma de sustitución, omisión o distorsión de los fonemas. Las causas que la producen pueden ser una malformación o lesión de los órganos de fonación: lengua, labio leporino, defectos en la colocación de los dientes, fisuras palatinas. También puede tener un origen funcional, cuando la persona tiene disfunciones de origen neurológico o psicológico que afectan las áreas del lenguaje. Existen asimismo causas funcionales, sin que haya ningún trastorno en los órganos fonatorios (falta de discriminación auditiva, falta de coordinación motriz relacionada con el lenguaje, etc.). Por último, cabe señalar las causas ambientales, provocadas por trastornos emocionales (medio familiar conflictivo, carencia afectiva, medio cultural muy pobre en estímulos verbales, etc.).

DISLEXIA. Conjunto de dificultades que se encuentran en el aprendizaje de la lectura. En la mayoría de los casos, la dislexia representa un trastorno funcional del ritmo, de la orientación en el espacio y en el tiempo, y de la percepción visual y auditiva.

En sentido estricto, no se puede hablar de dislexia antes de los siete u ocho años, cuando es normal que no se hayan consolidado los mecanismos lectores.

DISLOGÍA. Nombre genérico de todos los trastornos del lenguaje causados por alteraciones del pensamiento: logorrea, esterotipia, verbigeración, ecolalia, etc. Se manifiesta en la incapacidad de expresar conceptos de modo claro y coherente, o alterando el orden lógico de una frase.

DISONANCIA COGNITIVA. Llamada también disonancia psicológica, se refiere al estado de tensión, de carácter motivacional, que aparece cuando un individuo detenta y expresa simultáneamente dos cogniciones (ideas, opiniones, actitudes, creencias) que son incompatibles o disonantes.

DIVERSIFICACIÓN CURRICULAR. Expresión introducida, dentro de la reforma educativa en España, para referirse a medidas excepcionales, consistente en adaptar globalmente el currículum de la educación secundaria a las necesidades individuales de determinados alumnos, con una organización distinta a la establecida con carácter general. Esta diversificación se hace con el fin de que los alumnos que participen de estos programas puedan alcanzar los objetivos generales y obtener el título de graduado en educación secundaria.

DOCENCIA. Acción de enseñar. Ejercicio de las personas que se dedican a ella.

DOCENTE. El que imparte enseñanza o docencia. Perteneciente o relativo a la enseñanza. El sujeto que enseña, como uno de los componentes del "acto didáctico".

DOCUMENTO. Escrito que ilustra acerca de algún hecho y que constituye una fuente de datos recuperables en el tiempo y en el espacio. Cualquier cosa que sirve para comprobar o ilustrar algo.

E

ECOLOGÍA. Este término fue propuesto por Haeckel en 1869, para designar el estudio de las relaciones existentes entre los seres vivos entre sí y con el medio que los rodea; se trata del estudio de la *ecúmene*. La ecología es, pues, la ciencia de las condiciones de existencia y de las interacciones entre los seres vivos y su entorno; es el conocimiento de las relaciones de esos seres con su medio y de sus reacciones frente a los factores externos.

ECOLOGÍA CULTURAL. Esta expresión se utiliza para designar una rama de la antropología que estudia las diferencias entre las culturas derivadas o producidas por las diferencias de sus respectivos entornos físicos.

ECOLOGÍA HUMANA. Se trata de una aplicación del concepto de ecología, utilizado en biología, al campo de la sociología. La escuela de ecología humana, iniciada por R. Mackenzie en 1925, definió esta nueva disciplina como el "estudio de la interdependencia de las instituciones y de la agrupación de los seres humanos en el espacio".

Su propósito es estudiar la estructura y desarrollo de las comunidades humanas en función de su adaptación al entorno, ya sea éste un medio natural o un medio acondicionado.

ECOLOGÍA SOCIAL. Expresión utilizada fundamentalmente en sociometría, para designar el estudio de las relaciones de los grupos humanos con el conjunto de su medio, o sea, las interdependencias de las instituciones y de los modos de agrupación entre los hombres.

ECOLOGISMO. Se trata de una corriente de pensamiento y de acción que denuncia la agresión y el deterioro del medio ambiente, al mismo tiempo que señala la necesidad de reemplazar la actual concepción del desarrollo económico indefinido por la de un desarrollo sostenible.

ECOLOGISTA. El ecologista —que no hay que confundir con el ecólogo— es aquel que asume una actitud y una actividad militante en la defensa de la naturaleza y en la lucha por la calidad de la vida. A fines de los años sesenta, van surgiendo los primeros movimientos ecologistas, que hoy se han extendido en buena parte del mundo. Con una importancia mayor como movimiento que como organización, se han transformado en una especie de nueva conciencia de nuestro destino como seres humanos en el planeta Tierra. No sólo se movilizan contra la agresión ecológica, sino que también luchan por la realización de un programa que presupone un determinado tipo de sociedad y un determinado sistema de valores, que tiende a que los seres humanos vivan en armonía y comunión con la naturaleza y con todos los seres vivos.

EDUCABILIDAD. Posibilidad de educar a las personas; condi-

ción propia de todo ser humano. El concepto de educabilidad ha sido propuesto como objeto formal de la propia pedagogía.

EDUCACIÓN. Al intentar definir y delimitar el concepto de educación, la primera dificultad con que se tropieza es la variedad de significados con que se utiliza. Siguiendo a Sanvisens y Quintana Cabanas, podemos señalar lo siguiente: la educación como hecho o realidad (que se da en toda sociedad humana), como actividad y como proceso (pues consiste en un hacer), como efecto o resultado (designando las consecuencias de la actividad educativa), como relación (porque al educar se realiza un enlace transmisivo), como tecnología (conjunto de métodos y técnicas que intervienen en el proceso educativo). También se habla de educación para hacer referencia a la actuación del educador respecto del educando; en otros casos, se alude a la cualidad de una persona que ha sido educada o a un comportamiento según normas de urbanidad y al desarrollo personal cuando está dirigido y a la transmisión cultural en el seno de una sociedad. En otro orden de cosas, el término "educación" también se utiliza para referirse al sistema escolar de un país o al nivel de instrucción del pueblo y al "capital humano" (o formación de fuerza de trabajo).

Teniendo en cuenta esta amplia polisemia del término (es como un poliedro de muchas caras, dice Quintana), podemos señalar que, en sentido amplio, se identifica con la socialización, en cuanto proceso de transmisión de valores, normas, creencias y comportamientos; pero, generalmente, se sostiene que la educación es sólo una parte del proceso de socialización.

En un sentido más estricto, que es el alcance con el que habitualmente se utiliza el término, la educación alude al conjunto de actividades y procedimientos que, de manera intencional, sistemática y metódica, el educador realiza sobre los educandos para favorecer el desarrollo de las cualidades morales, intelectuales o físicas que toda persona posee en estado potencial. Actualmente, la idea de la educación como acción sobre una persona o un grupo para proporcionarle conocimientos, habilidades y actitudes está siendo reemplazada por una idea de la educación concebida como acción recíproca, ya se trate de una persona, grupo o colectividad.

Para la pedagogía liberadora, la educación no consiste tanto en transmitir a un individuo el acervo cultural e intelectual de otro u otros, como en hacer posible que el educando sea el artífice de su propio desarrollo. Por otra parte, la educación se concibe como una idea continua y constante a lo largo de toda la vida, lo que supone, además, que la escuela ya no puede ser entendida como el único medio posible de acción educativa.

El término también se aplica a todas aquellas operaciones que tienden a perfeccionar un determinado órgano o facultad; así, se habla de educación del oído, o bien, desde otra perspectiva, de educación técnica, artística, etc.

EDUCACIÓN ABIERTA. Hace referencia a la organización educativa que es abierta en cuanto a espacios, tiempo, contenidos, acceso y métodos. Generalmente se hace mediante correspondencia, radio, televisión, que suele complementarse con educación presencial (contacto profesor-alumno de tipo tutorial). En la educación abierta, la organización curricular se suele estructurar en sistemas modulares.

EDUCACIÓN A DISTANCIA.

Consiste en una forma de enseñanza/aprendizaje que tiene lugar sin la presencia del educador y del educando en un mismo espacio físico.

Este tipo de educación es posible, siempre que se den dos condiciones básicas: *a)* que exista capacidad de auto-aprendizaje en el estudiante que opta por esta modalidad. Supone una cierta madurez (difícilmente pueda utilizarse con niños y adolescentes) y, además, interés, motivación y autodisciplina, para realizar este tipo de estudios; *b)* que haya funcionalidad didáctica en el mediocanal utilizado para llegar a los alumnos. No basta con utilizar material didáctico elaborado, como textos o libros de estudio clásicos; es necesario que sean elaborados expresamente para ser utilizados en esta modalidad de enseñanza/aprendizaje, ya se trate de material impreso, audio, vídeo, ordenador, o bien, como puede ser en un futuro no lejano, vía Internet u otro tipo de redes no experimentadas.

EDUCACIÓN AMBIENTAL.

Hasta pasada la mitad del siglo XX, el deterioro del medio ambiente nunca se había planteado como un problema, salvo en cuestiones muy puntuales y delimitadas. A comienzos de los años setenta, ante la magnitud de los problemas ecológicos, cuya gravedad se hizo patente después de la Reunión Internacional 'sobre Medio Ambiente Humano, convocada por Naciones Unidas (Estocolmo, 1972), fue surgiendo la necesidad de promover a diferentes niveles programas de educación ambiental. En la Conferencia Intergubernamental de Educación Ambiental realizada en Tbilisi (URSS) el año 1977, se propuso una definición de educación ambiental que ha sido universalmente admitida, considerándola como "el progreso a través del cual se aclaran los conceptos sobre los procesos que suceden en el entramado de la naturaleza, se facilitan la comprensión y valoración del impacto de las reacciones entre el hombre, su cultura y los procesos naturales y, sobre todo, se alienta un cambio de valores, actitudes y hábitos que permitan la elaboración de un código de conducta con respecto a las cuestiones relacionadas con el medio ambiente".

De lo que se trata (como se indicó en las recomendaciones de dicha Conferencia), es de proporcionar a todas las personas la posibilidad de adquirir conocimientos, el sentido de los valores, las actitudes, el interés activo y las aptitudes necesarias para proteger y mejorar el medio ambiente.

La educación ambiental se realiza y expresa en una triple dimensión: a) *la dimensión cognitiva,* que incluye la adquisición de conocimientos que ayuden a comprender el funcionamiento de los ecosistemas, la complejidad de los factores que inciden en la problemática del medio ambiente, y la magnitud y gravedad que reviste hoy el grado de deterioro que sufre la naturaleza; b) *la dimensión ética,* que implica asumir una serie de valores fundamentales, como consecuencia del hecho de que todos somos responsables de lo que ocurre a la madre-Tierra, de cuya suerte depende la sobrevivencia de los seres humanos en el planeta; c) *la dimensión activa,* que consiste en realizar experiencias prácticas acerca del modo de cuidar el medio ambiente.

EDUCACIÓN CÍVICA. Proceso de formación de los individuos de una sociedad, en orden a que cumplan, en la mejor forma posible, con sus deberes como ciudadanos y, a la vez, estén preparados para el ejercicio de sus derechos civiles y políticos.

EDUCACIÓN COMPENSATORIA. Educación proporcionada a niños y niñas de medios sociales desfavorecidos, con el fin de compensar los déficits educativos debidos a su medio social, completada, en la medida de lo posible, por una acción con los padres. En otras circunstancias, la educación compensatoria es necesaria como consecuencia de desventajas provenientes del medio geográfico (distancias, aislamiento, etc.) en donde viven los alumnos.

La finalidad de la educación compensatoria es ofrecer a los niños/as que, debido a su condición social o cultural, han carecido de un medio estimulante, una formación que compense las desventajas educativas y las deficiencias culturales. El propósito de esta compensación es procurar que en su proceso educativo tengan iguales oportunidades o, al menos, no sufran retrasos en el aprendizaje.

EDUCACIÓN COMPENSA-TORIA DE ADULTOS. Proceso educativo tendente a completar y suplir una carencia educativa no adquirida por falta de acceso o abandono del sistema escolar formal. Se ha llamado también educación suplementaria.

EDUCACIÓN DE ADULTOS. Es la que se ofrece a los adultos que han pasado el límite de edad escolar y que no han recibido educación escolar suficiente o que desean mejorar la que han conseguido. Engloba las campañas de alfabetización, los cursos nocturnos y las diferentes formas de reciclaje para quienes desean mejorar su formación o cualificación profesional.

EDUCACIÓN ESPECIAL. De una manera general, se la define como un conjunto de medidas y recursos (humanos y materiales) que la administración educativa pone a disposición de los alumnos con necesidades educativas especiales: personas con algún tipo de déficit, carencia, disfunción y discapacidad de tipo físico, psíquico o sensorial que les impide un adecuado desarrollo y adaptabilidad.

El significado y el alcance de la educación especial han experi-mentado una amplísima evolución tanto en su concepción teórica y en la filosofía subyacente, como en las dimensiones metodológicas y prácticas. Si nos remontamos a la antigüedad, teniendo en cuenta las actividades realizadas para atender a los discapacitados, éstas han ido evolucionando desde el rechazo y exclusión, hasta la caridad y la sobreprotección, hasta llegar a la institucionalización, de las acciones tendientes a la atención educativa de los discapacitados. A partir de esta institucionalización, ha existido una educación dual: por una parte, la educación ordinaria (donde asistían los alumnos supuestamente normales) y, por otra, la educación especial (donde asistían alumnos que tenían discapacidades).

Hoy día y desde hace unas décadas, de la mano de la integración escolar y de la nueva conceptualización de las necesidades especiales, desde la escuela inclusiva y la escuela para todos, y desde los principios de atención a la diversidad, surge la nueva concepción de la educación especial que ha sido definida por Luis Ángel Aguilar como el "conjunto de recursos que las administraciones educativas ponen a disposición del profesorado para responder de manera adecuada a las necesidades educativas especiales". Como se indica en un documento de la UNESCO, la educación especial es una "forma enriquecida de educación general tendiente a mejorar la vida de aquellos que sufren diversas minusvalías, enriquecida en el sentido de recurrir a métodos pedagógicos modernos y al material técnico para remediar ciertos tipos de deficiencia". Por su parte, el Instituto Nacional de Educación de España define la educación especial "como un proceso integrador de diferentes actividades que requieren, junto a la función docente, la asistencia personalizada en los más variados campos para la superación de las diferencias e inadaptaciones y para la plena integración social".

EDUCACIÓN ESTÉTICA. Este concepto tiene dos alcances principales: por una parte, la formación de la sensibilidad artística y, por otra, la enseñanza artística en alguna de sus expresiones particulares. Con el primero de los alcances se trata de una forma de educación que ayuda a las personas a desarrollar la capacidad de capta-

ción de la belleza, el desarrollo de la sensibilidad y comprensión de las obras de arte. En sentido más específico, se alude a la ayuda, desarrollo y potenciación de las aptitudes artísticas, mediante el aprendizaje de diversas técnicas (pintura, música, modelado, canto, danza, expresión corporal, teatro, etc.), según sean las aptitudes personales de quienes reciben este tipo de educación.

La educación estética (concepto que engloba el de educación artística) es una forma de compensar la sobrecarga de lo racional/intelectual en la educación y como un modo de desarrollar la dimensión afectiva/emocional. Lamentablemente, la educación estética (y todas las asignaturas que se consideran como forma de educación artística) siguen siendo infravaloradas, como contenidos y materias de segundo orden dentro del currículum.

EDUCACIÓN FAMILIAR. Proceso de formación y de cambio de actitudes y comportamientos en la vida familiar, de ordinario conducido u orientado por un trabajador social, que tiene por finalidad desarrollar o mejorar las cualidades y actitudes para la vida familiar, introduciendo modificaciones en la estructura y relaciones familiares si ello fuese necesario.

Generalmente, este tipo de servicio social se orienta de cara a evitar el rompimiento del núcleo familiar cuando existen conflictos, deterioro de las relaciones, abandono de sus miembros (sobre todo de menores), problemas de convivencia, y atenciones y cuidados necesarios para el normal desarrollo de todos sus integrantes.

Para realizar este tipo de trabajo, que es ejecutado dentro del domicilio familiar —y eventualmente fuera—, se requiere una aceptación inicial por parte de la familia, a partir de la cual se elabora el plan de trabajo familiar que se va a desarrollar durante el proceso.

Los principales aspectos en que suele centrarse el trabajo de educación familiar son, por lo general, los siguientes (aunque todo depende de cada situación particular): administración del hogar y economía doméstica, salud, nutrición, consumo, planificación familiar, higiene de la vivienda, relaciones interpersonales, relaciones padres-hijos, relaciones con las instituciones (con la escuela, con el centro de salud, etc.) y relaciones de la familia con la comunidad en el aspecto de integración (con los vecinos, el barrio, las asociaciones, etc.).

EDUCACIÓN FÍSICA. Cuando se habla de educación física, el término puede entenderse con un doble alcance: educación de lo físico y educación a través de lo físico. En el primer caso, está relacionado con el desarrollo de las capacidades físicas y la adquisición de ciertas habilidades relacionadas con el dominio del cuerpo. En el segundo caso, la educación física se considera como una forma, entre otras, que ayuda al desarrollo de la personalidad y a mejorar la calidad de la vida al gozar de la buena salud.

Lo sustancial de la educación física no es el desarrollo de masas musculares, como algunos han considerado, sino una forma de cultivo del cuerpo y, a través de él, del desarrollo de la persona, habida cuenta de que los límites o fronteras de toda persona son su cuerpo, y **en el** cuerpo, **con el** cuerpo, **desde** el cuerpo y **a través** del cuerpo todo ser humano desarrolla su existencia.

EDUCACIÓN FORMAL. Educación estructurada institucionalmente, con un programa de estudio planificado y dirigido al reconocimiento formal del logro de ciertos objetivos educativos, tales como créditos, diplomas, grados académicos o capacitación profesional.

Es el sector de la educación que pertenece al sistema educativo de un país. Por ello tiene un carácter reglado, es decir, estructurado de acuerdo con objetivos, contenidos, requisitos, y tiene una sanción oficial de títulos y diplomas.

EDUCACIÓN FUNDAMENTAL. Expresión que comenzó a utilizarse en la década de los cincuenta para designar una serie de contenidos educativos aplicados, principalmente, a los adultos que no han tenido una educación formal, con el fin de proporcionarles los elementos básicos para participar en la vida social y permitir su desarrollo personal.

Esta expresión hoy ha sido abandonada, prefiriéndose la de "educación de adultos".

EDUCACIÓN HOLÍSTICA. Se trata de una concepción educativa y una propuesta de reforma educacional que pretende superar el paradigma cartesiano-newtoniano, que subyace en el pensamiento moderno caracterizado por el racionalismo y su aspecto mecanicista y reduccionista, por el paradigma holístico. Este paradigma pretende ser una respuesta creativa a la crisis global de nuestra civilización, afirmando la interdependencia intrínseca de teoría, investigación y práctica.

La educación holística tiene como objetivo principal el desarrollo óptimo del ser humano y no el mejorar su capacidad como productor o su cualidad como ciudadano. El ser humano es más completo y más complejo que sus *roles* de productor y ciudadano. En la educación no se han de proporcionar sólo datos, información, habilidades, etc., sino que hay que dar un significado fundado en el reconocimiento de que toda vida en el planeta está interconectada.

Esta propuesta educativa que busca educar para una cultura planetaria tiene como supuesto básico el respeto por la vida en todas sus formas. La educación es una forma de relación humana abierta y dinámica, que cultiva la conciencia crítica, inserta, a su vez, en la vivencia de la interdependencia planetaria. Considera que la inteligencia humana se expresa por medio de diversos estilos y capacidades, incluyendo modos de conocer contextuales, intuitivos, creativos y físicos, lo cual se puede lograr a través de un currículum abierto, flexible e interdisciplinario.

EDUCACIÓN INFORMAL. Procesos que, sin tener una intencionalidad educativa explícita, proporcionan conocimientos e información que influyen en las conductas y valores de las personas. La educación informal es un proceso que transcurre a lo largo de la vida de los seres humanos, proveniente de las influencias educativas de la vida cotidiana y del entorno.

EDUCACIÓN INTERCULTURAL. Este tipo de educación tiene lugar donde conviven grupos étnicos o nacionales diferenciados. No sólo tiene en cuenta el hecho de la diversidad, sino que procura un cruzamiento enriquecedor basado en la valoración y el reconocimiento mutuos.

EDUCACIÓN MORAL. Consiste en transmitir un sistema de valores que proporciona las pautas y normas de comportamiento a fin de que el individuo actúe responsable y solidariamente en la sociedad y el tiempo en que le toca vivir.

EDUCACIÓN MULTICULTURAL. Toma en cuenta el hecho de la diversidad de los educandos, promoviendo, a su vez, el respeto a las diferencias como un elemento enriquecedor. Su objetivo es doble: lograr una educación justa e igualitaria, cualquiera sea la cultura a la que se pertenezca, y fomentar en los educandos el aprecio a la diversidad cultural como algo positivo y necesario para la convivencia en la sociedad moderna, en las que el mestizaje y pluralismo cultural es un hecho corriente.

EDUCACIÓN MUSICAL. Conjunto de instituciones, principios, técnicas y procedimientos cuya finalidad principal es despertar la musicalidad que existe en todo ser humano, comenzando por desarrollar en el niño/a, como dice Violeta Hemsy de Gainza, "el interés y la atracción por los sonidos, lo que llevará a desarrollar una aptitud musical". Consecuentemente, el desarrollo musical del niño/a estará condicionado en gran parte por la educación que reciba. El aprendizaje del lenguaje musical dependerá, además, de su talento y dotes naturales, aunque ningún ser humano es una especie de ente inmodificable o ineducable en lo que respecta a las aptitudes musicales.

Hay en la educación musical una doble finalidad: una común a todos los alumnos/as y que la profesora Gainza llama "la recuperación de la percepción espontánea y desinteresada de los sonidos, a través de un aumento —cualitativo y cuantitativo— de la estimulación auditiva del niño mediante el sonido, la música, canciones y ritmos". La otra finalidad (que supone a la que ya hemos hecho referencia) es la formación para la expresión artística musical, desde el aprendizaje de los signos de notación, pasando por el conocimiento de los componentes del complejo musical, hasta la interpretación musical (reproduciendo) y la composición (creando). En el primer caso, se trata de una educación musical, como lenguaje universal y como disfrute estético y, en el segundo, es el aprendizaje de la música como arte.

EDUCACIÓN NO FORMAL.
Educación cuya finalidad esencial no es la obtención de un reconocimiento oficial como crédito, diploma, grado académico o capacitación profesional. Aunque sistemática y estructurada, no forma parte del sistema educativo. La expresión se utiliza a veces como equivalente a educación no reglada o educación no institucional.

EDUCACIÓN NO SEXISTA.
Ante el hecho de que la educación ha discriminado a la mujer asignándole *roles* secundarios, la educación no sexista tiende a superar los sesgos androcéntricos subyacentes en la teoría y en la práctica de la educación, proponiendo formar por iguales a varones y mujeres.

A través de la educación no sexista, se pretende "educar a personas" para que desarrollen sus capacidades y su personalidad sin las limitaciones que imponen los *roles* tradicionales asignados a la mujer y al varón, que la misma escuela ha contribuido a reproducir, estableciendo una división jerárquica, en la que los valores masculinos son considerados superiores y los femeninos son devaluados. Esto ha configurado una sociedad de predominio masculino, en razón de los estereotipos diferenciados de género.

EDUCACIÓN PARA EL DESARROLLO. Esta expresión comenzó a ser utilizada en los años setenta, por algunas organizaciones y agencias de cooperación preocupadas por hacer conocer la situación de los países subdesarrollados o sensibilizar a la gente de países desarrollados acerca de los problemas que sufre parte de la población del tercer mundo. Posteriormente el concepto se amplió al análisis de las causas que originan las desigualdades sociales. No sólo se trata de ampliar el conocimiento del mundo por parte de niños, adolescentes y jóvenes, sino de poner el énfasis en el análisis de las causas de por qué las cosas son así. La educación para el desarrollo está íntimamente relacionada con otras formas educativas similares, como son la educación multicultural y la educación ambiental.

EDUCACIÓN PARA LA SALUD. Llamada también por algunos educación sanitaria, se trata de una serie de actividades llevadas a cabo para proporcionar conocimientos sobre el modo de atender la salud, fomentar comportamientos saludables y modificar las conductas individuales y colectivas perjudiciales para la salud. Procura, asimismo, producir cambios actitudinales en relación con los problemas de salud y cambios ambientales que favorezcan las condiciones sanitarias del entorno.

La educación para la salud es un instrumento fundamental para la consecución de los objetivos de la salud pública, a través de la promoción de la salud y la prevención de enfermedades.

Este tipo de educación capacita a los individuos para cuidar la salud y, al hacerlo con alcance comunitario, transforma la salud en un patrimonio de la colectividad.

En última instancia, la educación para la salud es una forma de cuidar el "patrimonio biológico" de cada ser humano, es decir, su cuerpo y la forma que condiciona el funcionamiento mental, psicológico y espiritual.

EDUCACIÓN PARASISTEMÁTICA. Se trata de todas aquellas formas de experiencias y relaciones sociales que surgen espontáneamente en la vida de la sociedad y que contribuyen a desarrollar y perfeccionar al hombre.

Con un sentido más restringido, se entiende por educación parasistemática toda la actividad educativa estructurada y organizada fuera del sistema educativo, a través de movimientos y asociaciones de todo tipo.

EDUCACIÓN PERMANENTE. Principio de la educación que afirma la necesidad de que los servicios educacionales (sistemáticos tengan un carácter continuo y permanente, más allá del período de escolaridad, abarcando todas las dimensiones de la vida y todas las ramas del saber y de los conocimientos prácticos.

Se apoya en la concepción de que el hombre es un ser en continua evolución, cuya capacidad de aprender perdura durante toda la vida y para quien toda actividad humana se presta a una formación. El paradigma de la sociedad del conocimiento ha cambiado de una educación "para" toda la vida, a una educación "durante" toda la vida.

La educación permanente o continua no es una forma de educación extraescolar o complementaria, ni tampoco una forma de educación popular, de promoción de cultura popular o de edu-

cación de adultos (aunque históricamente haya surgido de estos movimientos), sino que se trata de una nueva perspectiva que redefine toda educación en cuanto "designa un proyecto global encaminado, como se dice en un documento de la UNESCO, tanto a reestructurar el sistema educativo existente, como a desarrollar todas las posibilidades de formación fuera del sistema educativo".

Actualmente —como puso de relieve el documento de la Comisión Delors, abril de 1996—, la educación permanente adquiere una nueva dimensión, puesto que en las actuales circunstancias es también "necesaria para afrontar la movilidad laboral y geográfica del futuro y para forjarse una personalidad adaptable a todas las fases del desarrollo humano y a los conflictos de la mundialización... En el siglo XXI todos deben contar con más independencia y capacidad de juicio, asociados a un sentido profundo de la responsabilidad individual; sin una formación continua que nos permita seguir el ritmo de unas transformaciones tecnológicas y sociales cada vez más rápidas, eso no será posible".

A comienzos del siglo XXI, la

idea de la educación permanente es totalmente aceptada y consagrada; con ella se indica que la educación es una tarea permanente e inacabada en todos y cada uno de los seres humanos.

EDUCACIÓN POPULAR. Esta expresión ha sufrido una evolución en sus contenidos con el paso del tiempo. Así, desde la década de los cincuenta, con el fin de permitir el acceso a la cultura de aquellos que no habían tenido posibilidad de hacerlo, en algunos países se elaboraron programas denominados de "educación popular". Tenían como objetivo lograr una mayor democratización cultural; los medios eran muy variados pero, en todos los casos, debían tener en cuenta los intereses específicos de cada grupo. La expresión utilizada con ese alcance ha sido el significado que se le dio especialmente en Europa.

A partir de los años sesenta, aparece en América latina una concepción y una práctica de la educación popular que, además de su significación pedagógica, constituye un hecho político de profundo significado. La educación popular se convierte en una tarea realizada en el seno de las organizaciones populares que, por un proceso de acción y reflexión, participativo y crítico, tenían el propósito de desarrollar la capacidad de análisis y creatividad, con vistas a la transformación de la sociedad. Es **popular** porque tiene como referencia fundamental los intereses de los sectores populares y es **educación** en cuanto proporciona los medios para una apropiación de un saber instrumental que el pueblo incorpora a su práctica como instrumento de comprensión y acción frente a las situaciones y acontecimientos sociales. En ese sentido, la educación popular fue concebida como una herramienta de transformación social, realizada bajo la hegemonía popular.

A partir de los años noventa, se produce una reformulación de la educación popular acentuando su contribución a la promoción de una ciudadanía que esté en condiciones de asumir un mayor protagonismo en la consolidación y desarrollo de la democracia.

¿Qué diferencia existe entre los planteamientos de la educación popular en los años setenta y la que hoy se practica en los umbrales del siglo XXI? Mario Garces, experto chileno en educación popular, señala que hay aspectos permanentes y otros nuevos. Lo permanente es que sigue "siendo una eduación humanista y humanizante, orientada fundamentalmente al cambio que se realiza en medio del pueblo y que busca contribuir a generar mejores condiciones para la vida en sociedad". Pero es diferente, "en el sentido de que estos propósitos ya no se validan compartiendo un mismo proyecto político —el socialismo— sino más bien en la necesidad y la urgencia de contribuir a la producción de nuevos sentidos de humanización".

EDUCACIÓN PREESCOLAR. Esta expresión, puesta en circulación a mediados del siglo XX, alude a la acción educativa institucionalizada que se ofrece a niños y niñas, en una etapa anterior a la escolaridad obligatoria, abarcando dos fases principales: infancia (0 a 3 años) y niñez (3 a 6 años). El concepto y la práctica de la educación preescolar surgen en los años sesenta, en el contexto de los estudios psicológicos, pedagógicos y sociológicos, acerca de la conveniencia de la educación temprana de los niños y niñas.

EDUCACIÓN PROFESIONAL. Instrucción o enseñanza que tiende a proporcionar conocimientos teóricos y prácticos adecuados para practicar un oficio o desempeñar una actividad especial.

EDUCACIÓN RELIGIOSA. Durante mucho tiempo, la educación religiosa se ha entendido como la enseñanza de una determinada confesión religiosa, que se proporciona en la escuela como una asignatura ordinaria.

En sentido estricto, la educación religiosa tiene sus ámbitos naturales en la familia y en las comunidades religiosas. Con el proceso de secularización y la idea de la escuela laica, la enseñanza de la religión fue excluida de las escuelas.

Actualmente, con el reconocimiento del derecho de los padres a elegir la educación que se ha de proporcionar a sus hijos, y una perspectiva más amplia de lo que significa el respeto al pluralismo existente en la sociedad actual, ha perdido vigencia la idea de la a-religiosidad de la escuela o del ateísmo militante de los países comunistas. En ese contexto, la educación religiosa, no tanto como una asignatura, sino entendida como la búsqueda del sentido trascendente de la vida y del ser humano, es considerada como un aspecto de la formación humana.

EDUCACIÓN SEXUAL. La educación sexual comporta tres aspectos diferentes, pero complementarios: educación de la conducta en lo que hace al comportamiento sexual; informaciones concernientes al sexo (relaciones sexuales, parto), e informaciones sobre la dimensión social de la sexualidad (planificación familiar, sida, embarazo de adolescentes, prostitución, etc.).

El propósito de la educación sexual es que las personas, en lo relativo al sexo, tomen decisiones responsables y autónomas.

EDUCACIÓN SISTEMÁTICA. Educación ofrecida a través de las instituciones del sistema educativo (escuela, colegios, institutos, centros educativos, universidad, etc.).

EDUCACIÓN SOCIAL. Concepto relativamente nuevo que, a pesar de ser redundante y tautológico (ya que toda educación, por su propia naturaleza, es social), ha sido conservado para designar una forma de aprendizaje social intencionado, que parte de las condiciones de inserción social en la que se encuentran las personas destinatarias de este tipo de educación. La educación social (como parte de la pedagogía social) comporta una serie de ámbitos de intervención, casi todos ellos comunes con el trabajo social: inadaptación y marginación social, prevención socioeducativa de la marginación, prevención y tratamiento de toxicomanías, educación para el tiempo libre, educación para la tercera edad, educación cívica, educación para la paz, educación de adultos, animación sociocultural, etc.

También se utiliza esta expresión para designar un tipo de estudios universitarios que abarca tres ámbitos de intervención social: educación de adultos, animación sociocultural y educadores especializados.

EDUCACIÓN TÉCNICO-PROFESIONAL. Es una modalidad de la educación secundaria, pero a diferencia del bachillerato tiene un carácter terminal. Cursarla con éxito acredita al estudiante para la obtención de un título que le permitirá ejercer una profesión.

EDUCACIÓN TECNOLÓGI-CA. Teniendo en cuenta que la tecnología es definida como el uso de procedimientos que tienen en cuenta los conocimientos teóricos que se aplican a objetivos prácticos a través de un proceso de uso, fabricación e invención de objetos, la educación tecnológica implica y supone el aprendizaje de esos procedimientos aplicados a campos específicos, pero sin quedar circunscritos a lo procedimental y a las actividades, ya que se trata de un dominio del "saber hacer", pero con fundamento científico.

Por otra parte, habida cuenta de la variedad y extensión de los ámbitos en que puede aplicarse la tecnología, con la expresión "educación tecnológica" puede hacerse referencia a diferentes campos de aprendizaje: tecnología de materiales, mecánica, tratamiento de la informática, robótica, electrónica, agricultura, alimentos, transporte, textil, etc. Las tecnologías con "apellido" se aplican tanto a la actividad productiva, como a la económica.

Las reformas educativas emprendidas desde los años setenta procuran incorporar la enseñanza de la tecnología, no sólo a las escuelas técnicas o de formación profesional, como es obvio, sino como un área de conocimiento de las enseñanzas obligatorias. Para algunos, la incorporación de esta área se hace con deterioro de las humanidades; para otros, es la mejor manera de luchar contra la dependencia tecnológica y la única forma de que la educación sea acorde a las exigencias de un mundo altamente tecnificado, uno de cuyos requisitos es la cualificación de la fuerza de trabajo.

EDUCADOR. Persona responsable de la educación de otros, ya sea por los vínculos naturales que mantiene con ellos (como son los padres) o por la función que desempeña (maestros y profesores). El educador influye, como dice Guardini, primero por lo que es, luego por lo que hace y por último por lo que dice.

EDUCAR. Del latín *educare*. Desarrollar, perfeccionar o encaminar las facultades intelectuales, afectivas y morales de una persona.

EDUCATIVO. Perteneciente o relativo a la educación. Dícese de todo aquello que educa o sirve para educar.

EFICACIA (O EFECTIVI-DAD). Hace referencia al grado en que se han conseguido (o se están consiguiendo) los resultados previstos o propuestos, mediante la realización de las actividades y tareas programadas. Se trata de medir el producto final, que resulta de la realización de un programa o proyecto evaluado.

EFICIENCIA (O RENDIMIENTO). Se trata de una relación entre los esfuerzos o insumos empleados y los resultados obtenidos. Consiste en determinar el índice de productividad o rendimiento de un programa, proyecto o servicio, determinando en qué medida los insumos se han convertido en productos. De este modo se establece en qué grado el gasto de recursos se justifica por los resultados.

EJERCICIO. Aspecto fundamental del aprendizaje asociativo consistente en una repetición sistemática de tareas idénticas o parecidas.

EMPATÍA. Palabra compuesta del griego *em* (dentro) y *pathos* (pasión). El concepto fue introducido en la sociología por David Lerner para designar un proceso que se refiere a ciertos mecanismos psíquicos que actúan ampliando la identidad del individuo, haciéndolo capaz de identificarse con nuevos aspectos de su medio. Para Lerner, la empatía es un multiplicador de movilidad social.

En psicología, el término fue introducido por Lipps a comienzos del siglo XX, para designar el método privilegiado de llegar a una comprensión profunda de los demás. Actualmente, el término se utiliza para designar la capacidad de un individuo para ponerse en el lugar de otro, captar sus sentimientos, comprender sus reacciones y contemplar el mundo desde las perspectivas de otra persona. Para Rogers, la empatía es "un sentir el mundo interior y personal del otro como si fuera propio".

También designa el sentimiento que se proyecta hacia otra persona u objeto, y la emoción que ella produce. La comprensión empática consiste en la capacidad de captar intuitivamente la realidad de otras personas, comprendiendo sus conductas, sus motivaciones profundas y sus perspectivas vitales. Esto permite, a su vez, penetrar los sentimientos, ideas y perspectivas del otro y, por lo tanto, comprenderlo en lo que éste es y comunica.

Para un trabajador social, es de gran importancia desarrollar su capacidad empática, habida cuenta de que una mayor comprensión de los demás facilita predecir las respuestas de los otros y, sobre todo, para ayudarlos, orientarlos y apoyarlos, en la solución de sus propios problemas.

ENCUESTA. Este término tiene dos acepciones principales: puede hacer referencia a un informe escrito que resulta de una indagación o pesquisa realizada para esclarecer un hecho, o bien alude a una de las técnicas de investigación social.

Según la primera acepción, la palabra designa el conjunto de datos obtenidos acerca de un punto cualquiera de las actividades humanas sobre el que se desea obtener una resolución o emitir un informe documentado.

El segundo de los alcances es el utilizado en las ciencias sociales, para hacer referencia a la técnica de investigación que se utiliza para la recopilación de información, datos y antecedentes en base a un cuestionario, previamente preparado y estrictamente normalizado, a través de una lista de preguntas establecidas con anterioridad. Utiliza procedimientos estandarizados que toman la forma de un interrogatorio en el cual las preguntas se plantean siempre en el mismo orden y se formulan en los mismos términos.

ENDOCULTURACIÓN. Proceso en virtud del cual el individuo aprende e internaliza las pautas culturales más o menos organizadas y persistentes (hábitos, ideas, actitudes, conductas) y el sistema de valores del grupo, comunidad o sociedad a la que pertenece. Se trata de un concepto antropológico, análogo al de socialización para la sociología.

ENDOGAMIA. Del griego *endo* (dentro) y *gamos* (boda). Término acuñado por los antropólogos para designar la costumbre, sistema o práctica de contraer matrimonio exclusivamente entre las personas pertenecientes a un mismo grupo: familia, clan, tribu, pueblo, casta, raza o comunidad (se contrapone a exogamia). Se suelen distinguir tres formas principales de endogamia: étnica o tribal, de casta (ligada a la preocupación de mantener la pureza de la sangre) y de parentesco (y a veces de linaje). Sin embargo, en el sentido estricto del término, la endogamia constituye hoy día la tendencia más general de matrimonio incluso a nivel de los pueblos de las naciones, en los marcos político-estatales de éstas. En este sentido, las naciones contemporáneas también son endogámicas, ya que existe mayor proporción de matrimonios intranacionales que internacionales en el sentido étnico.

ENFERMEDADES MENTALES. Existe un acuerdo bastante generalizado sobre la dificultad de distinguir de manera clara entre salud y enfermedad mental, habida cuenta del carácter multicausal de esta problemática que desborda el ámbito estrictamente médico-psiquiátrico-psicológico, al expresar también causas de carácter social. Esto hace que no sea sencillo dar una definición unívoca de enfermedad mental.

Sin embargo, ciertas patologías que conducen al desmoronamiento manifiesto de la personalidad, la falta de integración armónica de los distintos rasgos de personalidad, las percepciones distorsionadas de la realidad, la falta de adaptación al entorno y otras dificultades que impiden el desarrollo de las capacidades funcionales, se consideran como manifestaciones de enfermedad mental.

ENFOQUE SISTÉMICO. Forma de aplicación de la Teoría General de Sistemas. Modo de abordaje de una problemática en la que se tratan simultáneamente todas las variables pertinentes en razón de su influencia recíproca.

Examen simultáneo de la influencia mutua y evolución diacrónica, que examina de qué manera cada variable afecta al ritmo de cambio y, por tanto, la magnitud del resto de las variables del sistema.

ENSEÑANZA. Del latín *insignare* (señalar, significar, dar signo de alguna realidad, mostrar a través de signos).

En sentido amplio, desbordando el campo de lo didáctico, el término hace referencia al hecho de exponer o mostrar algo. Alude, también, a la orientación, guía, indicación o señalamiento que alguien hace a otra u otras personas.

Desde el punto de vista pedagógico, la enseñanza adquiere todo su sentido didáctico a partir de la vinculación con el aprendizaje. Como ya lo planteara Dewey (1934) en su conocida analogía, "la enseñanza es al aprendizaje lo que el vender es al comprar". No hay venta si alguien no compra, y no hay enseñanza (aunque haya intención de enseñar) si alguien no aprende. En este sentido, la palabra "enseñanza" hace referencia a la acción desarrollada con la intención de llevar a alguien a que adquiera nuevos conocimientos, capacidades, técnicas, procedimientos, actitudes, valores, formas de sensibilidad, etc. Visto desde el que recibe la enseñanza, se trata de que "alguien aprenda". De ahí resulta que la enseñanza deba ser considerada tanto como un proceso como un resultado.

Cuando se habla de enseñanza, también se la puede clasificar desde diversos puntos de vista. Según su **finalidad**, puede ser enseñanza general, técnica, especial, etc.; según su **nivel**, puede ser preescolar (o inicial), primaria o general básica, secundaria y universitaria. Desde el punto de vista más operativo, aludiendo al "acto didáctico", en el enseñar se distingue entre el **sujeto que en-**seña (profesor o maestro); el **acto de enseñanza** (conjunto de actividades implicadas en el proceso); el **modo de enseñar** (métodos, estrategias y procedimientos que se utilizan para tal fin); el **objeto de la enseñanza** (lo que se enseña, los contenidos), y la **persona a la que se enseña** (alumno, estudiante, los destinatarios de la enseñanza).

ENSEÑANZA ESPECIAL. Es la que se proporciona a los niños y adolescentes que sufren algún tipo de discapacidad física, psíquica o sensorial.

ENSEÑANZA LAICA. Tipo de educación que implica neutralidad religiosa, exclusión de ideas o de formación religiosa y exclusión de toda forma de intervención de las confesiones religiosas.

ENSEÑANZA MEDIA. Llamada también en algunos países **enseñanza secundaria**, habida cuenta de que se trata de un nivel entre la enseñanza primaria y la terciaria. Son los estudios que se realizan después de terminar la enseñanza primaria: bachillerato, escuela técnica, escuela comercial, escuela normal, etc.

ENSEÑANZA PRIMARIA. Enseñanza dispensada a los alumnos de 6 a 12 años (ó 14 años en algunos países) destinada a proporcionar la educación general básica en los saberes fundamentales, la transmisión de los elementos culturales más significativos y los conocimientos instrumentales que les permiten actuar en la sociedad que les toca vivir.

ENSEÑANZA PRIVADA. Es la que imparten personas e instituciones no gubernamentales (Iglesias, organizaciones privadas, etc.). Esta enseñanza puede ser financiada totalmente por quienes participan de ella o bien contar con subvenciones por parte del Estado.

ENSEÑANZA PROGRAMADA. Llamada también instrucción programada. Es una técnica didáctica en la que el alumno puede aprender sin la presencia del educador. Se organiza a través de secuencias didácticas en las que los contenidos se combinan con bloques de preguntas y autocorrecciones, que se siguen en un orden de dificultad gradual. El alumno puede apreciar por sí mismo hasta qué punto está aprendiendo; si las respuestas son "correctas", el alumno sigue avanzando. Si son "equivocadas", debe de retroceder a fin de revisar las partes ya estudiadas. Los programas pueden ser lineales o ramificados.

ENSEÑANZA PÚBLICA. Es la proporcionada y regulada por el Estado, con carácter obligatorio y gratuito. En sentido estricto, se trata de enseñanza oficial, puesto que toda educación es pública, ya sea de gestión privada o pública.

ENSEÑANZA SUPERIOR. Con esta expresión se hace referencia a la enseñanza post-secundaria. En algunos países, alude a la enseñanza de nivel terciario no universitaria que otorga cualificaciones profesionales.

ENSEÑANZA UNIVERSITARIA. Como su denominación lo indica, hace referencia a la enseñanza que se imparte en las universidades, ya sea a nivel de diplomado, licenciado, *master,* post-graduado o doctorado.

ENSEÑAR. Del latín vulgar *insignare* (marcar, diseñar). Modo de desarrollar una actividad con la que se transmite un saber, experiencia, procedimiento, habilidad, etc., cuyo propósito es tener como resultado que otro u otros aprendan lo que se ha comunicado. "Enseñar es hacer aprender", decía Willmann, pero no siempre se logra ese propósito. Se ha dicho que "enseñar y aprender" están ligados como el "comprar con el vender". Sin embargo, la práctica no es así: se puede enseñar sin que nadie aprenda y se puede aprender sin que otro enseñe.

Respecto del enseñar, el modelo curricular plantea la necesidad de dar respuesta a cuatro grandes cuestiones: qué enseñar, cuándo enseñar, cómo enseñar y qué, cómo y cuándo evaluar.

ENSEÑAR DIDÁCTICAMENTE. Modo de desarrollar una actividad de manera didáctica, propia y adecuada para enseñar, haciéndolo de tal modo que el destinatario de la enseñanza aprenda.

ENTRENAMIENTO METACOGNITIVO. Llamado también enriquecimiento instrumental, hace referencia al desarrollo de esquemas de pensamiento que permiten que un individuo obtenga el máximo provecho de sus recursos intelectuales y de su capacidad de aprendizaje. Se trata de conocer los propios recursos y la

mejor manera de utilizarlos y combinarlos.

ENTREVISTA. Término que deriva del inglés *interview*. Es uno de los procedimientos más utilizados en el trabajo social, aunque como técnica profesional se usa en otras tareas; el psiquiatra, el psicoterapeuta, el psicólogo, el médico, el sacerdote, el periodista, etc., se sirven de ella para sus diversos fines, procurando de ordinario algo más que la recopilación de datos (como en el caso del investigador social), puesto que se utiliza también para informar, educar, orientar, motivar, etc., conforme con el propósito profesional que se persigue. Según dicho propósito profesional, la entrevista puede cumplir diferentes funciones: *a)* obtener información de individuos y grupos; *b)* facilitar información; *c)* influir sobre ciertos aspectos de la conducta (opiniones, sentimientos, comportamientos); *d)* ejercer un efecto terapéutico.

Las diversas modalidades de la entrevista tienen en común el hecho de que una persona solicita información a otra (informante o sujeto investigado) para obtener datos sobre un problema determinado. Presupone, pues, la existencia de dos personas y la posibilidad de interacción verbal. Como técnica de recopilación de información o datos, va desde la interrogación estandarizada hasta la conversación libre: en ambos casos, se recurre a una "guía" que puede ser un formulario o un bosquejo de cuestiones para orientar la conversación. Las ciencias y tecnologías sociales usan diferentes formas de entrevista, según el propósito profesional que buscan con su utilización; en general, se pueden distinguir las siguientes modalidades: la **entrevista estructurada**, toma la forma de un interrogatorio en el cual las preguntas se plantean siempre en el mismo orden y se formulan con los mismos términos. Este tipo de entrevista se realiza sobre la base de un formulario previamente preparado y estrictamente normalizado. La **entrevista no estructurada**, en cambio, deja una mayor libertad a la iniciativa de la persona interrogada y al encuestador; se trata, en general, de preguntas abiertas que son respondidas dentro de una conversación y tienen como característica principal la ausencia de una estandarización formal de las preguntas.

Este tipo de entrevista puede adoptar tres formas:

La **entrevista focalizada** (*focus interview*), en la que el encuestador tiene una lista de cuestiones para investigar derivadas del problema general que quiere estudiar; en torno a ese problema se establece una lista de temas en los que se focaliza la entrevista, que es llevada según el criterio del encuestador, quien podrá sondear razones, motivos, ayudar a esclarecer determinado factor, etc., pero sin sujetarse a una estructura formalizada. Se necesitan agudeza y habilidad por parte del encuestador para saber buscar algo desconocido, focalizar el interrogatorio en cuestiones precisas, saber escuchar y ayudar a expresarse y esclarecer, pero sin sugerir.

La **entrevista clínica** (*clinical interview*); se designa con este nombre una modalidad semejante a la entrevista focalizada pero que difiere de ésta en el enfoque; no se trata de analizar la experiencia que han tenido varias personas, sino de obtener del entrevistado información sobre su personalidad y su vida. Casi siempre se trata de entrevistas que realiza un médico, psiquiatra o psicólogo a un paciente.

En la **entrevista no dirigida** *(non-directive interview)*, el informante tiene completa libertad para expresar sus sentimientos y opiniones, el encuestador tiene que animarlo a hablar de un determinado tema y orientarlo. Su función es la de servir de catalizador para que el entrevistado se manifieste libremente dentro de una atmósfera que facilite la expresión.

ENTREVISTA TERAPÉUTICA. Como cualquier otro tipo de entrevista, presupone la interacción verbal entre dos personas, distinguiéndose de las otras por su expreso objeto terapéutico. Tiene por finalidad influir en los sentimientos, actitudes o ideas del entrevistado de tal manera que produzca una reducción o mejora de los conflictos intrapsíquicos o interpersonales.

Ampliamente utilizada en psiquiatría, psicoanálisis, psicología clínica y en trabajo social psiquiátrico. Se trata de un conjunto de encuentros entre terapeuta y paciente. El terapeuta escucha, muestra interés, pero mantiene una actitud no crítica y trata de no comprometerse emocionalmente. Sus intervenciones verbales son sobrias, se limita a comentarios ocasionales, a preguntar, aclarar e interpretar.

El entrevistado (paciente) es libre de hablar de cualquier tema que desee, el terapeuta lo anima a que exprese libremente sus sentimientos, actitudes y preocupaciones. Por su parte, el terapeuta asegura al paciente el carácter confidencial de todo lo que se trata.

EPISTEMOLOGÍA GENÉTICA. Expresión creada por Piaget para designar el proceso que rige (tanto en un niño como en la historia) el progreso del conocimiento. El conocimiento progresa, según Piaget, por niveles sucesivos que subsumen a los anteriores en una red más amplia de coordinaciones. Se trata de una evolución en los distintos campos, orientada hacia conceptualizaciones cada vez más abstractas y generales, que él llama "abstracción reflexiva".

La epistemología genética ha sido aplicada particularmente al estudio de la formación de los conocimientos en los niños y en los adolescentes. También ha servido para estudiar la evolución de las ciencias, sirviéndose de los aportes de la psicología.

EQUIPAMIENTO ESCOLAR. Conjunto de medios, objetos e instrumentos que se usan en una institución escolar, pero sin llegar a consumirse como el material fungible (tizas, cuadernos, papel, etc.). El equipamiento escolar comprende el mobiliario y el material didáctico.

EQUIPAMIENTO SOCIAL. Conjunto de medios, instrumentos, infraestructuras e instalaciones que sirven para que los agentes sociales realicen y promuevan sus actividades.

Se habla de equipamientos básicos o mínimos, para referirse a los que atienden a las necesidades más perentorias.

ESCOLARIZACIÓN. Acción y efecto de escolarizar, es decir, de incorporar a una población al sistema educativo formal.

La escolarización universal y obligatoria ha sido uno de los aspectos principales y prioritarios de la política educativa de la mayoría de los países del mundo.

ESCUELA. Del griego *scholé* (vacación, descanso, tranquilidad, estudio) y del latín *schola* (lugar de estudio, academia).

En el lenguaje corriente, la palabra "escuela" designa el establecimiento o centro dedicado a la enseñanza y al aprendizaje. En su significación institucional, se alude a la comunidad formada por maestros, alumnos y personal auxiliar, dedicada específicamente a la educación.

En sentido filosófico y científico, se alude a las personas que se identifican con la doctrina o teoría de un maestro. En sentido artístico, se hace referencia a los principios, movimientos de ideas o técnicas especiales de una corriente o tendencia artística, o de un maestro.

ESCUELA ACTIVA. Esta concepción de la escuela tiene su origen en el movimiento de "Escuela Nueva". Surgió después de la primera guerra mundial, como convergencia de varias corrientes pedagógicas. Partiendo de la filosofía de Dewey y su propuesta pedagógica del "aprender haciendo", apoyada en los principios psicológicos formulados por Claparède, en la metodología de acción pedagógica de Decroly, estructurada en torno a los centros de interés y en las experiencias pedagógicas de la escuela del trabajo de Kerchensteiner y del movimiento liberal de Demolins y Ligthart, se configura el movimiento de la escuela activa. Pedagogos y médicos como Binet, Cousinet, Ferrière, Freinet, Montessori y otros pueden considerarse como parte de esta corriente de renovación pedagógica que surge como alternativa a la didáctica de la escuela tradicional, fundada sobre los principios del didactismo herbatiano.

Este movimiento pedagógico no tiene fundador ni manifiesto fundacional. Sin embargo, pueden señalarse globalmente algunas características básicas acerca del mismo. Ante todo, que es una didáctica paidocéntrica; el protagonismo está puesto en el aprendizaje, o sea, en la actividad e iniciativa de los alumnos, potenciando su libertad, actividad y autonomía. Los docentes son un medio o recurso de aprendizaje. Se apela, asimismo, a nuevos procedimientos: juego, libre actividad, creatividad, educación en la vida misma.

La idea de escuela activa, tal como la definieron sus propulsores, fue más una propuesta que una realización generalizada en el campo de la educación. Sin embargo, estas ideas sirvieron para superar la didáctica de la escuela tradicional y para introducir métodos activos en la educación. Incide también en la concepción de los contenidos curriculares, que tienden hacia una enseñanza globalizadora e interdisciplinar.

ESCUELA CONFESIONAL. Es aquella que tiene una orientación religiosa claramente definida (cristiana, judía, musulmana, etc.); si bien puede ser respetuosa de las diferentes opciones religiosas, la enseñanza que ofrece de esta materia es exclusiva de una confesión.

ESCUELA ESTATAL. Es aquella que, dentro del sistema educativo, pertenece a la administración pública del Estado. La denominación es para distinguirla de la privada. Algunos contraponen escuela privada y pública. Sin embargo, toda escuela es pública, en la medida en que la educación es un servicio público, pero no toda escuela pública debe ser estatal.

ESCUELA GRANJA. Establecimiento educativo al que se le ha anexado una granja en donde se realizan los trabajos prácticos.

ESCUELA HOGAR. Establecimiento docente cuyo propósito es facilitar la educación a niños y niñas que viven en poblaciones diseminadas que, por otra parte, no tienen vías de comunicación y transportes adecuados. En estas escuelas, los alumnos permanecen en régimen de internado.

ESCUELA PRIVADA. Escuela que ha sido creada y depende de una organización privada constituida por personas, grupos o una institución (religiosa, laica, social, filantrópica, comercial, etc.).

ESCUELA PÚBLICA. Esta expresión se ha utilizado (y en algunos lugares se sigue utilizando) para contraponer o diferenciar la escuela estatal (llamada pública) de la escuela privada. Hoy se admite, de manera bastante generalizada, que toda escuela es pública, en cuanto es un servicio que se presta a la comunidad, distinguiéndose entre escuelas de gestión pública y privada.

ESCUELA TRADICIONAL. Esta expresión fue puesta en circulación por los iniciadores de la corriente de renovación pedagógica conocida por el nombre de "Escuela Nueva", para designar de manera crítica (y a veces peyorativa) la tradición pedagógica que ellos pretenden superar.

La escuela tradicional, en sus diferentes variantes, tiene algunos rasgos o características negativas, por las cuales ha sido definida:

• Otorga gran importancia al cumplimiento de las formalidades establecidas, como garantía del orden necesario para que el docente pueda completar el desarrollo de los programas y para que luego los alumnos, cuando adultos, sean ciudadanos disciplinados y respetuosos del orden establecido.

• El educando es un mero receptor, con un papel pasivo. Debe escuchar y estudiar, comportarse correctamente, no hacer nada que entorpezca la planificación del trabajo establecida por el maestro o profesor. Las actividades que realiza tiene que llevarlas a cabo, como explica Luis Villar, de acuerdo con un modelo digestivo. "El alumno recibe y come —o traga— unos 'materiales' que digiere, asimila —o apelotona—, y que después ha de expulsar en una situación determinada: pruebas y exámenes." Los buenos alumnos son los que cumplen con todas las normas disciplinarias y "sacan buenas notas": la responsabilidad del fracaso escolar es siempre del educando.

• El profesor es el gran protagonista; es el que enseña, es decir, el que transmite y deposita conocimientos y saberes. Asegura que el educando ha aprendido lo que él ha explicado y lo que está en los textos que él ha escogido. Controla la conducta de los alumnos, ya que la disciplina y el orden son la condición necesaria para el aprendizaje.

ESCUELA UNITARIA. Establecimiento docente compuesto por un solo maestro y un número de alumnos de diferentes grados. Este sistema estuvo muy generalizado en las escuelas primarias rurales. Con la mejora de las comunicaciones y los medios de transporte, la escuela unitaria ha ido siendo reemplazada por las concertaciones escolares. Se trata de centros educativos con maestro para todos los grados, donde acuden niños y niñas de una determinada zona rural, utilizando un sistema de transporte escolar.

ESPÍRITU DE CUERPO. Sentimiento de solidaridad y de lealtad que une a los miembros de un mismo grupo u organización, ligados por intereses y objetivos comunes. Compañerismo existente dentro de un grupo.

ESTATUTO. En sentido general, conjunto de normas que rigen la organización y la vida de una colectividad y que han sido establecidas legalmente (ley, reglamento, ordenanza).

Conjunto de normas fundamentales, incluso la declaración de propósitos o principios, en el que se basa la actividad de cualquier organización estatal, económica, social, cultural, deportiva, etc. Pactos, convenciones o estipulaciones establecidas por los fundadores o por los miembros o socios de una entidad para el gobierno de la misma. Indica los derechos y deberes de los miembros o afiliados, las funciones y el régimen de trabajo, el modo de elección de autoridades, duración de mandatos, etcétera.

ESTEREOTIPO SOCIAL. Conjunto de características que se atribuyen a un grupo humano para generalizar su comportamiento, su aspecto, su cultura, sus costumbres, etc., que llegan a conformar representaciones prefijadas y socialmente compartidas acerca del colectivo considerado. Es una simplificación de la realidad que, de ordinario, expresa un prejuicio respecto del comportamiento de un determinado colectivo.

ESTÍMULO SOCIAL. Tipo de incitación a obrar o funcionar, a la que responden los seres humanos como consecuencia de la influencia de un grupo o de la sociedad en su conjunto.

La expresión se utiliza con dos alcances principales: estímulos sociales como rumores, noticias, etc., que provocan respuestas sociales, y estímulos provocados, para incitar a la ejecución de una cosa o avivar una actividad, operación o función.

ESTRATEGIA EDUCACIONAL. Arte de combinar, coordinar, distribuir y aplicar acciones o medidas encaminadas a la adecuación de la política educativa a las circunstancias (previsibles o no), que se presentan a lo largo de un proceso que busca alcanzar determinados objetivos. Se expresa en una sucesión de decisiones que se toman cuando aparecen circunstancias inesperadas en la realidad en que se aplica el plan de acción pre-establecido. Como se indica en el Informe Faure, *Apren-*

der a ser, el concepto de estrategia abarca tres nociones: 1. la organización de los elementos reunidos en un conjunto coherente; 2. la toma en consideración del azar en el curso del acontecer; 3. la voluntad de hacer frente a este azar y dominarlo. En resumen, toda estrategia comprende tres elementos: el combinatorio, el probabilístico y el voluntarista.

ESTRUCTURAS MENTALES. Expresión utilizada en psicología social para designar el conjunto de las creencias, de las representaciones, de los esquemas mentales y de las ideologías que se han extendido en una sociedad determinada y que le confieren su "espíritu" y su "mentalidad".

ESTUDIANTADO. Conjunto de alumnos o estudiantes de un establecimiento docente.

ESTUDIANTE. Alumno que cursa estudios en una facultad o en un establecimiento de enseñanza media.

ESTUDIO. En sentido general, esfuerzo que pone el entendimiento para conocer alguna cosa. En pedagogía, hace referencia al esfuerzo o trabajo que realiza una persona para entender, retener y asimilar ciertos conocimientos, y/o para cultivar una ciencia o disciplina.

ESTUDIO PILOTO. Investigación preliminar de carácter social, que precede a otra más completa, con la finalidad de probar y perfeccionar técnicas y procedimientos.

ETHOS. Palabra griega que significa, a la vez, uso y costumbre, norma de vida.

Designa el conjunto de ideas y conceptos que conciernen a la conducta humana, los que se reflejan y encarnan en formas de vida personal y colectiva, con la consiguiente determinación de hábitos, actitudes, costumbres, dinamismos e inhibiciones. Se trata, como decía Scheler, del "sistema de preferencias de un grupo social".

ETHOS CULTURAL. Cultura de una comunidad en cuanto ésta la posee, no como conocimiento sino como vivencia, llegando a ser norma de vida y exigencia de conducta personal y común de los miembros de esa sociedad.

ETHOS ESPIRITUAL. Conjunto de concepciones de ideas centrales, que conciernen a la visión del mundo y de la vida humana, que determina una sensibilidad particular de los miembros de una sociedad, respecto a ciertos valores generales y fundamentales.

ÉTICA. Disciplina o parte de la filosofía práctica que determina la manera habitual de proceder bien. Al fijar las normas que deben regir la conducta del hombre en todos los momentos y circunstancias, la ética se erige en el fundamento de la vida social. Existe una ética individual, que determina los deberes del hombre consigo mismo; y una ética social, que señala sus obligaciones respecto al prójimo. La ética social, a su vez, se subdivide en ética familiar, ética profesional y ética política.

La ética se puede enfocar desde dos puntos de vista: *a)* la que se refiere a las costumbres, a los hábitos, y *b)* la ética asumida como carácter, modo de ser, comportamiento, estilo de vida; entendida no como componente bio-psicológico, sino como la que se va estructurando, madurando y perfeccionando con el transcurrir de la propia vida. En el renacer apremiante que se da actualmente al valor y a la necesidad de la ética, sobre todo ante la presencia de procesos de corrupción, especulación y mentira en el quehacer sociopolítico, se reivindica y se prioriza el sentido de *ethos* personal y colectivo, en relación con lo que se distingue y caracteriza en los actos y en los hechos a una persona o a una sociedad de otra. La ciencia de la ética trata entonces de la conducta humana desde la perspectiva valorativa del bien y del mal, de lo correcto. Pretende orientar al ser humano hacia su auténtica realización conforme con un discurso racional (filosofía, principios, valores, escala de valores) procurando, asimismo, establecer las condiciones básicas para una convivencia humana que facilite la solidaridad y libertad de los seres humanos viviendo en sociedad. Es un discurso prescriptivo, no descriptivo, que orienta la conducta humana hacia su propia humanización (hacer al hombre más hombre), asumiendo lo humano, la humanidad, como tarea fundamental de realización.

ÉTICA PROFESIONAL. Disciplina que tiene por objeto el tratado de los valores, deberes y conductas inherentes al ejercicio de una profesión determinada. Sinónimo de "deontología".

ETNIA. Término utilizado por los antropólogos para designar los agrupamientos culturales básicos de individuos identificados por lazos de raza o nacionalidad.

Conjunto humano caracterizado por sus modalidades lingüísticas, rasgos somáticos, tradición mítico-histórica, características culturales. De ordinario, predomina una de ellas, especialmente la lingüística, pero sin que las demás puedan ser eliminadas.

El concepto es empleado, a veces, en sentido de tribu, y se utiliza también para sustituir el de raza, designando a una población en función de ciertos rasgos socioculturales.

ETNOCENTRISMO. Actitud o tendencia a considerar las normas y valores de la propia cultura o subcultura como base estimativa de las demás. De esta manera, la propia cultura y, en forma inconsciente, la propia sociedad o grupo, considerados como centro de todo, sirven de referencia para juzgar la manera de ser, de actuar y de pensar de los demás; considerando lo propio como lo mejor o como referencia para interpretar otras sociedades y culturas.

ETNODESARROLLO. Se trata de una nueva concepción y propuesta alternativa al indigenismo, tal como se concibió y practicó hasta los años setenta. Conforme con esta concepción, las transformaciones de las comunidades indígenas no se han de realizar por la intervención de agentes externos, sino por ellas mismas y en la forma como ellas lo conciben. Es, asimismo, una forma de combatir el etnocidio, constituyendo al mismo tiempo un movimiento que aglutina a las comunidades indígenas, para asumir su propio protagonismo. Desde el punto de vista del etnodesarrollo, los programas de acción indigenista, tal como se han desarrollado, se consideran formas de paternalismo ilustrado.

EVALUACIÓN. Término elástico que abarca muchas clases de juicios, para hacer una valoración o medir algo (objeto, situación, proceso, etc.). En su acepción amplia, designa el conjunto de las actividades que sirven para "señalar el valor de una cosa".

A veces se confunde la evaluación con otros conceptos similares; por ejemplo, **medición**, que es el acto o proceso de "determinar la extensión y/o cuantificación de alguna cosa", mientras que la evaluación hace referencia al "acto o proceso de determinar el valor de esa cosa". También se utiliza como equivalente el término **estimación**, que algunos hasta consideran como sinónimo. La estimación tiene un carácter aproximado y subjetivo, mientras que la evaluación se basa en procedimientos que deben reunir requisitos metódicos, científicos y técnicos. Otro concepto muy cercano es el de **seguimiento** que, como proceso analítico, permite registrar, recopilar, medir, procesar y analizar una serie de informaciones que revelan la marcha o desarrollo de una actividad programada para asegurar el logro de los objetivos previstos en el programa. La diferencia con la evaluación es que ésta enjuicia esos logros y su nivel de obtención.

Aplicada al ámbito educativo, la evaluación es considerada como una actividad sistemática y necesaria dentro del proceso educativo, y como un subsistema dentro del sistema de enseñanza/aprendizaje. No cabe duda de que (como afirma Santos Guerra) la evaluación en el campo de la educación es un fenómeno curioso y sorprendente: "Es el lugar donde se evalúa con más frecuencia y se cambia con menos rapidez. Esto hace dudar de la eficacia y rigor de la evaluación como un proceso conducente a la comprensión y mejora de la actividad educativa."

Cualquier innovación pedagógica en profundidad y cualquier nuevo modelo de educación presuponen reformular el sistema evaluativo.

EVALUACIÓN DE LOS ALUMNOS. Llamada también "evaluación del rendimiento" de los educandos. Es un instrumento y es parte del proceso de enseñanza/aprendizaje mediante el cual se pretende obtener información cualitativa y cuantitativa sobre el aprovechamiento del sujeto de aprendizaje y para verificar en qué medida se han conseguido (o no) los objetivos educativos previstos. Para los docentes, debería ser también, de manera generalizada, un instrumento para evaluar su propia intervención educativa y reajustar, conforme con ello, las programaciones y actividades subsiguientes.

La concepción dominante de la evaluación tiende a interpretarla como un acto puntual (los exámenes), confundiéndola con la calificación que se le otorga al sujeto de aprendizaje. En algunos casos, se transforma en un sistema para seleccionar y excluir alumnos, según el mayor o menor conocimiento que tengan de los contenidos del programa y que el profesor considera importante. Con ello, la evaluación se transforma en una forma de control de aprendizaje memorístico, como modo de verificar adquisiciones parciales y fragmentarias de conocimientos, y de averiguar lo que el alumno no sabe.

Siendo la evaluación un elemento didáctico clave de todo modelo educativo y del funcionamiento del sistema de enseñanza/aprendizaje, no hay posibilidades de cambios pedagógicos profundos sin modificar los criterios y métodos de evaluación vigentes en casi todos los centros educativos.

Desde el marco de la propuesta constructivista, el modelo curricular concibe la evaluación como una actividad sistemática y continua, cuyo objetivo principal es promover al máximo el desarrollo personal de cada alumno/a, a través de la ayuda y orientación que debe proporcionar la misma evaluación dentro del proceso de aprendizaje. El rendimiento de cada educando se ha de valorar en torno a sus progresos con respecto a sí mismo y no en relación con los aprendizajes que se proponen en el currículum. Frente a la idea y práctica tradicional que considera a la evaluación como un acto puntual expresado en una clasificación (de ordinario, un número dentro de la escala de 0 a 10), la nueva concepción de la evaluación la considera como un proceso de acompañamiento en la formación de los alumnos.

La evaluación de los alumnos ha de servir también para detectar las dificultades de aprendizaje y los fallos que existen en los modos de enseñar y en los procedimientos pedagógicos utilizados y, como consecuencia de lo anterior, corregir, modificar o confirmar el mismo currículum y los procedimientos y estrategias pedagógicas utilizadas.

EVALUACIÓN DE LOS CENTROS EDUCATIVOS. Llamada también "evaluación institucional"; se trata de un proceso de análisis que se realiza a nivel de centro educativo con el fin de evaluar el funcionamiento del mismo, de cara a mejorar la calidad de la enseñanza y el funcionamiento de la institución educativa.

Los aspectos que se han de evaluar, según el modelo elaborado por el Ministerio de Educación y Ciencia de España, son los siguientes:

1. **Contexto.**

2. **Recursos humanos y materiales:** personal docente (características, experiencia, formación permanente, valoración del propio trabajo); personal no docente; mobiliario, material didáctico y psicopedagógico.

3. **Apoyos externos:** servicios de inspección, equipos psicopedagógicos, centros de recursos, etc.

4. **Alumnos:** características personales y socio-familiares, antecedentes escolares, aspiraciones y expectativas, autoconcepto académico y motivación.

5. **Organización y funcionamiento:** programación general anual, gestión económica y administrativa, elección y constitución del equipo directivo y del consejo escolar. Organización pedagógica (equipos docentes, agrupación de alumnos, reglamento de régimen interior, distribución de horarios

y espacios); funcionamiento del equipo directivo; de los órganos colegiados, de los equipos docentes; participación de la comunidad educativa, relaciones con la misma.

6. **Procesos didácticos:** aspectos organizativos, metodología, relación didáctica, evaluación, actividades de orientación y tutoría, y extra-escolares.

7. **Rendimiento educativo:** resultados académicos, actitudes, tasas e índices.

EVALUACIÓN DEL PROFESORADO. La concepción actual de la evaluación va más allá de la evaluación del aprendizaje; además del educando, hay que evaluar al educador. Al no existir una "cultura evaluativa", hay mucha resistencia por parte de los profesores a ser evaluados. Sin embargo, en los últimos años, y de manera cada vez más creciente, se considera necesario hacer evaluaciones del profesorado, ya sea para mejorar la calidad de la enseñanza, o por la necesidad de gestionar eficazmente el gasto social, asegurando la rentabilidad del gasto educativo. La evaluación de la práctica de los docentes puede servir también para replantear las líneas generales o al-

gunos aspectos particulares del proyecto curricular de la institución docente, en lo que concierne a la implicación y participación de los mismos educadores.

EVALUACIÓN FORMATIVA. Llamada también "evaluación de proceso". Es una evaluación que tiene un propósito orientador, autocorrectivo y regulador del proceso educativo, al proporcionar información constante acerca de la marcha del aprendizaje. Este tipo de evaluación permite proporcionar información sobre los progresos que van realizando los alumnos/as y las dificultades que van encontrando. Al mismo tiempo, los docentes pueden ir reajustando sus métodos y estrategias pedagógicas, es decir, pueden ir adecuando lo que enseñan al proceso de construcción del aprendizaje de los alumnos. Esta característica de la evaluación formativa es lo que ha hecho pensar a algunos pedagogos que se trata de la modalidad evaluativa más acorde con el modelo curricular.

Cuando se evalúa de esta forma, la evaluación deja de ser un veredicto para transformarse en una forma de ayudar a los alumnos a progresar en su aprendizaje, animándolos, orientándolos y apoyándolos en esa tarea. Este tipo de evaluación ayuda también a que los alumnos sepan de sus progresos y de sus dificultades, de sus capacidades y de sus limitaciones; y a los profesores los ayuda a evaluar su propia efectividad en el proceso educativo.

EVALUACIÓN INICIAL. Es la que proporciona a los docentes información sobre los conocimientos previos y las capacidades y actitudes que tienen sus alumnos/as. Este tipo de evaluación debe hacerse al comenzar un determinado proceso de enseñanza/aprendizaje: comienzo del año escolar, de nivel o de ciclo, con el fin de adecuar este proceso a los conocimientos y experiencias previas del alumnado en general y de cada uno de ellos en particular. Desde la perspectiva del aprendizaje significativo, la evaluación inicial es una tarea prioritaria.

EVALUACIÓN SUMATIVA. Llamada también "evaluación de producto". Es la que se realiza al final de cada una de las fases del proceso de aprendizaje. Tiene como objeto proporcionar información sobre el grado de consecu-

ción de los objetivos propuestos, referidos a cada alumno y al proceso formativo. Este tipo de evaluación es la que certifica y legitima, en nuestro sistema educativo, la promoción de un alumno/a, de un grado, ciclo o nivel, a otro, de ahí que se realiza al final de cada una de las fases.

F

FACILITADOR. Este término es utilizado para designar a aquellas personas capacitadas para generar procesos dinamizadores al interior de los grupos. En algunos casos se emplea como equivalente al concepto de animador y en otros casos al de coordinador, aludiendo a la acción de hacer fácil o posible la realización de una actividad o el desarrollo de un proceso grupal.

FACTOR. En la terminología científica, se llama factor a todo elemento, causa o concausa que, unido a otras, participa en el desarrollo o la constitución de un fenómeno, o contribuye a causar un efecto. Agente, causa o circunstancia que influye para producir una situación o resultados determinados. Causa, determinante o condición necesaria de un acontecimiento/cambio.

FAMILIA. Es la forma de vinculación y convivencia más íntima en la que la mayoría de las personas suelen vivir buena parte de su vida. A lo largo de la historia ha ido adoptando diferentes formas, de ahí que sea un error —que puede tener graves consecuencias prácticas en las diferentes formas de intervención social— considerar que hay un modelo único de familia y que hoy la familia está en crisis, sin especificar cuál es el modelo de familia al que se hace referencia. Es muy probable que siempre aparezcan nuevas formas de familia y que ésta siempre esté en crisis tendiendo hacia nuevas formas conforme evolucionan la sociedad, la cultura y los modelos matrimoniales y otros factores que influyen en sus modos concretos. Así, por ejemplo, la familia nuclear contemporánea es el resultado de un largo proceso histórico, cuya forma actual, de carácter monogámico (como se da en algunos países) se fundamenta en el "mito del amor romántico" y es parte de la evolución social que ha dado a cada individuo el derecho a casarse con quien quiera. Hoy la familia nuclear se manifiesta diferente según sea el modelo de matrimonio conforme con el cual ha sido configurada.

Para cada individuo, cabe distinguir entre la **familia en que nace** y la **familia que hace,** y en algunos casos habría que añadir la **familia en la que ha vivido** (que en los casos de los padres separados no suele ser la misma que en la que ha nacido); y para otros, habría que considerar lo que **fue** —o es— **como la familia**.

En sentido estricto y restringido, se designa como familia al grupo que tiene su fundamento en lazos consanguíneos. En su acepción amplia, la palabra "familia" hace referencia al conjunto de ascendientes, descendientes, colaterales y afines con un tronco genético común.

Analógicamente, se dice que constituye una familia un conjunto de individuos que tienen entre sí relaciones de origen y semejanza.

FAMILIA COMPUESTA. Grupo formado por familias nucleares o por parte de éstas; por ejemplo, un hogar poligínico constituido por un hombre, sus esposas y sus respectivos hijos. O bien una familia integrada por viudas/os o divorciadas/os que tienen hijos y contraen nuevas nupcias.

FAMILIA EXTENSA. Hace referencia al conjunto de ascendientes, descendientes, colaterales y afines de una familia nuclear. Generalmente, en las sociedades industrializadas la familia extensa no vive en la misma vivienda.

FAMILIA MONOPARENTAL. Es la familia constituida por uno solo de los padres con sus hijos. Es el tipo de familia en que se dio mayor crecimiento desde comienzos de la década de los ochenta. Entre el 65 y 80 por ciento de este tipo de familias, según los países, están constituidas por madres a cargo de sus hijos.

FAMILIA NUCLEAR. Llamada también familia elemental, simple o básica; es aquélla constituida por el hombre, la mujer y los hijos socialmente reconocidos.

FAMILIA SUSTITUTA. Modalidad de acogimiento en la cual la familia natural del niño da su acuerdo para que éste sea acogido por otra familia distinta. Las causas más frecuentes para la utilización de este tipo de recurso son: hospitalización, enfermedad física o mental de uno o ambos progenitores, situaciones de estrés en las familias monoparentales, crisis debida a separación o divorcio, estancias cortas en la cárcel, circunstancias de tratamiento psiquiátrico o drogadicción, etc.

FANATISMO. Obcecación, fe ciega, intransigencia hacia otras creencias, posiciones, teorías, doctrinas o normas de conducta. Apasionamiento religioso, político o de otra índole. Intolerancia, sectarismo, exaltación.

Apego extraordinario o culto excesivo hacia alguien o alguna cosa.

FATIGA ESCOLAR. Estado de cansancio, desagrado e incomodidad resultante de actividades de tipo escolar muy prolongadas, excesivas y/o estresantes. Esta fatiga se traduce, en lo inmediato, en lo que se llama el "síndrome del niño cansado": incapacidad total o parcial para realizar esfuerzos mentales y para concentrarse. Suele ir acompañada de una pérdida de interés o motivación por los estudios. Esta fatiga también se manifiesta en el comportamiento general (irritabilidad, mal humor, ansiedad, etc.).

Es un estado reversible mediante el descanso en lo que a actividades de estudios se refiere, realizando ejercicio físico y teniendo una buena alimentación. Mejor todavía, si a ello se le incluye la práctica del *yoga* o del *t'ai chi chuan.*

FEMINISMO. En general, con esta palabra se designa el movimiento socio-cultural iniciado por las mujeres durante el siglo XX, para reivindicar la igualdad de derechos con el hombre, tanto en el ámbito de la vida doméstica (en donde se les asignan como funciones principales las tareas de la casa), como en la vida pública: profesión, política, funciones públicas, remuneración en el trabajo, etc., en donde generalmente se les asignan trabajos considerados como femeninos o "propios de la mujer" y que, por ser tales, se consideran de segunda categoría, con la consiguiente discriminación que esa valoración conlleva.

FIJACIÓN. Término psicoanalítico con el que se designa el apego exagerado a una persona o a un objeto (por ejemplo, fijación de un hijo a su madre o de una hija a su padre), producido de ordinario mediante mecanismos inconscientes. Esta concentración y estancamiento de las fuerzas afectivas sobre una persona u objeto inhibe los afectos normales y dificulta el desarrollo adulto de la afectividad, provocando en circunstancias especiales síntomas diversos (neurosis, psicosis o perversión).

FILANTROPÍA. Literalmente, amor a la humanidad. La idea de filantropía fue desarrollada inicialmente por los estoicos, para quienes se trataba del aspecto ético-sentimental del cosmopolitismo (amor a los seres humanos, sin distinción de raza o de nacionalidad).

Durante el período en que se desarrolla el pensamiento de la Ilustración, con el renacimiento de ciertas ideas estoicas como las del derecho natural, la filantropía volvió a estar en boga como expresión laicizada de la caridad. En el curso del siglo XIX, fue reemplazada muchas veces por la idea y el término de altruismo y, más tarde, de humanitarismo.

En el campo de la educación, la filantropía inspiró el movimiento pedagógico alemán.

Actualmente, el término designa el espíritu de buena voluntad y la dedicación activa, dirigida a promover la felicidad y bienestar de los semejantes, basada en la idea y el sentimiento de fraternidad humana. Tiene un alcance laicizado y racionalizado semejante al de la caridad cristiana.

Como preocupación práctica, se expresa en los esfuerzos hechos para fomentar el bienestar, no socorriendo individualmente a los necesitados, sino mejorando su situación por medio de medidas de alcance general, especialmente a través de las instituciones benéficas.

FINALIDADES EDUCATIVAS. Las finalidades educativas se expresan de manera diferente según las diferentes concepciones de la educación. Es aquello que se pretende alcanzar como síntesis de todos los propósitos sustantivos que se atribuyen a la educación. Constituye el referente fundamental para las concreciones específicas expresadas en los objetivos de la educación.

En cuanto la educación es un sub-sistema del sistema global del que forma parte, sus finalidades se derivan o dependen en última instancia del proyecto o modelo de sociedad que se quiere alcanzar.

FORMACIÓN. En sentido general, este término hace referencia a la adquisición de conocimientos, actitudes, habilidades y conductas asociadas al ámbito profesional (preparación para un tipo particular de actividad) o para el conocimiento de ciertas disciplinas.

FORMACIÓN DEL PROFESORADO. La idea y la práctica de la formación del profesorado están ligadas indisolublemente a dos cuestiones básicas de la práctica pedagógica: es el factor principal para la mejora de la calidad de la enseñanza y es la *conditio sine qua non* para llevar a la práctica toda innovación pedagógica y reforma educativa que quiera realizarse con responsabilidad y profundidad. La declaración mundial *Educación para todos* (Tailandia, 1990) dice a este respecto: "El progreso de la educación depende en gran medida de la formación y de la competencia del profesorado, como también de las cualidades humanas, pedagógicas y profesionales de cada educador."

Siguiendo a Francesc Imbernon, se pueden distinguir tres orientaciones conceptuales sobre formación del profesorado: la académica, la racional técnica y la basada en la práctica. La **académica** tiene su fundamento en el perennialismo (pensamiento escolástico que considera el conocimiento como único y definitivo). Centra la formación en la transmisión académica de conocimientos y la vincula directamente al estudio de las disciplinas académicas y, de modo especial, a la utilización de los grandes textos y autores de la cultura occidental. Rechaza la diversidad y la opcionalidad dentro de cualquier proceso. Es una propuesta de marcado carácter elitista y conservador. Formar el profesorado es formarlo en el contenido de lo que hay que enseñar. Con los avances tecnológicos y el predominio de la psicología conductivista, apareció una nueva orientación denominada genéricamente **técnica** o **racional-técnica**. Tiene ciertos puntos de contacto con la anterior, pero priorizando la cultura técnica y científica en detrimento de la humanística y artística. Evolucionó hacia una formación instrumental demandando rendimiento y eficacia: el profesor debe estar dotado de técnicas y medios para solucionar problemas. Las nuevas tendencias de formación del profesorado tienen **la práctica como referencia**. Poseen una serie de notas características: crítica de las prácticas estandarizadas y del control burocrático que se ejerce sobre el profesorado, fomento del trabajo en equipo y del protagonismo del profesorado en el desarrollo del currículum y de la programación de aula, relación estrecha entre escuela y comunidad. Hay que formar a los profesores para que sean fundamentalmente facilitadores del aprendizaje, capaces de promover la cooperación y participación del profesorado. Se otorga, asimismo, una mayor importancia a la psicología cognitiva y a los procesos de procesamiento de información. De esta orientación surgen dos direcciones complementarias: una, la de dotarlos de instrumentos intelectuales que sean una ayuda para el conocimiento e interpretación de situaciones problemáticas, y otra, la de implicar a los profesores en tareas de comunicación intersubjetiva y

formación comunitaria para dar a la educación escolarizada la dimensión de nexo entre el saber intelectual y la realidad social.

FORMACIÓN POLIVALENTE. Es una formación de tipo generalista, puesto que no se limita a ningún saber en particular, ni a un campo específico de trabajo. Se trata de proporcionar una formación lo más amplia posible que facilite luego adaptarse y readaptarse a diferentes campos de actuación laboral.

FORMACIÓN PROFESIONAL. Nivel educativo destinado a proporcionar una capacitación adecuada para el ejercicio de una determinada profesión o para llevar a cabo actividades laborales productivas que exigen una determinada cualificación.

FRACASO ESCOLAR. Lo que se ha denominado fracaso escolar es algo fácilmente constatable. Se manifiesta en el hecho de que un alumno/a o un grupo de alumnos/as no alcanza el nivel de conocimientos y capacidades exigidos para el logro de determinados objetivos educativos. Históricamente, es un fenómeno relativamente reciente: aparece después de implantarse en la mayoría de los países una educación generalizada, una escolaridad obligatoria, y se acentúa con el proceso de democratización de la educación.

Las discrepancias respecto del fracaso escolar aparecen cuando se plantean las causas del mismo. En las últimas tres décadas, las explicaciones sobre las causas del fracaso escolar han ido cambiando. Desde una explicación atribuida exclusivamente al educando, se fue ampliando a las condiciones socio-económicas-culturales de las familias como la causa del fracaso. Más tarde, se consideró que el medio socio-cultural era el principal factor de fracaso: mala alimentación del niño/a o adolescente, deficiencias lingüísticas y cognitivas, bajo nivel de aspiraciones, etc. Durante mucho tiempo el fracaso se visualizó como el problema de un sujeto y de su entorno; hasta llegar a un momento en el que se formuló la siguiente pregunta: ¿fracaso escolar o fracaso de la escuela? Así se llega a atribuir a la escuela (el currículum, los métodos de enseñanza, la falta de capacitación de los profesores, etc.) el fracaso de muchos alumnos/as, hasta llegar a imputar las causas del fracaso al

sistema educativo, globalmente considerado, y a la sociedad en su conjunto, al considerarse que las desigualdades sociales son también desigualdades en las posibilidades de aprendizaje.

Se pasó de una simplificación y reduccionismo en el que se responsabiliza exclusivamente al individuo del fracaso escolar, a otro extremo en el que todo también se reduce a una causa: la escuela, el sistema educativo o la sociedad global. En el fracaso escolar de cada sujeto en concreto, existe una pluralidad de causas, cada una de las cuales tiene diferente importancia en cada individuo. De ahí que la atención y la acción pedagógica para resolver el problema del fracaso escolar deben desechar las explicaciones simplificadas que, en algunos casos, sólo han servido para definir a priori a niños/as de los sectores populares como fracasados en sus posibilidades educativas.

FRATERNIDAD. Unión y buena concordia entre hermanos o entre los que se tratan como tales. Por extensión, relaciones armoniosas y pacíficas, y prácticas altruistas entre los miembros de un grupo o sociedad que se sienten vinculados por derechos, deberes e incluso afectos.

FRUSTRACIÓN. Situación en la que una persona queda privada de algo que esperaba o defraudada en las esperanzas, en relación con algo con que contaba o con un derecho que tenía. Vivencia o sentimiento que tiene un individuo o grupo, cuando no ha alcanzado algo que esperaba. Sentimiento de haber realizado un esfuerzo inútil o vano.

Para Freud, la frustración se produce ante la falta de satisfacción de una intensa pulsión motivante, ya sea porque no se alcanza el objeto o porque se encuentra un obstáculo que malogra el intento de satisfacer un deseo o porque varias pulsiones entran en conflicto y no puede ser satisfecha una sin imposibilitar la realización de la otra.

FUERZAS SOCIALES. Factores, estímulos e impulsos que influyen en la actividad social, cultural o política.

FUNCIONALIDAD DE LO APRENDIDO. Esta expresión hace referencia al sentido que el alumno/a debe encontrarle a lo que aprende. Los aprendizajes son funcionales en la medida en que el que aprende considera útil y encuentra sentido a lo que está aprendiendo y es capaz de utilizarlo para la vida. Es importante destacar que la funcionalidad de lo aprendido es uno de los aspectos sustanciales del aprendizaje significativo.

G

GABINETE PSICOPEDAGÓ-GICO. Los gabinetes psicopedagógicos funcionan, de ordinario, como el departamento de orientación de las instituciones docentes. Sus tareas específicas se realizan en tres ámbitos diferentes pero complementarios.

• **En relación con los alumnos,** la tarea esencial es de orientación educativa, psicopedagógica, profesional y personal. Para ello, han de realizar diagnósticos psicopedagógicos de los alumnos que lo puedan necesitar, detectar problemas de aprendizaje, orientar sobre los estudios y las opciones profesionales más acordes a las propias capacidades.

• **En relación con los profesores,** su misión es elaborar propuestas y criterios para realizar adaptaciones curriculares, y colaborar en su aplicación para llevar a cabo la adaptación individual en los alumnos que lo necesitan. Prevenir y detectar dificultades educativas y posibles problemas de aprendizajes, ya sea en alumnos individuales o en algunos que se encuentran con situaciones socio-culturales desventajosas. Observar en los casos de los alumnos que tienen problemas de conducta. Colaborar y asesorar a los tutores para la planificación y desarrollo de las funciones tutoriales.

• **En relación con los padres de los alumnos,** la labor del gabinete es la de proporcionar orientación psicopedagógica respecto de las cualidades, posibilidades, dificultades y limitaciones que puedan tener sus hijos en relación con sus estudios, problemas de conducta y de adaptación.

GESTALT. Voz alemana que literalmente significa "forma". Abreviación de *Gestaltpsycholo-*

gie (psicología de la forma). Se trata de una palabra alemana utilizada en los textos de psicología en español, que ha sido traducida como forma, estructura, figura, configuración, totalidad, etc. Quizás las expresiones "psicología de la estructura" o "totalidad organizada" sean los modos más precisos de traducirla.

La teoría gestáltica surge en contraposición al asociacionismo, sosteniendo la tesis de que el conocimiento no se realiza partiendo de una captación de datos sensibles aislados, sino por una captación global del objeto como una totalidad. El pensamiento no opera de manera fragmentaria, sino haciendo una consideración global de lo que observa o analiza.

Lewin define la *Gestalt* como un "sistema cuyas partes están dinámicamente conectadas, de tal modo que un cambio en una de ellas trae consigo un cambio en todas las demás". La teoría de la *Gestalt* propone aprehender los fenómenos en su totalidad, sin disociar los elementos del conjunto en que se integran, fuera del cual nada significan. Esta teoría parte del supuesto de que un fenómeno amplio, ya sea una experiencia o una acción, no puede describirse

adecuadamente como una suma de fenómenos menores e independientes. Para esta teoría, no sólo el campo perceptivo, sino también la memoria, la inteligencia y la afectividad se organizan en forma de conjuntos.

GESTIÓN. Acción y efecto de administrar o de gestionar el funcionamiento de un sistema organizacional. Dirección y administración de una organización.

La limitación de los recursos frente a la magnitud de la demanda educativa ha llevado a que se vayan aplicando a este ámbito de actuación los principios económicos de coste/beneficio y de inversión/rentabilidad. Como consecuencia de ello, existe una creciente preocupación por mejorar la gestión de las instituciones docentes y del sistema educativo en general.

GESTIONAR. Hacer y diligenciar trámites conducentes al logro de un propósito que sirve para atender una necesidad o resolver un negocio.

GESTOR. Que gestiona. El que cuida bienes, atiende problemas o intereses ajenos en pro de aquel a quien pertenecen. El que se dedica profesionalmente a promover y activar, dentro de la administración pública y las organizaciones privadas, toda clase de asuntos, ya sean particulares o de organizaciones.

GLOBALIZACIÓN. Término utilizado en la pedagogía moderna para designar un enfoque o modo de abordaje de la práctica educativa que implica una determinada forma de actuación pedagógica en contraste con la forma de enseñanza por disciplinas, consideradas como comportamientos estancos. Dicho esto, sin que ello signifique la eliminación de la enseñanza de diferentes disciplinas o especialidades. Lo sustancial de la globalización es establecer conexiones y contextualizar cada cuestión puntual que se enseña.

La enseñanza globalizada, estrechamente ligada a toda la problemática de la interdisciplinariedad en la educación, es una forma de integrar las disciplinas en una unidad globalizadora. En una de las orientaciones didácticas de la reforma educativa en España, se dice: "No es tanto una cuestión de técnicas didácticas como de actitud ante el hecho educativo. El principio de globalización supone, ante todo, que aprender requiere establecer múltiples conexiones entre lo nuevo y lo sabido, lo experimentado y lo vivido."

Tiene su fundamento en razones psicológicas relacionadas con la peculiar estructura cognitivo-afectiva del niño, es decir, en las formas como se produce el conocimiento de las cosas por parte de él.

GOBIERNO. Se denomina gobierno, en sentido amplio, al conjunto de personas y órganos revestidos de poder que tienen a su cargo las actividades directivas del Estado. Según esta acepción, el gobierno constituye un aspecto del Estado.

En sentido restringido, se llama gobierno al órgano público al que le corresponden las funciones ejecutivas. Está conformado por un jefe de Estado, jefe de gobierno o primer ministro y un consejo de ministros.

El término se utiliza también como equivalente a régimen político, designando la forma de organización del Estado. Conforme con esto, se puede hablar de gobierno republicano o monárquico, unitario o federal.

GRADUACIÓN ESCOLAR. En sentido general, con esta expresión se alude a la acción y efecto de graduarse, en el sentido de obtener un grado. También se la emplea para hacer referencia a una forma de categorización u ordenación. Con estos alcances se aplica al campo de la organización escolar: *a)* para aludir a un grado que se obtiene al alcanzar un determinado nivel en el sistema educativo (graduado escolar, bachiller, técnico tornero, etc.); *b)* para indicar la ordenación de los contenidos de la educación, de acuerdo con una secuenciación y temporalización, que tiene en cuenta la estructura lógica de las disciplinas y el desarrollo cognitivo de los alumnos.

GRUPO. Se entiende por grupo, o grupo social, la existencia de dos o más personas que se hallan en interacción durante un período apreciable. Además, tienen una actividad u objetivo común dentro del marco de ciertos valores compartidos y con una conciencia de pertenencia suficiente para despertar la identificación como grupo.

GRUPO DE PERTENENCIA (IN GROUP). Grupo al que pertenece un individuo, y en el cual tiene un papel y desempeña una función. Se usa en contraposición al término "grupo de referencia".

GRUPO DE REFERENCIA (OUT GROUP). Grupo al que un individuo, de manera consciente o inconsciente, refiere sus normas y valores para evaluar su situación o su persona y/o para determinar nuevas normas de conducta. Es el que proporciona a un individuo (sea miembro o no del grupo) sus normas y valores, constituyendo un marco de referencia para su actuación.

GUARDERÍA INFANTIL. Lugar en el que eventualmente los padres pueden dejar durante el día a sus hijos pequeños, desde los 40 días hasta que comienzan la educación preescolar.

El fin principal de las guarderías es prestar atención y protección a los niños de los padres que trabajan fuera de su domicilio. Actualmente, las guarderías atienden también, de una manera informal, el aspecto educativo mediante juegos, cantos, ejercicios rítmicos y actividades manuales. Ello ha producido un movimiento de renovación pedagógica tendiente a sustituir las guarderías infantiles por escuelas infantiles, haciendo hincapié fundamentalmente en el aspecto educativo y de preparación para la escolarización, habida cuenta de las ventajas en el rendimiento escolar y la socialización que este tipo de experiencias conlleva.

H

HERENCIA SOCIAL. Transmisión, de una generación a otra, del producto cultural acumulado por una sociedad. Para el antropólogo Linton, la cultura es la "herencia social" de una sociedad.

HEURÍSTICA. Del griego *heuriskin*, que significa "servir para descubrir". En filosofía y lógica, el término se refiere a lo que es susceptible de servir para el descubrimiento de hechos verificables; también alude a los métodos de razonamiento deductivo. En pedagogía, la heurística consiste en que el alumno aprende descubriendo los temas, contenidos o cuestiones que se le quiere enseñar. El término también puede usarse aludiendo a la búsqueda de investigación de documentos del pasado con el propósito de establecer hechos históricos.

HIGIENE. Parte de la medicina que, precaviendo las enfermedades, tiene por objeto preservar la salud. Con tal fin formula un conjunto de normas, principios y reglas dirigidas a conservar la salud y evitar las enfermedades.

HIGIENE ESCOLAR. Conjunto de normas y principios médicos, psicológicos y pedagógicos que se considera necesario observar para el mantenimiento y cuidado de la salud de los escolares. Actualmente, la higiene escolar se preocupa también de enseñar a los educandos las formas de cuidar y conservar la salud.

HISTORIA DE LA EDUCACIÓN. Como la misma denominación lo indica, se trata de historiar el hecho educativo, es decir, lo que a lo largo de la historia se ha ido haciendo en la práctica educativa. Como en la historia no hay variables independientès, la de la educación tiene que analizarse en el contexto de los cambios culturales, sociales y científicotecnológicos que se van produciendo y, a su vez, condicionan su propia evolución.

HISTORIA DE LA PEDAGOGÍA. Para algunos autores, no habría que hacer una distinción entre la historia de la educación y la de la pedagogía, ya que ambos desarrollos están muy relacionados. Sin embargo, cabe hacer esa diferenciación: mientras la historia de la educación versa sobre el hecho educativo, la de la pedagogía se refiere al estudio del desarrollo y evolución del pensamiento pedagógico y de las teorías educativas.

Como la pedagogía, en cuanto disciplina, es tributaria de algunas teorías de referencia, particularmente de tipo psicológico, la historia de la pedagogía no puede prescindir de la evolución de la psicología, y aun de la biología y la fisiología, en la medida en que determinados desarrollos en estas disciplinas influyen luego en la evolución y concepciones pedagógicas.

Cabe señalar que la historia de la pedagogía pone de manifiesto que no siempre las teorías o propuestas pedagógicas han estado sustentadas en hechos o fundamentadas científicamente. Han existido muchas propuestas (o aspectos puntuales de esas propuestas) que han nacido de reflexiones filosóficas o pseudofilosóficas, desencarnadas de las realidades concretas.

HORARIO ESCOLAR. Es un aspecto particular de la organización escolar. En el horario escolar se expresa la estructura de la distribución del tiempo y de las actividades de trabajo diario y semanal de una institución docente y de las actividades de carácter especial.

Para la elaboración del horario escolar hay que tener en cuenta cuatro criterios principales: **didáctico-pedagógico** (el horario debe facilitar el desarrollo de una estrategia pedagógica adecuada, con el fin de articular objetivos, contenidos y actividades), **principios de la teoría del aprendizaje** (especialmente, hay que te-ner en cuenta que no se aprende más sólo por dedicar más tiempo), **principios fisiológicos o de hi-**

giene (entre las muchas cosas por considerar, una de las más relevantes es la necesidad de movimiento en niños y adolescentes) y **principios organizativos** (para distribuir el conjunto de actividades con la intervención de diferentes personas).

Si se considera el centro educativo en su totalidad, el horario escolar comporta atender y articular los siguientes horarios:

- general de funcionamiento del centro,
- de clases, distribuyendo las horas por cada asignatura,
- que cada profesor debe cumplir en el centro,
- para realizar la acción tutorial y orientativa de los alumnos,
- de reuniones de los órganos de gobierno,
- de entrevistas de profesores y tutores con los padres, y
- de actividades de formación del profesorado.

De estos horarios, el que tiene más incidencia en la formación de los alumnos es el de clases. A este respecto, existen normas prácticas, algunas de sentido común, que se suelen dejar de lado, para facilitar un horario de conve-

niencia y para el funcionamiento en los aspectos formales. Por ejemplo: clases teóricas demasiado largas en las que las explicaciones del profesor, después de ciertos límites, ya no pueden seguirse con provecho; clases a primeras horas de la tarde, en las que la mayoría de los alumnos están en una especie de somnolencia colectiva. En ciertas circunstancias, una misma asignatura no puede enseñarse adecuadamente con horas muy dispersas a lo largo de la semana; en otros casos, la sucesión en el horario de asignaturas más difíciles de aprender puede producir fatiga y cansancio, con el consiguiente desaprovechamiento. Los descansos después de 50 minutos de clases en las que se ha trabajado intensamente son necesarios, y uno más amplio en las actividades que se realizan a lo largo de la mañana o de la tarde también es conveniente. En suma: los horarios escolares deben organizarse de tal manera que ayuden a la adquisición de hábitos de trabajo intelectual.

HOSPITALISMO. Término propuesto por René Spitz para designar el conjunto de las perturbaciones somáticas y psíquicas provocadas en los niños en sus primeros 18 meses de vida, por la permanencia prolongada en una institución hospitalaria, donde se encuentran completamente privados de su madre y no pueden establecer un vínculo afectivo con un sustituto. Los trastornos que produce el hospitalismo son: retardo del desarrollo corporal y de la habilidad manual, falta de adaptación al medio ambiente, dificultades en el lenguaje, disminución de la resistencia a las enfermedades y, en casos graves, marasmo y muerte.

Por analogía, el término se utiliza para designar las características psicológicas que se imprimen en los individuos criados en una institución en donde los cuidados les han sido administrados en forma anónima, sin que puedan establecer ningún lazo afectivo con una persona determinada. Las carencias afectivas precoces influyen en la conducta de los niños/as en la escuela y en algunos de sus problemas físicos, afectivos y de aprendizaje.

HUMANISMO. Aunque se ha considerado a Cicerón como creador del término, su origen se encuentra en el ámbito cultural griego. La palabra adquiere amplio uso desde el siglo XV y se aplica a lo que hoy se llama humanismo renacentista. En un principio, significó el afán del ser humano por sobreponerse a las ocupaciones y preocupaciones del mundo animal, a fin de humanizarse. Durante el Renacimiento, el humanismo aparece como una forma de cultura reservada a una elite; en esta cultura, el ser humano y sus valores se sitúan en el centro de las preocupaciones filosóficas, artísticas, literarias y políticas que buscan el ideal de lo humano en los clásicos.

Si bien en el siglo XV había acuerdo acerca del término, éste ha perdido hoy su univocidad, salvo en el planteamiento, muy general, de que se trata de la "afirmación de los valores humanos", la "preocupación por lo humano" y otras de parecida índole, que por su vaguedad nada aclaran en cuanto al uso y abuso del término. Hoy se habla de un humanismo del trabajo, de la ciencia, técnica, etc.; y, cuando se trata del modo de concebirlo, se hace referencia a un humanismo racionalista o cultural, cristiano, marxista, existencialista, socialista, etc., que proponen diferentes caminos de realización de la libertad humana, que favorece las condiciones para que los seres humanos descubran su dignidad.

El humanismo, hoy, es una manera de vivir nuestra condición humana. No se trata de volver hacia los modelos de la antigüedad (humanismo clásico), ni la protección del ser humano bueno por naturaleza (humanitarismo), sino una tarea en la cual el ser humano va a realizarse a sí mismo, a partir del momento histórico que le toca vivir. El ser humano, asumiendo su humanismo, no niega ni huye del mundo, sino que se sitúa dentro de él, procurando, por su praxis, transformarlo en su mundo. El humanismo, pues, no es una fórmula, ni un sistema, ni una filosofía, sino una manera de vivir nuestra condición humana, un estilo de asumir lo humano.

HUMANISTA. Al principio, se denominó con este término a los iniciadores y partidarios del movimiento renacentista denominado humanismo. Luego, sirvió para designar a toda persona entendida en humanidades. Actualmente, el término humanista se usa con un doble alcance: como partidario del humanismo, o como persona con sentido y sensibilidad ante los problemas humanos.

HUMANITARIO. Filántropo, indulgente. Caritativo/a, benévolo/a. Que se preocupa o se interesa por el bienestar del género humano.

HUMANITARISMO. Sentimiento de compasión para con todos los seres humanos.

A veces, se utiliza el término como equivalente de filantropía o práctica de la beneficencia.

I

IDEARIO. Repertorio de las ideas fundamentales de un autor, de una escuela o de una colectividad. Programa político o social. Conjunto de principios que rigen y dan identidad a un centro educativo.

IDEARIO EDUCATIVO DEL CENTRO. Se trata del conjunto de principios e ideas fundamentales que dan las señas de identidad de una institución docente y que la definen en la especificidad. En algunos países se utiliza la expresión "carácter propio", con el mismo alcance y significado.

Ningún ideario educativo es neutro; al definir el tipo de educación que ofrece y de persona que quiere formar, expresa una concepción ideológica, filosófica o religiosa que configura el marco referencial de la práctica educativa y de los objetivos y finalidades que se quieren alcanzar.

La posibilidad y el derecho de que cada institución educativa proponga un ideario se derivan del derecho a la libertad de enseñanza que existe en todo país democrático y pluralista. Ésta se expresa en la posibilidad de que personas e instituciones ofrezcan un modelo educativo en cada institución docente, de acuerdo con una determinada cosmovisión (concepción que se tiene del hombre, de la sociedad, de la historia, del cosmos y del principio y fin, Dios para un creyente).

IDEOLOGÍA. Conjunto de creencias, opiniones e ideas sobre el ser humano, la sociedad, la historia y el mundo, que proporciona un sistema de representación mental y un conjunto de significaciones desde las cuales el individuo se percibe en el mundo y percibe la realidad. En cuanto sistema de representación y conjunto de significaciones, surge como respuesta a cuestiones que el ser humano se plantea en relación con sus intereses, aspiraciones e ideales ligados a sus condiciones de existencia, que orientan y justifican las acciones, normas de conducta y comportamientos prácticos de los seres humanos, conforme con sus intereses, aspiraciones o ideales.

Una ideología puede expresarse de diferentes formas: difusa, irreflexiva, consciente o sistematizada; pero, en cuanto proporciona un modelo integrador de creencias, opiniones e ideas, constituye un sistema de representación que siempre condiciona las conductas, comportamientos y actitudes —personales y colectivas— en relación con lo que son los objetivos deseables, en lo concerniente al ser humano y a la sociedad.

IDEOLOGIZACIÓN.

Representaciones mentales que racionalizan o fetichizan los valores dominantes. Es una forma de presentar, como valores totales o superiores, lo que está motivado y justificado por intereses particulares. En el fondo, es una manera de presentar la sociedad, la ciencia o una interpretación de la historia, de acuerdo con los intereses de una clase o sector de la sociedad, pero justificándolos como si representasen los de la totalidad.

IDIOSINCRASIA.

Del griego *idios* (propio) y *syncrasis* (mezcla, conjunto). Condición orgánica y psíquica de cada individuo que lo distingue de los demás por su manera de reaccionar. Con este alcance, la palabra se utiliza como sinónimo de temperamento, o de carácter natural.

Referido a un pueblo, es lo que lo caracteriza y lo hace diferente frente a los demás; según esta acepción, el término viene a ser sinónimo de "carácter nacional" y "personalidad básica"; su significado es bastante cercano al de "carácter social".

IMAGEN DIDÁCTICA.

En una sociedad en donde lo icónico nos rodea por todas partes, la imagen se ha transformado en uno de los medios expresivos y comunicativos más relevantes. La nueva generación (la que nace en la civilización de la imagen) es "iconófila y videófila". La escuela no puede prescindir de la imagen como recurso didáctico. Ya Comenio —el iniciador de la didáctica— había realizado (con los medios que tenía disponibles) el primer libro de lectura ilustrado, *Orbis Pictus* (El mundo de la imagen), con la pretensión de unir la palabra con la imagen. Actualmente, con el desarrollo de la fotografía, el cine, la televisión, el vídeo, la computadora, Internet, etc., la imagen no sólo ha adquirido una importancia vital, sino que plantea nuevos desafíos a la educación y a la didáctica, ya sea porque necesitamos un aprendizaje propio de una cultura visual, o bien por la incidencia que en el campo de la educación tiene la revolución tecnológica en los medios de comunicación.

Desde los años noventa, no se puede enseñar con eficacia sin apoyaturas visuales, pues el mundo de la imagen ha cambiado el modo de percepción y de aprender de los niños y adolescentes. Uno de los grandes desafíos de la pedagogía a finales del siglo XX es integrar lo audiovisual en la práctica educativa, ya sea como materia de estudio o como recurso para el proceso de enseñanza/ aprendizaje. Hay que saber usar lo visual en la educación y hay que saber introducirse en la comprensión del mundo de la imagen; la "alfabetidad" visual no se adquiere por añadidura de una formación universitaria. Como advierte Román Gubern, "el proceso de comunicación icónica no posee la linealidad que la secuencia temporal de unidades sonoras otorga a la comunicación acústica".

Las instancias educativas y los docentes se han caracterizado por la inercia frente a los cambios producidos en este campo. Otros creen haber resuelto el uso de las imágenes didácticas con la sola incorporación de nuevas tecnologías. La civilización de la imagen, el mundo de la imagen, está ausente o es poco relevante en las respuestas que hoy se dan al ¿cómo enseñar?

IMITACIÓN. Fenómeno psicosocial, consciente o inconsciente, por el cual un sujeto reproduce una conducta o comportamiento de forma notoriamente análoga o sólo en ciertos rasgos, respecto de un modelo.

INADAPTACIÓN. Situación del sujeto que no se aviene a ciertas condiciones o circunstancias, apartándose de los valores, comportamientos y opiniones socialmente aceptados por el grupo del que forma parte.

Pueden señalarse seis formas fundamentales de inadaptación: por **marginación voluntaria** (se está pero no se forma parte de una sociedad); por **marginación social** (el sistema deja a ciertos grupos e individuos fuera de la sociedad); por **innovación** (se asumen nuevos comportamientos sociales); por **rebelión** (se trata de cambiar la sociedad en que se vive); por pertenecer a una **subcultura o grupo minoritario** (se tienen normas diferentes a las aceptadas por la sociedad global), y por **socialización defectuosa** (no se conoce lo socialmente aceptado).

Según sea la forma de inadaptación, será diferente la significación que tiene la misma en relación con la sociedad global y con los procesos que se desarrollan en ella.

En una sociedad enferma, la inadaptación puede ser signo de salud psicológica. Toda pedagogía, psicología o sociología que propugne la adaptación a algún aspecto despersonalizante de la sociedad se transforma en un instrumento de domesticación social.

INADAPTACIÓN ESCOLAR. Situación en que se encuentran los alumnos que no tienen la capacidad suficiente para seguir el ritmo de aprendizaje de los alumnos considerados normales.

Esta inadaptación puede ser a causa de algún tipo de deficiencia (física, psíquica o sensorial) o por problemas de conducta o carácter.

INCAPACITADO. Trabajador que, a consecuencia de una enfermedad o accidente de trabajo, sufre una pérdida o disminución temporal de sus facultades o aptitudes para el trabajo.

INCENTIVO. Que mueve o estimula a desear o hacer una cosa. Prima laboral por asistencia o productividad.

INCLUSORES. Término introducido por Ausubel en la pedagogía, para designar las ideas o conceptos relevantes que posee el alumno en su estructura cognitiva y con los que relaciona la nueva información que recibe. Se trata, pues, de esquemas que se utilizan como enlaces con los contenidos objeto de aprendizaje, a partir de los cuales se modifica o aumenta su estructura de conocimiento.

Los inclusores no tienen un carácter estático sino dinámico, ya que se van modificando en la misma medida y proporción en que aprenden los seres humanos y, por tanto, se desarrolla su estructura de conocimiento. Por otro lado, no sólo aumentan en cantidad, sino en dificultad, haciendo posible el acceso a aprendizajes cada vez más complejos.

Los inclusores se consideran necesarios para realizar aprendizajes significativos, superando, de este modo, una manera de aprender basada fundamentalmente en la retención de información mediante una memorización de tipo mecánico sobre un tema objeto de estudio.

Los conceptos inclusores guardan relación con las teorías de la asimilación, del procesamiento de la información, de la memoria y del aprendizaje significativo.

INDIVIDUALIZACIÓN. Principio didáctico que procura ofrecer a cada alumno las mejores posibilidades de formación y desarrollo. La atención a cada alumno es una de las condiciones esenciales del aprendizaje. Constituye uno de los principios básicos de la pedagogía según el cual todos los individuos, grupos y comunidades son distintos y, por consiguiente, requieren atención particular de acuerdo con esa peculiaridad.

INDIVIDUO. Del latín *individuus* (indivisible). En psicología, el término sirve para designar al ser humano singular, en cierto modo único, en el que se dan la individualidad psicológica y la física indisolublemente unidas.

En filosofía, individuo es lo que no puede ser dividido sin que pierda su carácter peculiar o su propia existencia.

INFANTILISMO. Manifestación, en un adulto o adolescente, de rasgos y caracteres físicos y/o mentales propios de la infancia. Manera pueril de actuar. En psiquiatría, se alude a la persistencia de una afectividad y un comportamiento propios de un niño, particularmente en lo que hace a la dependencia excesiva de otras personas y a la inseguridad.

INFORMÁTICA. Término tomado del léxico francés en materia de comunicaciones, para denominar el conjunto de técnicas para el tratamiento lógico y automático de la información, realizado por ordenadores electrónicos.

INFORME PSICOPEDAGÓGICO. Emisión de un juicio, opinión e interpretación sobre un alumno, después de haberse realizado un estudio sobre el mismo.

INFORME SOCIAL. Documento que facilita datos e información referente a la situación de una persona, grupo, institución, problema o hecho, con el juicio, opinión o interpretación de quien emite el informe.

INHIBICIÓN. Disminución, deterioro o represión del comportamiento, resultante de la presencia de otras personas.

INNOVACIÓN. Acción de mudar, alterar las cosas introduciendo algo nuevo. No debe confundirse con el invento (crear lo que no existía) o el descubrimiento (encontrar lo que existía y no era conocido). La innovación consiste en aplicar conocimientos ya existentes, o lo ya descubierto, a circunstancias concretas.

INNOVACIÓN EDUCATIVA. La innovación en el dominio de la educación consiste en proporcionar nuevas soluciones a viejos problemas, mediante estrategias de transformación o renovación expresamente planificadas. O bien introduciendo nuevos modos de actuar frente a prácticas pedagógicas que aparecen como inadecuadas o ineficaces; en este último caso, se producen cambios puntuales en algunas de las variables del sistema educativo, capaces de mejorar las prácticas educativas o algún aspecto del sistema educativo.

Conforme con lo que se indica en dos obras clásicas sobre las innovaciones educativas (Huberman y Havelock), existen tres modelos para explicar empíricamente el modo como se producen las innovaciones educativas: *a)* **modelo de investigación y desarrollo,** que consiste en aplicar una novedad científica al campo educativo; *b)* **modelo de solución de problemas,** que tiene una concepción diametralmente inversa del modelo anterior en cuanto a la direccionalidad del proceso de innovación: ésta se produce cuando el educador confronta problemas y está suficientemente motivado para encontrar soluciones, que suponen algún tipo de innovación; *c*) **modelo de interacción social**, conforme con el cual las innovaciones educativas se producen como consecuencia de las influencias recíprocas que produce un trasvase de innovaciones, ya sean personales o institucionales.

INSERCIÓN (CAPACIDAD DE). Desarrolla en el alumno las posibilidades de integración en su medio social, de una forma activa, participativa y crítica.

INSPECCIÓN EDUCATIVA. La inspección educativa es un aspecto sustancial de la organización y funcionamiento del sistema educativo. Esta actividad es concebida y realizada con modalidades muy diversas según los países. Por otra parte, ha ido evolucionando a lo largo del tiempo, desde una función fiscalizada (a veces cuasi policíaca), a una concepción de la inspección como función de supervisión y de control operacional, que busca la mejora del sistema educativo y la orientación de los docentes en el ejercicio de sus funciones. Si hubiese que resumir la evolución de la inspección educativa, podría decirse que pasó de ser un orga-

nismo básicamente administrativo-fiscalizador a un organismo pedagógico encaminado al mejoramiento del proceso educativo a través de la supervisión y control como aspecto sustancial de sus funciones. También suelen ser bastante coincidentes los ámbitos o sectores en que se realizan las tareas de inspección: los centros docentes, programas, actividades y servicios, tanto públicos como privados.

En cuanto a las funciones de la inspección educativa, éstas pueden resumirse en lo que establece la ley en España respecto de la participación, evaluación y gobierno de los centros docentes.

*a)*Controlar y supervisar, desde el punto de vista pedagógico y organizativo, el funcionamiento de los centros educativos, tanto de titularidad pública como privada.

*b)*Colaborar en la mejora de la práctica docente y del funcionamiento de los centros, así como en los procesos de reforma educativa y de renovación pedagógica.

*c)*Participar en la evaluación del sistema educativo, especialmente en lo que corresponde a los centros escolares, a la función directiva y a la docente, a través del análisis de la organización, funcionamiento y resultados de los mismos.

d) Velar por el cumplimiento, en los centros educativos, de las leyes, reglamentos y demás disposiciones vigentes que afecten al sistema educativo.

e) Asesorar, orientar e informar a los distintos sectores de la comunidad educativa en el ejercicio de sus derechos y en el cumplimiento de sus obligaciones.

f) Informar sobre los programas y actividades de carácter educativo promovidos o autorizados por las administraciones educativas competentes, así como sobre cualquier aspecto relacionado con la enseñanza que le sea requerido por la autoridad competente o que conozca en el ejercicio de sus funciones, a través de los cauces reglamentarios.

INSTITUCIONES SOCIALES. Son los núcleos básicos de la organización social, comunes a todas las sociedades, cuya finalidad es resolver algunos de los problemas de la vida en sociedad.

Las instituciones sociales de reconocimiento más general son: la familia, la escuela, la Iglesia, la religión, el Estado, el sistema económico, el arte, el deporte, la sanidad, etc.

INSTRUCCIÓN. Esta palabra ha sido utilizada en algunos países, hasta mediados de siglo, como sinónimo de enseñanza, aludiendo a la adquisición de conocimientos de base (cálculo, lectura y escritura). Actualmente, se utiliza para designar los procesos psicológicos implicados en las situaciones de aprendizaje. Con este alcance es uno de los temas básicos de la psicología cognitiva.

INTEGRACIÓN. En sentido corriente, la palabra designa el proceso o resultado de componer y unificar partes de un todo. Armonizar y unificar unidades antagónicas en una totalidad.

Se trata de un término que se aplica a diferentes niveles de la realidad social: desde el pequeño grupo a la sociedad global, designando la manera en que diferentes elementos sociales constituyen una unidad en el seno de un conjunto (o sistema) social más vasto que los integra, ofreciendo igualdad de oportunidades.

INTEGRACIÓN INTERÉTNICA. Es un tipo de proceso étnico

unificador que se caracteriza por la aparición de una determinada comunidad cultural entre unidades étnicas fundamentales que se diferencian sustancialmente por sus parámetros lingüísticos y culturales. Con este tipo de proceso se relacionan las comunidades étnicas de los estados multinacionales y la formación de naciones de origen multiétnico.

Estos procesos se desarrollan históricamente con la maduración de las relaciones capitalistas y la formación de los estados nacionales.

INTEGRACIÓN SOCIAL. La expresión "integración social" supone relación entre dos realidades: por un lado, el individuo o un grupo pequeño, y por el otro, un grupo mayor o la sociedad global en la que se insertan esos individuos o grupos.

En su uso sociológico, sin embargo, la expresión tiene diversos sentidos: como etapa del proceso de asimilación; como asimilación integral a una comunidad; como conductas y comportamientos semejantes; como acción y proceso por el cual la sociedad integra los elementos heterogéneos (inmigrantes, extranjeros, contestata-

rios, etc.). También se utiliza esta expresión para designar la conformidad a las normas sociales y legales; es lo que Parsons llama "integración normativa". Aun cuando el término tenga estos diferentes alcances sociológicos, dentro de esta disciplina, en general, hace referencia a la interdependencia y adecuación recíproca entre los diferentes elementos de un sistema social, especialmente entre los miembros de la sociedad global.

INTELIGENCIA. A partir del hecho de que la inteligencia se manifiesta, según las personas, con diferentes cualidades específicas, es posible hacer una caracterización general de la misma definiéndola como la capacidad, facultad o aptitud para captar, conocer, tratar y resolver problemas en situaciones complejas o inespecíficas, y para adaptarse a nuevas situaciones, como modo de asegurar el dominio del medio o espacio vital en donde se vive. Esta capacidad de los seres humanos, pero que no es exclusiva de ellos, ha sido definida de múltiples maneras. La mayoría de las definiciones relacionan la inteligencia con la capacidad intelectual, ya sea en términos de capacidad de juicio, de asociación o de desarrollo de pensamientos abstractos. En los últimos años, principalmente con las investigaciones que se realizan en la universidad de Harvard, los aportes de Howard Gardner sobre las inteligencias múltiples y de Daniel Goleman sobre la inteligencia emocional, la concepción que se tiene de la inteligencia se ha hecho mucho más amplia. Ya no se la considera como una capacidad centrada exclusivamente en habilidades intelectuales, es decir, en la dimensión cognoscitiva y racionalista. Esto ha llevado a considerar la existencia de capacidades diferentes en los seres humanos, según los tipos de inteligencia dominantes.

Al nacer, el ser humano tiene inteligencia, que se va desarrollando a través de la actividad del sujeto, utilizando recursos no inteligentes: información, memoria, experiencia e imaginación.

Siguiendo a Morin, se pueden señalar las siguientes cualidades de la inteligencia: capacidad de aprender por uno mismo (auto-hetero-didactismo); aptitud para jerarquizar lo importante y lo secundario, saber utilizar medios con vistas a un fin; para combinar la significación de un problema (reduciéndolo a un enunciado esencial) y el respeto a su complejidad (diversidad, interferencias, incertidumbres); para reconsiderar la propia percepción y concepción de la situación; para utilizar el azar; aptitud "sherlock-holmesiana" para reconstruir una configuración global, evento o fenómeno a partir de huellas o indicios fragmentarios; aptitud para considerar diferentes posibilidades del futuro y elaborar eventuales escenarios teniendo en cuenta incertidumbres y el surgimiento de lo imprevisible, la "serendipidad": dar prueba de perspicacia en situaciones inesperadas; aptitud para enriquecer, desarrollar, modificar la estrategia en función de las informaciones recibidas y de la experiencia adquirida; para reconocer lo nuevo sin reducirlo a esquemas de lo conocido, y capacidad de situar lo nuevo en relación con lo conocido; para afrontar/superar situaciones nuevas e innovar de manera propia; para reconocer lo imposible, discernir lo posible y elaborar escenarios que asocien lo inevitable y lo deseable.

INTELIGENCIA ARTIFICIAL. Intentos de reproducir artificialmente la forma de operar y de manifestarse la inteligencia humana. Se trata de simulaciones realizadas en ordenadores que expresan elementos propios de la producción del pensamiento.

INTELIGENCIAS MÚLTIPLES. El estudio y la clasificación de los tipos de inteligencia han tenido un amplio desarrollo en los últimos años y un creciente interés en el campo de la educación, habida cuenta de que la diversidad en los tipos de inteligencia implica formas distintas de pensar y distintos estilos cognitivos y, consecuentemente, distintas maneras de aprendizaje y diferentes maneras de acercamiento a la realidad.

Entre las múltiples clasificaciones, señalamos tres que, a mediados de la década de los noventa, parecen ser las de mayor interés para la psicopedagogía y para la práctica educativa. La clasificación más simple ha sido desarrollada principalmente por Pask. En ella se distingue entre:

• **Holística-globalizadora** *(global learners)*: caracterizada por la captación de los conjuntos y formas globales, la búsqueda de principios generales y la capacidad de relacionar diferentes campos.

• **Serialista-analítica** *(step by step learners)*: necesita avanzar analizando elemento por elemento; el aprendizaje es gradual; expresa espacidad analítica.

Otra clasificación es la que diferencia tres tipos de inteligencia: **teórica, práctica** y **técnica.** De ordinario, cada uno de nosotros tiene desarrollados de manera diferente estos tipos de inteligencia. Conocerlos adecuadamente nos ayuda para elegir el tipo de estudios, profesiones y ocupaciones más acorde a nuestra capacidad y estilo cognitivo. Edgard Morin es uno de los autores más significativos que utiliza esta clasificación.

Por último, cabe mencionar la clasificación del neurólogo de la Universidad de Harvard, Howard Gardner. La teoría por él desarrollada (la más conocida y más utilizada) va mucho más allá de las pruebas escritas; incluye los descubrimientos acerca del cerebro y la sensibilidad de las diversas culturas humanas. Según este autor, no hay un solo tipo de inteligencia, él señala ocho formas diferentes de inteligencia, que regulan el talento, la creatividad y la capacidad de cada persona. Gardner habla de ocho tipos de inteligencia, pero él mismo reconoce que pueden distinguirse muchas más. Así lo han hecho algunos de sus colaboradores; uno de ellos ha hecho una clasificación de doscientos cincuenta tipos de inteligencia. Una clasificación de esa naturaleza es muy poco utilizable y operativa.

De acuerdo con esta teoría, una persona puede demostrar destrezas y capacidades en cierta área, sin que ocurra lo mismo en otras. Éstas son las diferentes categorías de inteligencia señaladas por Gardner:

• **Inteligencia lingüístico-verbal.** Se relaciona con la capacidad de manejar el lenguaje, mediante conceptos variados y expresivos, acompañados por una sensibilidad por la comprensión, orden, sonidos y ritmos de las palabras. Para Gardner, la poesía es la inteligencia lingüística ejemplificada.

• **Inteligencia lógico-matemática.** Tiene que ver con la capacidad de utilizar la inteligencia en el manejo de los conceptos lógicos, matemáticos, la agrupación de datos, la deducción y la capacidad de resolver problemas, tanto en el campo de la ciencia, de las matemáticas como en los asuntos ordinarios de la vida cotidiana. A diferencia de las inteligencias lingüística y musical, que tienen sus orígenes en la esfera auditivo-oral, este tipo de pensamiento tiene sus orígenes en la confrontación con el mundo de los objetos, en su ordenación y reordenación, y en la evaluación de su cantidad.

• **Inteligencia cinestético-corporal.** Es un tipo de inteligencia relacionada con el manejo del cuerpo en formas muy diferenciadas y hábiles, tales como la danza, la actividad física en general y el deporte. Es propia de bailarines y deportistas que en su disciplina desarrollan un singular dominio del cuerpo y del espacio.

• **Inteligencia musical.** Capacidad y sensibilidad para "escuchar" música, para componer y pensar musicalmente, especialmente en términos de melodía y ritmo. De todos los dones de la inteligencia de que puede estar dotado un individuo, ninguno surge más temprano que el talento musical. Casi la totalidad de las personas dotadas de talento musical, provienen de familias de músicos; Rubinstein es una excepción, puesto que en su familia ninguno"tenía el menor don musical"

- **Inteligencia espacial.** Es un tipo de inteligencia íntimamente relacionada con la observación personal del mundo visual. No se relaciona con ninguna modalidad sensorial particular. Se expresa en la habilidad para percibir una forma o un objeto. Este tipo de inteligencia es indispensable para un escultor o un topólogo matemático, y en todas las artes visuales. Sin embargo, la importancia mayor de este tipo de inteligencia se da en el ajedrez, La inteligencia espacial está ligada al mundo concreto, al mundo de los objetos y su ubicación en el mundo.

- **Inteligencia interpersonal.** La capacidad para las relaciones sociales, el liderazgo y la facultad de sentirse bien y de comunicarse con los demás, es la forma en que se manifiesta este tipo de inteligencia. Se expresa en la capacidad de captar la conducta, sentimientos y motivaciones de los demás (mira hacia afuera).

- **Inteligencia intrapersonal.** Se trata de la habilidad para relacionarse con uno mismo y acceder a las sensaciones más íntimas, y para comprender y ser capaces de reflexionar acerca de las causas de un comportamiento. También se vincula con la autodisciplina, el autocontrol y la realización de proyectos personales. Se expresa en la capacidad de conocerse a sí mismo (mirar hacia adentro)

- **Inteligencia naturalista.** Es el tipo de inteligencia que tiene aquella gente que posee una gran capacidad para distinguir, clasificar y usar elementos del medio ambiente, como suelen ser los granjeros, jardineros y geólogos.

La teoría de Gardner sobre las inteligencias múltiples tiene muchas y variadas implicaciones educativas, tanto en lo referente al proceso de enseñanza/aprendizaje, como en todo lo concerniente a las tareas de orientación y tutoría. Cuando se orienta a los estudiantes, no se ha de tener tanto en cuenta su mayor o menor capacidad intelectual, sino su tipo de inteligencia; esto supone la posibilidad de potenciar destrezas y capacidades de cada persona según sus talentos, es decir, según el tipo de inteligencia; que predomina en ella. Según Gardner, debiera ser posible identificar el perfil o inclinación intelectual de un individuo a una temprana edad, y luego utilizar este conocimiento para mejorar sus oportunidades y opciones de educación.

INTERACCIÓN DIDÁCTICA. Esta expresión hace referencia a la acción recíproca e intercambio que se produce entre el docente y sus alumnos dentro del proceso de enseñanza/aprendizaje.

Una práctica educativa productiva y gratificante supone una interacción didáctica en un contexto de colaboración y empatía.

INTERDISCIPLINARIEDAD. La primera aproximación que se puede hacer a la idea de interdisciplinariedad nace de la misma estructura verbal de la palabra: inter (lo que se da entre) y disciplinariedad (que expresa la calidad de disciplina). La idea sustancial de este concepto es la de interacción y cruzamiento entre disciplinas. De ahí surge el requisito básico para realizar un trabajo interdisciplinario: es necesario que cada uno de los que intervienen en esta labor tenga competencia en su respectiva disciplina y, además, un cierto conocimiento de los contenidos y métodos de las otras.

Ya sea que la interdisciplinariedad surja como reacción a la barbarie que en la ciencia produce la especialización, ya sea como reacción al fetichismo del fragmento, o como preocupación por una comprensión más total y globalizadora de los problemas, se trata de una idea que se apoya, como ha dicho Mohamed Allal Sinoceur, en una hipótesis fundamental: "El saber es una narración del mundo cuyos fragmentos pueden reunirse." Sin embargo, ante esta afirmación surgen algunos interrogantes: con la acumulación actual de saber y con el crecimiento exponencial de los conocimientos, ¿en qué medida es posible reunir los fragmentos? La interdisciplinariedad no es una panacea o varita mágica "resuelve-problemas"; es un desafío y una tarea cuya realización tiene muchas dificultades.

El interés por la interdisciplinariedad surge de una doble preocupación práctica: la búsqueda de un mejor tratamiento de problemas prácticos, y la necesidad de una mayor calidad y profundidad de las investigaciones científicas. Hay que recordar, como lo hace Piaget, que algunos de los progresos más importantes de la ciencia contemporánea (bioquímica, biofísica, psicolingüística, etc.) han derivado de remodelaciones interdisciplinarias.

La práctica educativa ha exigido —y sigue exigiendo— la

división del conocimiento en asignaturas. Esta parcelación de los saberes, que facilita la enseñanza y el aprendizaje, es una fragmentación artificial pero necesaria. Frente a esta situación, en el campo de la educación la problemáticas de la interdisciplinariedad ha sido una preocupación relevante en las últimas décadas. La introducción de los llamados "temas transversales", en algunas propuestas de reformas educativas, da una nueva dimensión y una nueva forma de aplicar la interdisciplinariedad en la educación.

INTERNAUTA. Persona que con regularidad se conecta con Internet y "navega" por sus páginas. No se considera internauta a la persona que sólo utiliza los servicios de Internet.

INTERNET. Es la autopista informática de comunicación mundial. Es la red de redes, es decir, la red mundial que conecta todas las redes y a través de la cual uno puede ponerse en contacto con millones de usuarios o bien utilizar diversas fuentes de información. Siendo la mayor red de informática de comunicación mundial, como consecuencia de su

alta capacidad de circulación (con gran ancho de banda), Internet está revestida de un aura casi mágica. Considerada como la modernidad más absoluta, es gestionada por algunos proveedores en todo el mundo (los *carriers* o portadores). Sus posibilidades de aprovechamiento y utilización como fuente de datos e información son inmensas, aunque todavía (1999) se aproveche limitadamente y su uso ofrezca no pocas complicaciones.

INTERVENCIÓN SOCIAL. Esta expresión se ha introducido en el campo de las prácticas sociales, para designar el conjunto de actividades realizadas de manera más o menos sistemática y organizada, para actuar sobre un aspecto de la realidad social con el propósito de producir un impacto determinado.

Toda forma de intervención social se apoya en referentes técnicos, necesita de métodos y técnicas de acción y tiene una intencionalidad que viene dada por el marco ideológico, político o filosófico de quien realiza esas acciones. Desde un punto de vista técnico/operativo, se configura de acuerdo con un modelo cuadridimensional que comporta el sujeto de intervención, el objeto de la misma, aquello sobre lo que se interviene y la categoría o forma de realizarla.

Desde mediados de los años ochenta, esta expresión, que antes se utilizaba casi exclusivamente en psicología, tiene en España una aceptación tan generalizada que ha reemplazado, en buena parte, el término "acción social".

INTUICIÓN. Modo de conocimiento inmediato, instantáneo y sin mediaciones. Está basado en la asociación y comprensión inmediata de un conjunto de variables de las que no se tienen datos recogidos sistemáticamente.

Por oposición a discurso o razonamiento, que se basan en mediaciones, la intuición es un modo de conocer expresado en la capacidad de conseguir conclusiones sólidas de manera directa e inmediata, a partir de evidencias mínimas y limitadas.

INVESTIGACIÓN. Etimológicamente, proviene del latín *in* (en) y *vestigare* (hallar, inquirir, indagar, seguir vestigios). En el lenguaje corriente, el término se utiliza con el alcance de exploración, examen, indagación, búsqueda o inquisición de un hecho desconocido.

Aplicada al campo de la actividad científica, la investigación es un procedimiento reflexivo, sistemático, controlado y crítico que tiene por finalidad descubrir o interpretar los hechos o fenómenos, relaciones o leyes de un determinado ámbito de la realidad.

Habida cuenta de las consideraciones precedentes, se pueden señalar las siguientes características de la investigación científica:

• Es una forma de plantear problemas y buscar soluciones mediante una indagación o búsqueda que tiene un interés teórico o una preocupación práctica.

• Es una exploración sistemática que surge de algún nivel de experiencia humana, y que se realiza a partir de un marco teórico en el que encajan los problemas o las hipótesis como encuadre referencial.

• Requiere de una formulación precisa del problema que se quiere investigar y de un diseño metodológico en el que se expresen los procedimientos para buscar la o las respuestas implicadas en la formulación del problema.

• Exige comprobación y verificación de los hechos o fenómenos que se estudian mediante la confrontación empírica, pero trascendiendo las situaciones o casos particulares para hacer inferencias de validez general.

• Es un proceso que, mediante la aplicación del método científico, utiliza una serie de instrumentos metodológicos que son relevantes para obtener y comprobar los datos considerados pertinentes a los objetivos de la investigación.

Toda investigación, como producto final, se ha de expresar en un informe, documento, artículo científico o libro con los resultados de la misma.

J

JARDÍN DE INFANTES. Esta expresión en castellano es equivalente a *Kindergarden,* utilizada por F. G. Froebel a mediados del siglo XIX, cuando creó estos centros de educación preescolar, destinados a recibir niños y niñas desde 2 a 3 años, hasta su ingreso en la escuela primaria. Este apelativo se utiliza en los Estados Unidos, mientras que en Francia se llama *école maternelle* y en Gran Bretaña *infant school.*

Su papel educativo es muy importante de cara a la mejor socialización de los niños, al relacionarse con otros ajenos a su familia. El aprendizaje se basa en la acción, especialmente a través del juego, en el que el niño puede expresar sus vivencias y experiencias, desarrollar el lenguaje, aprender a conocer y utilizar su propio cuerpo, y profundizar el descubrimiento de su yo y el de los demás.

El jardín de infantes no sólo ayuda a introducir al niño/a a la vida en sociedad, sino que también favorece su incorporación a la escuela primaria, con mejor aprovechamiento de la enseñanza que recibe, especialmente en los primeros años.

Se ha constatado empíricamente que entre los 3 y 6 años es una edad óptima para compensar los "*handicaps* socio-culturales". Lamentablemente, los niños de los sectores populares más necesidades de estas compensaciones son los que tienen menos posibilidad de asistir a los jardines de infantes.

JORNADA. Expresión con la que se designa una serie de reuniones intensivas, que se llevan a cabo con una gran variedad de propósitos u objetivos: formación, información, instrucción, etc. Tales reuniones suelen realizarse todas en un día, aunque a veces pueden ser un poco más prolongadas, manteniendo siempre su carácter de trabajo intensivo.

JORNADA ESCOLAR. Actividades educativas que se desarrollan en una institución docente a lo largo del día.

JUEGO. Actividad generalmente reglada que genera un comportamiento individual o de grupos que, según las pautas de cada cultura en particular, son diferentes —y hasta contradictorias— en relación con los comportamientos formales. Como ha dicho Dinello, "el juego, por su propia definición, no tiene otra finalidad que la alegría y el placer del juego", placer que sólo se puede recuperar jugando otra vez.

Por otra parte, su importancia para el desarrollo de la personalidad es fundamental. El juego es una actividad imprescindible para los niños, de cara a lograr un desarrollo adecuado en lo físico, lo psíquico y lo social. "Jugando, jugando de pequeños —nos dice Tapies— aprendemos a hacernos mayores." Limitar la tendencia lúdica de los niños es una forma de predisponer a que aparezcan estados patológicos, como son las tendencias neuróticas o antisociales.

Mediante el juego, el ser humano aprende a relacionarse, a compartir, a desarrollar su dominio corporal y las funciones físicas. Permite, además, experimentar cosas nuevas, desarrollar la curiosidad; estimula la imaginación y la creatividad. El componente lúdico favorece el desarrollo de las capacidades afectivas, la espontaneidad de la expresividad, y la forma de relacionarse y comunicarse con los demás. Desarrolla la sociabilidad, las relaciones con los otros y la capacidad de cooperación, mediante la aceptación de reglas comunes compartidas.

El valor, la utilidad y la importancia del juego en la educación, especialmente en la escuela infantil, son ampliamente admitidos ya que el juego es la principal actividad infantil y el impulso vital que lleva a explorar el entorno inmediato, a conocerlo y a transformarlo. En los otros niveles educativos, existe una mayor o menor resistencia, según las circunstancias, para incorporar la dimensión lúdico-pedagógica en la práctica educativa, más allá de los recreos y el área de educación física que, a veces, son los únicos momentos aptos o permitidos para jugar.

JUEGOS EDUCATIVOS. Son aquellos juegos que, además de su función recreativa, contribuyen a desarrollar y potenciar las distintas capacidades objeto de la intervención educativa, ya sea a nivel psicomotor, cognoscitivo, afectivo, social o moral.

El uso educativo de los juegos se realiza en lo que se ha dado en llamar "los espacios lúdicos". Los especialistas distinguen los siguientes:

- Juego de contacto físico.
- Juego de manipulación, construcción y representación.
- Juego de ficción y sociodramático.
- Juego reglado de mesa.
- Juego de patio de recreo.

Los juegos educativos deben ser incorporados como un elemento esencial dentro del contexto pedagógico global y no sólo —como suele hacerse— como algo que es bueno para los momentos de recreación.

L

LABORTERAPIA. Método psicoterapéutico que se aplica en establecimientos médicos o asistenciales con una finalidad preventiva o curativa. Consiste en proporcionar al enfermo un trabajo o actividad manual compatibles con su capacidad física y mental. Es una modalidad de la terapia ocupacional.

LEGISLACIÓN ESCOLAR. Conjunto o cuerpo de leyes, decretos, resoluciones y normas relativas a la educación de un país, y a la organización de las instituciones educativas, la inspección técnica, la evaluación de los centros y del sistema educativo.

LENGUAJE NO SEXISTA. El lenguaje, además de su función de comunicación, cumple funciones de representación de valores y de regulación de conducta (sea propia o ajena). Como el lenguaje expresa, en cuanto forma de categorizar/valorar la realidad, una discriminación de la mujer (que es lo que se denomina lenguaje sexista), se ha propuesto introducir correcciones, tendientes a cambiar esta situación discriminatoria, tanto en el lenguaje hablado como en el escrito y en el contenido de los textos escolares.

He aquí algunas sugerencias prácticas para el uso de un lenguaje no sexista:

Se propone la sustitución de las palabras hombre y hombres, con sentido universal, por persona/s, ser/es humano/s, especie humana, género humano, pueblo, población, etc.; mujeres y hombres alternando con hombres y mujeres (para no dar preferencia ni al masculino ni al femenino).

No utilizar: el hombre, los derechos del hombre, el cuerpo del hombre, la inteligencia del hombre, el trabajo del hombre, el hombre primitivo, los hombres primitivos, el hombre de Cro-Magnon, el hombre de la calle, a medida del hombre.

Sino: los seres humanos/la humanidad, los derechos humanos/de la persona, el cuerpo humano, la inteligencia humana, el trabajo humano, las poblaciones primitivas, los seres humanos, los restos humanos de Cro-Magnon, la gente de la calle, a medida humana/de la humanidad.

Se debe evitar usar el plural masculino omnicomprensivo cuando se habla de pueblos, categorías, grupos, o explicitar mediante ambos géneros.

No utilizar: los romanos, los chilenos; los niños, los chicos; los ancianos; los hermanos (masc. y fem.).

Sino: el pueblo romano, chileno o los/as chilenos/as, los niños y niñas, la infancia, los ancianos y ancianas, la vejez, hermanas y hermanos, o hermanos y hermanas.

Utilizar, en la medida de lo posible, términos epicenos (es decir, que tanto valen para el masculino como para el femenino) en lugar de los marcados con desinencia masculina o femenina.

No utilizar: profesor, los profesores, alumno, los alumnos.

Sino: Enseñante, el profesorado, el alumnado.

LIBERTAD. Condición de actuar de manera libre; estado de un ser que tiene en sí mismo las razones de sus elecciones y de sus actos.

Facultad que tiene la persona de obrar de una manera o de otra, o de no obrar teniendo en cuenta el uso de la libertad de los otros.

LIBERTAD DE CONCIENCIA. Condición de poder obrar de acuerdo con la propia conciencia, particularmente en lo relativo a la religión.

Libertad que goza el ciudadano de profesar cualquier religión, o de no profesar ninguna, sin ser inquietado por la autoridad pública.

LIBERTAD DE ENSEÑANZA. Derecho del ciudadano a enseñar al margen de las instituciones oficiales. Igualmente, hace referencia al derecho del educador a enseñar sin sujeción a doctrinas impuestas por el Estado; en este sentido, es sinónimo de libertad de cátedra, pero uno y otro concepto no son equivalentes: la libertad de enseñanza comprende un ámbito mayor que la libertad de cátedra.

La libertad de enseñanza hace referencia, también, a la posibilidad de crear y dirigir centros educativos al margen de las instituciones de gestión estatal. Con este alcance y significado, la libertad de enseñanza se contrapone a la concepción y la práctica de la escuela única del Estado.

LIBERTAD DE EXPRESIÓN DEL PENSAMIENTO. Derecho de expresar el propio pensamiento en público y de buscar formas de hacer compartir esas ideas por otros. Es equivalente a libertad de palabra.

LIBERTAD MORAL. Libertad de determinarse una persona por sí misma. Algunos utilizan esta expresión como libertad interior o libre albedrío.

LIBERTAD POLÍTICA. Derecho de una colectividad o agrupación humana de gobernarse por sí misma con plena soberanía. Sinónimo de autonomía e independencia política.

Goce de los derechos políticos reconocidos a los ciudadanos.

LÍDER. En inglés *leader*, derivado del verbo *to lead* (guiar). Vocablo de amplio uso en nuestra lengua, en la que se escribe y pronuncia de acuerdo con la fonética inglesa.

Este anglicismo, en sentido corriente, significa jefe, caudillo o conductor, especialmente de un grupo político o sindical. Pero su uso es mucho más generalizado y amplio. Designa a la persona que tiene capacidad de persuadir o dirigir, derivada de sus cualidades personales, independientemente de su posición social, de sus cargos o funciones. Es el que tiene habilidad para conseguir adeptos y seguidores. Para algunos psicólogos sociales, la nota más característica de líder es la de ser el miembro de un grupo que más frecuente y persistentemente es percibido desempeñando actos de influencia sobre los otros miembros del grupo, como consecuencia de sus atributos de personalidad y de sus habilidades, expresadas en una situación contextual determinada.

LIDERAZGO. Neologismo (en inglés *leadership)* derivado de líder. Función realizada dentro del grupo por el líder, en algunos casos con ribetes carismáticos.

Existen diferentes formas de liderazgo según las situaciones y tareas: una persona puede ser líder en un grupo y seguidor en otro. Se puede ejercer influencia en un determinado campo o para la realización de una tarea y no ejercer ninguna influencia de liderazgo en otros ámbitos de actuación.

LOGOPEDIA. En sentido etimológico, aprendizaje del lenguaje del niño. A partir de los trabajos de Froeschel, el término designa la terapéutica o reeducación del lenguaje en personas con trastornos del habla o del lenguaje. Tratamiento pedagógico y curativo de las dificultades del lenguaje. En ese sentido, la logopedia puede considerarse como una "pedagogía especial del lenguaje" o una "pedagogía de las enfermedades lingüísticas". Algunos consideran la logopedia como una disciplina paramédica cuya finalidad terapéutica es el tratamiento de los trastornos de la voz, el habla y el lenguaje oral y escrito. Así entendida, la logopedia es una tarea que se realiza en los centros médicos (servicios de foniatría, de otorrinolaringología, de psiquiatría, etc.). Sin embargo,

actualmente se considera como lo más adecuado, tanto para el diagnóstico como para el tratamiento, la acción combinada de lo médico y de la psico-pedagogía.

LOGOTERAPIA. Psicoterapia propuesta por el psiquiatra vienés Viktor Frankl. Se basa en el supuesto de que la primera fuerza motivante del hombre es la lucha por encontrarle un sentido a la propia vida. Así, se habla de "voluntad de sentido", en contraste con el "principio de placer" del que habla Freud y la "voluntad de poder" que enfatiza la psicología de Adler.

La logoterapia considera que su cometido es ayudar al paciente a encontrar el sentido de su vida, por eso busca la capa psíquica (motivadora) para ayudarlo a que se enfrente con el sentido de su propia vida, descubra la significación de sus actitudes, encuentre un sentido a su existencia en una perspectiva optimista y humanista, para que luego rectifique la conducta en tal sentido.

LUDOTECA. De manera genérica, se la puede definir como un local o espacio en donde los niños pueden disponer de juegos y de entretenimientos en régimen de préstamo. Sin embargo, la ludoteca tiene también —y esto es más importante que la disposición y préstamo de juguetes— una función pedagógica, a través de la actividad lúdica que un animador o ludotecario facilite y oriente, desarrollando en los niños y niñas diferentes dimensiones de su personalidad, haciendo de la ludoteca un ámbito privilegiado de expresión y de participación de vivencias y experiencias lúdicas. Por otra parte, en la ludoteca el niño/a puede entrar en relación con otros; de ahí su virtud socializante, al mismo tiempo que es una instancia de integración social. A través de las ludotecas se pueden recuperar juegos infantiles olvidados y constituir centros de animación infantil.

Los supuestos pedagógicos de las ludotecas están fundamentados en la importancia del juego como medio privilegiado de expresión y de comunicación, a través del cual los niños y niñas crean su mundo infantil y desarrollan su personalidad.

Es difícil situar con precisión el origen de la primera ludoteca infantil. Para algunos, nace en Nueva Delhi (India); otros indican su origen en Canadá. En la década de los treinta, se tiene documentada la existencia de ludotecas en Los Ángeles e Indianápolis (Estados Unidos). Su impulso y desarrollo es mucho más reciente: a partir de 1960 la UNESCO lanza la idea a nivel internacional, propiciando la creación de ludotecas y desarrollando el movimiento ludotecario. Hoy, existen ludotecas en todos los continentes; si no ha existido una mayor expansión, posiblemente sea porque todavía no se han comprendido suficientemente la importancia del juego como instrumento pedagógico, y la influencia de la risa y del gozo del juego en el desarrollo de personalidades armónicas.

LUDOTERAPIA. Tratamiento de tensiones neuróticas, sobre todo en niños, mediante el juego libre a efectos de relajación. Es una modalidad de la terapia ocupacional.

M

MADUREZ. Período en el que la persona humana ha llegado a un nivel de suficiencia, ya sea en el estado constitucional (biológico y físico) del sujeto, o bien en los comportamientos adquiridos.

La madurez humana (que nunca es plena) supone ante todo asumirse en lo que uno es, y tener aprecio de sí mismo. También es asumir la responsabilidad de los propios actos y de los compromisos adquiridos. La persona madura es la que percibe los hechos de manera realista, hace propuestas constructivas frente a cada una de las situaciones y problemas que se afrontan, acepta las consecuencias de su propia manera de actuar, aprovecha las experiencias (tanto positivas como negativas) y cambia de opinión, comportamiento y valoración de los hechos, de acuerdo con los nuevos datos de la experiencia. Implica,

asimismo, aceptar a los demás como individuos únicos, diferentes e incanjeables.

Desde el punto de vista estrictamente pedagógico, un sujeto es maduro cuando está en condiciones de iniciar y desarrollar con fruto un nuevo aprendizaje.

MALESTAR DOCENTE. Esta expresión —traducción del inglés *burn out*— se viene utilizando desde los años ochenta para designar el agotamiento emocional y la sensación de incapacidad para adecuarse a la situación en donde se realiza un trabajo. Esta especie de estrés y agotamiento psicológico se da en diferentes campos de actuación profesional, caracterizados por una tarea que exige una relación constante y directa con personas.

La docencia es, precisamente, uno de los campos profesionales en donde este problema se manifiesta de manera más aguda. Sin reconocimiento social, sin tener una retribución económica digna, sin contar con material pedagógico adecuado y, en ciertas circunstancias, sufriendo la indisciplina de los alumnos e incluso agresiones; todo ello no constituye un clima de trabajo muy gratificante y crea condiciones negativas que inciden en el rendimiento del profesorado. El síndrome del *burn out* se manifiesta de manera progresiva: tensión, descorazonamiento psíquico y emocional, pérdida de entusiasmo por la tarea que realizan y escasa o nula motivación por el trabajo. Esto conduce a una situación de cansancio y agotamiento psicológico, hasta llegar a un punto de crisis: la sensación de "estar quemado", "desgastado" y "frustrado".

MANIPULACIÓN. Etimológicamente, el término sugiere la idea de tratamiento, elaboración, manejo y transformación. Se trata de obtener resultados distintos de los que son propios de los ingredientes o elementos originales.

Aplicado el término a las prácticas sociales y a las diferentes formas de intervención social, se utiliza haciendo referencia a la "manipulación de personas". Se trata de la maniobra o manejo de tipo psicológico que, realizados de manera intencional y oculta, pretenden influir sobre individuos o grupos a fin de que actúen de una manera determinada, según la voluntad de quien pone en acción el mecanismo de manipulación. Es una influencia sobre otra u otras personas, sin que ellas puedan entrever suficientemente los objetivos y procedimientos por los cuales son influidas. La manipulación supone la ausencia o supresión de toda dimensión crítica en la persona manipulada, y el intento deliberado de parte del manipulador para que no se conozcan sus verdaderos propósitos y procedimientos.

Ya sea que la manipulación sea realizada por un político, sindicalista, sacerdote, pastor, pedagogo o trabajador social, siempre tiene el mismo propósito inmediato: inducir a otros a que piensen o actúen de una manera determinada, mediante la utilización de formas ocultas de persuasión.

MAPA CONCEPTUAL. Es un instrumento ideado por J. D. Novak y sus colaboradores, que guarda relación con la aplicación de la teoría de la asimilación y, por tanto, con la definición que D. Ausubel hace del "aprendizaje significativo". Sus creadores lo definen como una técnica, una herramienta para representar las estructuras conceptuales/proposicionales construidas por los alumnos, que se muestra muy eficaz para planificar la instrucción y ayudar a los estudiantes a "aprender cómo aprender". Esta técnica sirve para hacer explícitas las estructuras cognitivas o de significado que tienen las personas, a través de las cuales perciben y procesan sus experiencias. Es muy útil como estrategia para la presentación y organización del conocimiento, y para identificar y ayudar a corregir los errores conceptuales de los estudiantes.

Siguiendo las orientaciones formuladas para construir aprendizajes con un elevado grado de significatividad, es preciso que los alumnos puedan relacionar los nuevos contenidos objeto de aprendizaje con aquello que ya saben, es decir, con su propia estructura de conocimiento. Por otro lado, conviene que estos contenidos y conocimientos estén bien organizados, de manera que se favorezca la relación de aprendizaje antes aludida. Para ello, los mapas conceptuales, en tanto instrumentos que representan la organización mental del alumno en torno a un conjunto de conocimientos determinados, permiten, por un lado, dibujar esa estructura conceptual previa del alumno que aprende, a la vez que contribuyen a organizar el contenido que va a ser aprendido.

Una de las características básicas en la construcción e interpretación de mapas conceptuales es la disposición jerárquica de los conceptos, que se realiza en base a su nivel de generalidad, partiendo de aquellos que son más generales y tienen un poder más inclusivo, que se sitúan en los primeros lugares del mapa, para ir descendiendo hacia aquellos que son más particulares y tienen un menor poder de generalidad, y por tanto con una menor estabilidad en el esquema de conocimiento que se trate.

El modo de representación del mapa conceptual consta básicamente de conceptos, que se representan generalmente con letras mayúsculas y dentro de un óvalo, unidos mediante palabras enlace que se sitúan entre dos conceptos y se expresan en minúscula, formando una proposición de pensamiento. Por ejemplo, los conceptos *perro* y *mamífero* pueden unirse en una proposición mediante un enlace, del siguiente modo: el perro es un mamífero.

Los mapas conceptuales contribuyen a la evaluación de los aprendizajes de los alumnos, identificando los errores en los enlaces entre los diferentes conceptos así como en su posición en la jerarquía conceptual, lo que permite reconstruir esquemas, es decir, modificarlos y, por consiguiente, aprender.

MAPA ESCOLAR. Como su nombre indica, se trata de un mapa o carta geográfica en donde se localizan los centros educativos dentro de una determinada área geográfica o de un país.

Se trata de un instrumento de análisis útil para realizar un diagnóstico de situación, con el fin de inventariar en un área geográfica todos los aspectos que configuran en ese territorio la organización del sistema educativo. El mapa escolar, juntamente con otros estudios, sirve de base para llevar a cabo la planificación educativa en un área, y para realizar tareas de coordinación de las redes escolares dentro de ese territorio.

Un mapa escolar no puede ser un simple inventario estadístico; debe recoger también las preocupaciones, problemas o situaciones que existen entre los educadores que realizan sus tareas en las instituciones docentes dentro del territorio que abarca el mapa escolar. Para asegurar la incorporación de estos aspectos cualitativos de la realidad educativa, es necesaria la participación de los docentes en la elaboración y discusión del mapa escolar. Si fuera necesario y pertinente, habría que recoger la opinión de las asociaciones de padres, cooperadoras escolares y otras instituciones u organizaciones vinculadas al problema educativo.

MARGINACIÓN SOCIAL. Marginalidad significa, en esencia, estar "separado de", "cortado de", "a la orilla de", "aparte de". Situación en la que un individuo o un grupo quedan excluidos de un determinado sector de la convivencia social.

Originariamente, la expresión fue utilizada en psiquiatría para hacer referencia a un tipo de comportamiento que no se corresponde con las normas sociales y pautas culturales de una sociedad. Se trataba de un problema psicopatológico de determinados grupos étnicos, equivalente a los conceptos sociológicos de "desviación o desajuste social".

La expresión se comenzó a utilizar en América latina para referirse a características ecológico-urbanas, a fin de designar a los habitantes de las villas miserias, callampas, favelas, rancheríos, etc. (según sea la denominación usada en cada país). A veces —muy pocas—, se ha usado como equivalente a "lumpen-proletariado". Más recientemente, se ha empleado también como equivalente a "ejército industrial de reserva".

A partir de las tesis elaboradas por Desal, el término fue usado para designar la falta de participación en la vida política, económica y social del país. La separación de la sociedad global, perteneciendo a ella, vino a ser considerada como una de las características del subdesarrollo. Para algunos, la marginalidad se explicó como el resultado de las transformaciones económicas y la desorganización de las antiguas estructuras, es decir, como consecuencia de un "proceso de margina-ción", en el que importantes sectores de la población no tuvieron posibilidad de integrarse a la "modernización".

MARKETING EDUCATIVO. Una serie de circunstancias que, desde mediados de los años ochenta, se han venido dando en los colegios de gestión privada (una mayor oferta educativa por la existencia de mayor número de colegios privados, incremento de la morosidad y caída de la matrícula), han suscitado en el ámbito de la educación privada la necesidad del *marketing* educativo.

A pesar de la resistencia de algunos docentes por utilizar esta técnica de promoción, al relacionar el *marketing* con la manipulación y la competencia desleal, éste ha venido siendo utilizado de manera creciente. Juan Manés, un experto de la aplicación de las técnicas de *marketing* en la escuela, lo ha definido como el "proceso de investigación de las necesidades sociales, para desarrollar servicios educativos tendientes a satisfacerlas, acordes a su valor percibido, distribuidos en tiempo y lugar, y éticamente promocionados para generar bienestar entre individuos y organizaciones".

MASS MEDIA. Literalmente "medios de masas". *Mass*, derivado del latín *massa* (montón, conjunto de personas), y *media* (neutro), plural de *médium* (medio, instrumento). Con frecuencia se traduce como "medios de comunicación de masas", aunque la traducción más correcta es la de "medios masivos de comunicación"; expresión que, además, refleja con mayor precisión su contenido: no son medios para que se comuniquen las masas, sino para comunicar de manera masiva. También se utiliza sin traducción.

Con esta locución inglesa se designan los medios colectivos de comunicación y, sobre todo, la difusión de mensajes a través de la prensa, radio, televisión, libros, periódicos, discos de gran tirada, cine, etc., que permiten alcanzar a un número considerable de receptores. Se trata de una comunicación impersonal, realizada a través de un montaje de tipo industrial que, al ser masivo, queda a disposición de una masa indiferenciada, aun cuando haya sido dirigido a un sector determinado.

Los *mass media* no sólo son importantes como medio de transmisión de información, sino también como agentes de socialización y forma de educación no formal. Los *mass media* (de manera particular la televisión) tienen un efecto educativo indirecto, como medio impersonal de socialización, en un proceso paralelo a la vida en el mundo real, presentando mensajes y contenidos atractivos y de fácil acceso.

MASTER. Con este término se designa un tipo de estudios de post-grado y también el título que se obtiene.

MATERIALES DIDÁCTICOS. Conjunto de utensilios, objetos y aparatos que facilitan y hacen más provechoso el proceso de enseñanza/aprendizaje. Existen varias clasificaciones de estos materiales. Quizás la distinción más útil, desde el punto de vista pedagógico, es la que diferencia materiales de carácter globalizador (libros de texto, materiales curriculares, etc.) y materiales de carácter auxiliar (pizarra, proyector de diapositivas, ordenadores, retroproyector, televisión, vídeo, maquetas, globos, herramientas, útiles de laboratorio, etc.).

Los materiales didácticos no son un fin en sí mismos; tienen carácter instrumental y como tal hay que utilizarlos.

MATERIAS DE LIBRE ELEC-CIÓN. Elegidas por el alumno entre las que ofrezca su universidad (10 % de la carga lectiva total).

MATERIAS OBLIGATO-RIAS. Establecidas libremente por cada universidad.

MATERIAS OPTATIVAS. Establecidas libremente por cada universidad para que el alumno elija algunas de ellas.

MATERIAS TRONCALES. Asignaturas de obligatoria inclusión en los planes de todas las universidades para obtener un mismo título oficial.

MECANISMO DE DEFENSA. Proceso que entra en función, ya se trate de un organismo, un individuo o grupo, para resistir o neutralizar conflictos, fracasos o dificultades.

En psicoanálisis, los mecanismos de defensa son manifestaciones de "defensas del yo". Estos mecanismos varían según una serie de factores: el tipo de afección que se considere, la etapa genética, el grado de elaboración del mecanismo defensivo, etc.

Sin que la lista sea exhaustiva, pueden señalarse los siguientes mecanismos de defensa: repre-sión, regresión, racionalización, compensación, identificación, negación, proyección, transferencia, sublimación, introyección, agresión, conversión, aislamiento, formación reactiva, anulación retroactiva, vuelta hacia la propia persona, etc. Todos ellos expresan, de manera indirecta o "derivada", impulsos que no pueden expresarse directamente, ya sea porque son incompatibles con otros, o porque no están de acuerdo con las normas morales aceptadas por el individuo. Se trata de un proceso inconsciente con que se satisface un deseo reprimido o se establece el equilibrio psíquico.

MEDIATECA. Archivo o colección de documentos audiovisuales, tales como diapositivas, transparencias, cintas magnéticas, discos y videocasetes.

MEDIO AMBIENTE. Todo lo que rodea a un individuo o a un grupo, que tiene existencia para él y puede influirlo.

MEDIO SOCIAL. Contexto social en donde desarrolla las actividades vitales un individuo, en el que influye y por el cual es influido. No constituye necesariamente un grupo formal, sino una suma total de factores y procesos que constituyen la circunstancia del individuo.

MEMORIA COMPRENSIVA. Se habla de memoria comprensiva por oposición a memoria repetitiva o mecánica, para aludir a la memoria que sirve como punto de referencia o de anclaje para almacenar nuevos significados a los propios esquemas mentales. La información que se retiene por mera repetición o de manera mecánica no llega a conectarse a la propia estructura mental y se olvida más o menos rápidamente. Memorizar comprensivamente es almacenar significados; para que ello sea posible, se necesita de la construcción activa del mismo sujeto que aprende.

METACOGNICIÓN. Se refiere al conocimiento que uno tiene respecto de sus propios procesos cognitivos y de sus productos. Se trata pues, por una parte, de los propios procesos mentales y, por otra parte, del control del propio sistema cognitivo.

Los procesos de metacognición están estrechamente relacionados con la habilidad de "aprender a aprender". Una cierta compren-

sión de la metacognición favorece la comprensión del propio aprendizaje.

MÉTODO. La palabra "método" deriva de las voces griegas *metá* y *odos*. *Metá* (hacia), preposición que da idea de movimiento, y *odos* (camino); por eso, etimológicamente, método significa "camino hacia algo", "persecución", o sea, esfuerzo para alcanzar un fin o realizar una búsqueda.

El método puede definirse como el conjunto de operaciones y procedimientos que, de una manera ordenada, expresa y sistemática, deben seguirse dentro de un proceso preestablecido, para lograr un fin dado o resultado deseado. Este fin o resultado puede ser conocer y/o actuar sobre un aspecto o fragmento de la realidad. De ahí que la palabra "método" puede utilizarse con un doble alcance:

• Como **estrategia cognitiva** que aplica una serie de procedimientos lógicos a los hechos o fenómenos observados a fin de adquirir nuevos conocimientos sobre ellos.

• Como **estrategia de acción** que consiste en aplicar una serie de procedimientos operativos, que se traducen en acciones y actividades humanas intencionalmente orientadas a la transformación de una determinada situación social.

En el primer de los casos, se alude a los métodos de investigación social y, en el otro, a los métodos de intervención social. Esta distinción y diferenciación no implica que no existan elementos que se entrecruzan en uno y otro de estos métodos.

Al método también se lo ha de considerar como ligado a un dominio específico o particular; así, se habla del método de la física, biología, sociología, del método o los métodos educativos, etc. Cada uno de estos dominios comporta objetivos específicos y una manera de proceder que le es propia. La aspiración a un método básico, aplicable a todos los fenómenos, es sólo eso: una aspiración. No obstante, puede afirmarse que los métodos están emparentados entre sí y existen unos requisitos básicos para todo método que quiere ser científico.

Para una mejor comprensión de lo que son y no son los métodos, digamos que ellos ayudan a una mejor utilización de los medios para acceder al conocimiento de la realidad, a fijar de antemano una manera de actuar racional y eficaz, a operar sobre la misma realidad y a evaluar los resultados de la acción, pero, por sí mismos, no llevan al conocimiento, ni a la acción más eficaz, ni a la mejor manera de evaluar los resultados. Un método de acción es una guía, un camino, un modo de aproximación, y no un conjunto de certezas apodícticas, ya sea en relación con el conocimiento o las acciones concretas. Ningún método es un camino infalible; es lo que los metodólogos expresan diciendo "que la relación método-objetivo, método-fin, no es unívoca sino aleatoria".

METODOLOGÍA. En sentido lato, metodología significa estudio del método. Este estudio puede realizarse a dos niveles diferentes, de ahí que el término tenga dos acepciones principales. En unos casos se designa el estudio de los supuestos ontológicos, lógicos, epistemológicos, semánticos, gnoseológicos, paradigmáticos o modelísticos que subyacen en la formulación de los procedimientos y procesos que ordenan una actividad establecida de manera explícita y repetible con el propósito de lograr algo. En otros casos se alude al estudio de los métodos en sí, es decir, la definición, construcción y validación de los métodos como conjunto de actividades intelectuales que, con prescindencia de los contenidos específicos, establece los procedimientos lógicos, formas de razonar, operaciones, procedimientos y reglas que, de una manera ordenada y sistemática, deben seguirse para lograr un fin dado o resultado.

Los problemas metodológicos comenzaron a adquirir importancia al inicio de la Edad Moderna. Bacon y Descartes plantearon la cuestión "del mejor camino para llegar a un conocimiento efectivo y, a la vez, riguroso de la realidad". Pero fue Galileo —siglo XVII— quien inauguró lo que en sentido estricto hoy se denomina método científico, no por lo que escribió sobre el tema, sino por su modo de proceder en el estudio de la realidad.

Actualmente, los problemas metodológicos han ido adquiriendo un amplio desarrollo como fundamentación teórica de los métodos, esto es, como "ciencia del método" y también como estrategia de la investigación.

Si bien se habla de la metodo-logía sin más, algunos suelen distinguir la **metodología general** que, como parte de la lógica, de la epistemología o de la teoría del conocimiento, se ocupa de estudiar los métodos generales empleados en las ciencias y en la filosofía (deducción, inducción, análisis, síntesis, experimentación, clasificación, la idea de ley, la conceptualización, etc.). Como decía J. S. Mill, se trata de generalizar los "modos de investigar la verdad y de estimar la evidencia". Y las **metodologías especiales**, ligadas a un cuerpo particular (matemáticas, física, sociología, trabajo social, etc.) con que se alude a los procedimientos que utiliza una determinada disciplina.

METODOLÓGICO. Relativo o perteneciente a la metodología.

MICROENSEÑANZA. Método de formación del profesorado originado en la Universidad de Stanford (California) en 1963, dentro del programa de formación del profesorado de enseñanza media. En lo sustancial, consiste en la enseñanza a través de lecciones de corta duración a un grupo reducido de personas utilizando un instrumento de registro (grabación en vídeo). Su objetivo es proporcionar a los docentes una capacitación adecuada para utilizar una destreza técnica que se considera relevante y significativa para mejorar la capacidad de enseñar. Es un aspecto particular para mejorar la capacidad docente en lo referente al cómo enseñar.

Para utilizar este método hay que descomponer el acto educativo en las destrezas *(skills)* que el profesor debe tener para su práctica docente. Luego, un grupo reducido de profesores (cuatro a seis), reciben una microlección, consistente en una clase que tiene una duración de alrededor de cinco minutos, en la que se enseña una habilidad en particular. La demostración de cómo se aplica esa habilidad se hace en vivo o a través de una grabación; si los que están recibiendo ese entrenamiento así lo requieren, se hacen todas las aclaraciones necesarias acerca de lo enseñado. Más tarde, tiene lugar la macrolección, en la cual se programa y ejecuta grupalmente una unidad de enseñanza. La introducción de equipos de grabación en vídeo permite un aprendizaje observacional al "ver" la propia actuación pedagógica. La microenseñanza no da una respuesta global al cómo enseñar, es una forma de adquirir determinadas destrezas que son relevantes en el acto didáctico.

MINUSVALÍA. Conforme con la definición propuesta por la OMS, con este término se designa toda situación desventajosa para un individuo, como consecuencia de una deficiencia (pérdida o anormalidad de una estructura o función) o de una discapacidad física, psíquica o sensorial, que limita o impide realizar una actividad o desempeñar un determinado *rol* social que sería normal en su caso, en función de la edad, sexo y factores socioculturales.

MODELO. Etimológicamente, modelo proviene del italiano *modello* y éste del latín *modulus* (molde, módulo), que quiere decir cantidad que sirve de medida o tipo de comparación en determinados cálculos. De modelo proviene "modelar", palabra que sugiere una cierta idea de acción, de construcción.

Por lo que se refiere al uso de la palabra en el lenguaje corriente, ésta tiene diferentes alcances. De ordinario, designa a la persona u objeto al que se quiere imitar o reproducir; utilizada en este sentido, tiene de algún modo una connotación normativa o idea de perfección. También se utiliza la palabra "modelo" para designar una muestra o ejemplo, como es el caso del vendedor que expone modelos de productos.

En el campo científico, lo mismo que en el uso corriente del término, tampoco es un concepto unívoco. No sólo se usa en varios sentidos, sino que también existen diferentes tipos de modelos. De ahí que, cuando se habla de modelo dentro de cualquiera de las ciencias, hay que especificar en cada caso a qué tipos de modelo se refiere. Sin embargo, subyaciendo a esta variedad de sentidos, el término "modelo" no se utiliza para designar la realidad, sino una representación o construcción intelectual simplificada y esquemática de las relaciones fundamentales que hay entre las variables existentes en una clase de fenómenos, contenidos o procesos a los que se pretende comprender a pesar de su complejidad. En la construcción de un modelo, se seleccionan los elementos relevantes y sus interrelaciones, que se sustituyen con representaciones isomórficas que facilitan la comprensión e investigación de un aspecto de la realidad.

Todos los modelos son una construcción teórica elaborada a partir de un número limitado de parámetros que se expresan simbólicamente para ilustrar una hipótesis de trabajo que se puede aplicar a una situación concreta. En ello reside su ventaja: simplifica la complejidad del mundo real, facilita su comprensión y, en algunos casos, la manipulación de los datos; pero también en ello está su desventaja: la complejidad de la realidad se escapa a las excesivas simplificaciones y desborda la representación matemática, analógica o simbólica que el modelo expresa. Sin embargo, aunque todo modelo es una expresión abstracta de la realidad, tiene siempre una correspondencia con esa misma realidad concreta con la que mantiene un conjunto de relaciones y elementos isomorfos.

En general, los modelos constituyen auxiliares efectivos y útiles para hacer avanzar el pensamiento con una estrategia cognitiva más segura y precisa. También, para orientar las estrategias de acción a fin de actuar sobre la realidad. Los modelos son muy útiles para facilitar la explicación de determinadas situaciones, ya sea mediante el uso de analogías o bien estableciendo un conjunto de interrelaciones dentro de un sistema determinado. A pesar de su gran utilidad, nunca son sustitutos de la tarea de analizar e interpretar. Ayudan a la reflexión teórica, en la medida en que, como explica Bunge, son "sistemas conceptuales que intentan representar aspectos interrelacionados de sistemas reales".

MODERNIZACIÓN. Con este término se designa el proceso de cambio que se inicia en Occidente en el siglo XVIII y se extiende posteriormente al resto del mundo. Este proceso de adquisición de las características de la modernidad se expresa por la siguientes notas sustantivas: racionalización, industrialización y una mayor participación popular en la vida política.

También se habla de modernización para designar el proceso mediante el cual determinadas instituciones se adaptan a los cambios. Otra acepción, utilizada especialmente en sociología, alude a los cambios políticos, sociales y culturales que acompañan a la industrialización. Estrechamente vinculado a lo anterior, se suele relacionar este término con el proceso de cambio que acompaña al desarrollo económico de un país o de una región. En este caso, la modernización viene a ser el aspecto o manifestación principal del proceso de desarrollo. Se corresponde con los cambios que se producen en las sociedades menos desarrolladas en su tránsito hacia la sociedad moderna o industrial, caracterizada por: urbanización relativamente alta, elevado nivel de alfabetización, incremento de la movilidad social, uso de máquinas y tecnología moderna, desarrollo de los medios de comunicación de masas, especialización de cierta magnitud en la división del trabajo y en los *roles* profesionales, adopción de nuevos patrones de consumo, difusión de normas seculares y racionales, etc.

MONITOR. Persona que en clases muy numerosas ayuda al profesor o maestro en sus tareas de enseñanza y en las actividades prácticas.

MORAL. Conjunto de reglas, normas de convivencia y de conducta humana que determina las obligaciones de las personas en sus relaciones entre sí y con la sociedad. La moral se manifiesta en los actos y obras del hombre, a través de acciones que se consideran válidas en cuanto se ajustan al ideal de lo que es bueno.

A veces, el término se utiliza con un adjetivo especificativo: moral social, moral profesional, etc., haciendo entonces referencia al conjunto de reglas de conducta concerniente a un dominio particular. También se habla de moral en el sentido de normas recibidas de un grupo particular: moral cristiana, moral burguesa, etc.

MORALISMO. Doctrina o actitud práctica tendiente a hacer de la moral un absoluto suficiente en sí mismo; moral estrecha y servil.

MORALIZAR. Hacer consideraciones morales, con la pretensión de reformar las malas costumbres y enseñar las buenas.

MOTIVACIÓN. De motivo, y éste del latín *motivus* (relativo al movimiento). Acción y efecto de motivar. Conjunto de elementos o factores que están activamente presentes, en un momento dado, en la conciencia del ser humano, y que configuran la fuerza psíquica y los mecanismos de estímulo que conducen a la acción.

Se trata de los factores internos (necesidad, instinto, aspiraciones) o externos (valor de un objeto o de un logro), que intervienen en la elaboración de una intención, dando motivo, razón adecuada, estímulo suficiente y energía necesaria para inducir a una acción deliberada y voluntaria, encaminada a satisfacer alguna necesidad individual o social. Las motivaciones comprenden móviles conscientes e inconscientes; estos últimos, no siempre confesables, a veces se justifican por medio de racionalizaciones.

Las motivaciones orientan las actividades en un sentido dado, establecen la intensidad de las mismas y determinan la selección de alternativas en la elaboración de una intención. De ahí que suelen distinguirse en el estudio de las motivaciones dos tipos de componentes: el componente energético (que suele relacionarse con "lo biológico") se refiere al motor de la voluntad que lleva a realizar determinadas acciones, y el componente direccional (al que se asocia con "lo psicológico") alude a los objetivos y metas preestablecidos y que el sujeto desea alcanzar.

La motivación está estrechamente ligada a los procesos didácticos en general, puesto que éstos están condicionados por el nivel de motivación de los educandos, habida cuenta de que todo aprendizaje implica contar con una cierta predisposición del que aprende.

La importancia y las implicaciones pedagógicas de la motivación no sólo vienen dadas porque ésta es la condición necesaria para llevar a cabo con todo éxito los procesos didácticos, sino también porque toda práctica pedagógica tiene, como uno de sus propósitos principales, motivar a los alumnos. En algunos casos, la tarea previa del docente ha de estar orientada a diagnosticar los déficits motivacionales de los alumnos, como consecuencia de vivir en un ambiente o medio social inadecuado.

MOTIVAR. Originar un impulso o estímulo consciente para inducir a una actitud y orientar un comportamiento en una dirección específica. Dar causa o motivo para algo. Crear móviles dirigidos al logro de metas concretas.

MUSICOTERAPIA. Utilización de la música con fines terapéuticos, por las cualidades que ella posee para influir en la afectividad, la mente y el cuerpo de los seres humanos. Por otra parte, es un elemento susceptible de ser utilizado con personas de todas las edades, condición social, raza, religión o nivel cultural.

Siendo una forma de comunicación no verbal entre individuos, la música suele utilizarse para superar obstáculos a la comunicación y por el nexo de unión que crea entre las personas. De ahí su utilización con niños que sufren algún tipo de discapacidad o de disturbios emocionales. Gracias al carácter balsámico y sedante que posee, y a su capacidad de establecer relaciones entre el ser humano y su entorno sonoro, la música produce también efectos de purificación o de catarsis. En otras circunstancias estimula la expresión de problemas y contribuye a aliviar los sufrimientos y las penas.

En cuanto a los efectos de la musicoterapia, se suelen señalar los siguientes: favorece el desarrollo emocional y afectivo, ayuda a romper el aislamiento y fomenta la interrelación social, ayuda a mejorar la coordinación motriz. Agudiza la sensopercepción

y produce cambios en el ritmo
cardíaco y respirativo.

N

NECESIDADES EDUCATI-VAS. Cantidad de ciudadanos más o menos instruidos y en diferentes grados de cualificación que demanda un país en un momento determinado, y las perspectivas de cambio en el corto, mediano y largo plazo.

NECESIDADES EDUCATI-VAS ESPECIALES. Un alumno presenta necesidades educativas especiales cuando tiene unas dificultades de aprendizaje mayores que el resto de sus compañeros, ya sea por su historia previa de aprendizaje o por sus condiciones de *handicap* físico, psíquico o sensorial, o bien de sobredotación. En estas circunstancias se deben hacer adaptaciones del currículum para conseguir los fines educativos propuestos con los alumnos/as que tienen esas necesidades.

NECESIDADES HUMANAS. Este término connota los requerimientos fisiológicos y psicológicos mínimos sin cuya satisfacción los individuos o las sociedades no pueden sobrevivir.

NIÑEZ. Período del desarrollo humano que abarca desde el nacimiento hasta la adolescencia.

NIÑO/A ABANDONADO/A. Menor desamparado por sus progenitores, tutor o persona a quien legalmente incumben los deberes de asistencia y educación. El abandono comprende tanto la falta de asistencia material como la carencia afectiva.

NIÑO/A DIFÍCIL O NIÑO/A PROBLEMA. Es aquel cuya conducta, ante las situaciones de la vida, difiere de lo que se considera correcto desde el punto de vista psíquico, moral, social y cultural. También se los denomina niños con problemas de conducta o niños/as caracteriales.

Esta irregularidad en el comportamiento comprende desde los niños/as llamados corrientemente mal educados, hasta los delincuentes o criminales.

También se considera, aunque incorrectamente, como niño/a problema a aquel cuya actitud crítica frente a los convencionalismos sociales difiere o rompe las pautas generalmente admitidas y los modelos socialmente aceptables.

NIÑOS DE LA CALLE. Niños que tienen en la calle su principal hábitat y su ámbito de socialización. En general, no tienen relaciones ni vínculos con su familia, y si existen son débiles. Sobreviven en el medio callejero de las ciudades, realizando actividades económicas marginales, o bien mediante la mendicidad y/o el robo. La dureza de la vida de la calle los lleva a desarrollar mecanismos de supervivencia superiores a su edad. Son sufridos, habilidosos, astutos y agresivos. No respetan ni las normas ni las pautas sociales, se rigen por los códigos de comportamiento que ellos mismos establecen. De ordinario,

no asisten a la escuela, y si llegan a asistir la abandonan prematuramente.

Para tratar el problema de los niños de la calle, ha surgido, alrededor de los años setenta, la figura del educador de calle.

NIVEL CULTURAL. Para establecer el nivel cultural de una persona o de un colectivo, es necesario explicitar previamente la noción de cultura de la que se parte. Según sea esa concepción, se han de establecer los baremos para medir el nivel cultural.

Si se parte de una concepción de cultura como adquisición de saberes, resultados de dicha adquisición y producción de "cosas superiores" (literatura, música clásica, teatro, plástica, etc.), el nivel cultural será medido por el número y dotación de los museos, bibliotecas, teatros, artistas, y por la producción de bienes culturales y el acceso que se tiene a ellos.

Si se considera la cultura como el modo de ser, de hacer y de pensar y como conjunto de obras e instituciones (que es el alcance antropológico del término), para medir el nivel de cultura se tendrá en cuenta en qué medida cada persona y cada sociedad ha incorporado su herencia social y un modo de vida que constituyen sus peculiaridades culturales. El nivel cultural vendrá dado más por el modo de realizar un estilo de vida que por un conjunto de bienes culturales y saberes más o menos refinados.

Por último, si se considera la cultura como creación de un destino personal y colectivo, es decir, como una cultura que, sin perder el sentido de su herencia social, se va realizando dando respuesta a los nuevos problemas que se van confrontando en las nuevas circunstancias, el nivel cultural vendría dado, en este caso, por la capacidad de las respuestas personales y colectivas para resolver el propio destino de manera protagónica.

Tenemos, pues, tres marcos referenciales diferentes desde los cuales se han de establecer los indicadores para medir el nivel cultural.

NIVEL EDUCATIVO. Esta expresión se utiliza con diferentes alcances y su significado viene dado por el contexto en el que se emplea.

• Un alcance bastante frecuente es utilizarla como sinóni-mo de etapas, haciendo referencia a la estructura organizativa del sistema educativo. Esto varía según los países; he aquí dos ejemplos (Argentina y España) de los niveles educativos:

Argentina: *a)* inicial; *b)* educación general básica (9 años), en la que se distinguen tres ciclos; *c)* polimodal (3 años).

España: *a)* educación infantil; *b)* educación primaria (6 años); *c)* educación secundaria obligatoria (4 años); *d)* bachillerato o formación profesional de grado medio (2 años).

• Otra acepción hace referencia al grado de desarrollo educativo de un país, tomando como indicadores de tal desarrollo: el total de alumnos matriculados en cada nivel, relacionando el total de inscritos con la población total correspondiente a cada uno de esos niveles. Total de docentes, grado de cualificación, formación del profesorado. Eficiencia educativa: métodos pedagógicos utilizados, material didáctico, uso de tecnologías educativas. Deserción y fracaso escolar (cuanto menor es el índice, es señal de mayor nivel potencial). Alumnos inscritos en la enseñanza universitaria y terciaria. Evolución de la distribución de graduados universitarios. Número y cualificación de los profesores. Logros a nivel investigativo.

• Una tercera acepción alude al desarrollo educativo alcanzado a nivel personal, medido casi siempre por el nivel de estudios alcanzado, incluyendo en algunos casos aspectos que están relacionados con el nivel cultural (colectivo, grupal o personal).

NIVEL ESCOLAR. Grado alcanzado en los estudio s.

NIVEL PROFESIONAL. Esta expresión puede utilizarse con tres alcances diferentes. Para designar la profesionalización de un sujeto, es decir, el grado de desarrollo alcanzado en su propio ámbito profesional. Con esta expresión también se indica la importancia relativa que tiene una profesión respecto de otras. Por último, puede emplearse para designar la capacidad o aptitud que requiere una determinada actividad.

NIVEL SOCIAL. Concepto que hace referencia a la posición relativa (personal o familiar) dentro de una jerarquía establecida en el orden social. Se trata de la posición que se tiene dentro de la es-

tratificación social, teniendo en cuenta, principalmente, el nivel de ingresos.

NO DIRECTIVIDAD. Concepto clave de la técnica de entrevista psicoterapéutica elaborada por Carl Rogers, consistente en una actitud centrada en el paciente, caracterizada por la ausencia de influencia deliberada por parte del terapeuta. La no directividad implica, a la vez, un tipo de relación interpersonal en la cual la empatía juega un papel fundamental, habida cuenta de que la acción terapéutica es prestar ayuda al sujeto.

NORMA. Del latín *norma* (escuadra), vocablo derivado a su vez del griego *gnomona,* acusativo de *gnómon* (el que mide).

La palabra se utiliza con diferentes alcances: *a)* en sentido técnico se alude a pautas de acción que se deben seguir o a las que se deben ajustar las operaciones; en este caso, se hace referencia a las normas técnicas empleadas para alcanzar un objetivo concreto; *b)* regla o criterio general que sirve de referencia o regulación normativa de la conducta humana y orienta las respuestas de todos los miembros en los grupos institucionalizados. En uno y otro caso, las normas especifican el comportamiento adecuado.

NORMALIZACIÓN. El principio de normalización parte del supuesto de que la vida cotidiana de la persona que sufre algún tipo de discapacidad debe ser lo más parecida posible a la de cualquier ciudadano en cuanto a oportunidades, opciones y ritmo. Mientras la normalización es un objetivo, la integración constituye el método de trabajo para conseguirlo.

NORMAS GRUPALES. Pautas de comportamiento asumidas por los miembros de un grupo, cuyo incumplimiento supone algún tipo de sanción.

NORMAS SOCIALES. Se trata de pautas culturalmente adquiridas, aprobadas o aceptadas por la sociedad, que rigen o condicionan la conducta individual o colectiva de sus miembros, y que se hacen necesarias como "reglas de juego" para la vida en convivencia.

Son reglas de conducta que prescriben lo que es socialmente aceptable o inaceptable, determinando el comportamiento "normal" o habitual en las relaciones sociales. Cabe señalar que norma y normalidad son conceptos relativos y socialmente establecidos.

NUMERUS CLAUSUS. Expresión latina que en sentido literal significa "número limitado". En educación, se utiliza para indicar que existe un número de plazas limitadas de alumnos que han de ser admitidos en una facultad o universidad.

O

OBJETIVO. En sentido corriente —que es el uso adjetivado de la palabra—, el término se usa como opuesto a subjetivo, haciendo referencia a un conocimiento estrechamente ligado al objeto, mientras que la subjetividad enfatiza el acto de conocimiento. Dícese, también, de lo que tiene existencia en la realidad, fuera del sujeto que conoce. En uno y otro caso, alude a una modalidad de conocimiento empíricamente contrastado o verificado.

Existe también un uso sustantivado del término, aplicado para designar aquello que expresa los propósitos que se pretenden alcanzar mediante un acto intencionado. Con este sentido, la palabra "objetivo" señala un punto central de referencia para entender la naturaleza específica de las acciones que se han de realizar. Prácticamente, toda actividad humana se realiza con algún propósito u objetivo.

OBJETIVOS DE CICLO. Se trata de la adecuación de los objetivos generales de etapa y de área a las características de un ciclo concreto.

OBJETIVOS DE LA EDUCACIÓN. Los objetivos de la educación, a veces, se consideran como equivalentes a finalidades de la educación. Es un nivel filosófico o bien ideológico/político. En lo más profundo, la formulación de los objetivos de la educación depende de una concepción de la persona humana y de la sociedad (y aun de una concepción de civilización). Todo ello se ha de expresar en un proyecto político que luego se traduce en una política educativa.

De los objetivos educativos se derivan los de otros niveles y, al mismo tiempo, establecen algunos parámetros dentro de los cuales deben encuadrarse los de cada centro educativo, pero que, de ninguna manera, deben limitar la libertad de enseñanza y la pluralidad de opciones.

OBJETIVOS DIDÁCTICOS.
Nivel de educación que se quiere alcanzar y nivel efectivamente logrado cuando se ha alcanzado el objetivo propuesto. Por su mayor nivel de concreción, permiten relacionar las capacidades que se quieran desarrollar con los contenidos que se están trabajando en una unidad o conjunto de unidades didácticas. Los objetivos didácticos deben diseñarse de modo que sirvan como referente concreto del proceso evaluativo.

OBJETIVOS EDUCATIVOS.
La actividad educativa, como todo tipo de actividad humana, está orientada por objetivos. Cuando se habla de objetivos en relación con la educación, se puede estar haciendo referencia a cuestiones o propósitos que se han de alcanzar a diferentes niveles.
Objetivos:
- De la educación.
- Del sistema educativo.
- Del nivel.
- De ciclo.
- Del currículum.
- Didácticos.
- Generales de área.
- Generales de etapa.
- De las asignaturas.
- De las prácticas, de los talleres, del trabajo de laboratorio, etc.

Podrían hacerse otras especificaciones más detalladas, pero la enumeración precedente indica los diferentes alcances y contextos en que puede utilizarse el término "objetivos" haciendo referencia a la educación.

Hasta época muy reciente, se hablaba de objetivos de la educación para hacer referencia a las diferentes taxonomías educativas, uno de cuyos propósitos era el de jerarquizar los objetivos educativos.

OBJETIVOS GENERALES DE ÁREA. Son los objetivos que, tomando como referencia los generales de etapa, establecen los niveles que se quieren desarrollar en un área curricular.

OBJETIVOS GENERALES DE ETAPA. Establecen las capacidades básicas que el alumnado debe desarrollar a lo largo de su escolaridad de una etapa determinada.

OBLIGACIÓN ESCOLAR. Período durante el cual los padres o tutores de menores de edad están obligados a enviarlos a la escuela. De ordinario, este período se limita a la educación general básica o elemental.

OCUPACIÓN. En la pedagogía frobeliana, es el nombre con que se designan las actividades manuales (dibujo, tejido, plegado y picado) que preconiza este pedagogo, como tarea para realizar en la escuela.

OPTATIVIDAD. Posibilidad que se ofrece, dentro del currículum establecido, para seguir itinerarios diferentes, pero alcanzando las mismas capacidades. Responde a posibles opciones futuras del educando, y a sus gustos y preferencias respecto de las asignaturas que se ofrecen.

ORGANIZACIÓN ADMINISTRATIVA. Con esta expresión se designan la disposición y arreglo de las distintas unidades de que se compone un organismo administrativo, la relación que guardan entre sí y las formas en que están repartidas las actividades de ese organismo entre sus unidades, generalmente especializadas, con miras a alcanzar determinados objetivos.

ORGANIZACIÓN ESCOLAR. La expresión "organización escolar" se utiliza con dos alcances diferentes: por un lado, se utiliza en algunas ocasiones como equivalente a sistema educativo y, por otra parte, alude a los aspectos organizacionales y funcionales de los centros educativos. Buena parte de la literatura hace referencia a este nivel.

Es uno de los aspectos que comporta la elaboración del proyecto educativo de centro, se trata de la forma de organizar y gestionar cada institución docente, conforme con lo acordado por la comunidad educativa y dentro de las disposiciones que regulan la organización y funcionamiento de los centros docentes.

La organización escolar debe articular los diferentes elementos que concurren al funcionamiento del centro, de modo tal que cree las condiciones para que el proceso de enseñanza/aprendizaje sea lo mejor posible. La importancia del mejoramiento organizacional tiene un carácter instrumental: lo educativo no debe ni puede quedar ahogado por lo burocrático. La organización escolar debe estar al servicio de los fines y objetivos educacionales.

ORIENTACIÓN. Proceso de ayuda al individuo con el fin de que logre el máximo desarrollo y madurez personal y social posible, expresada en la autonomía personal, la capacidad de relacionarse con los demás y el compromiso —o al menos la preocupación— por la convivencia y desarrollo de la sociedad en la que le toca vivir.

ORIENTACIÓN EDUCATIVA. Desde el punto de vista de la práctica educativa, la orientación tiene una triple dimensión: personal, escolar y profesional. El documento sobre los aspectos diferenciales de las tutorías, en los diferentes ciclos, elaborado por M. Álvarez (1994), y que transcribimos a continuación, es de excepcional importancia para la tarea de orientación en los tres aspectos antes señalados.

Educación infantil:

Desarrollo personal y social (orientación personal). Diagnóstico precoz para identificar posibles retrasos madurativos. Estimulación precoz. Desarrollo de la madurez para el aprendizaje. Integración del niño en el grupo. Adaptación escolar inicial. Vinculación de la escuela con la familia.

Enseñanza, aprendizaje (orientación escolar). Desarrollo de competencias para el aprendizaje. Aprendizaje precoz de la lectura.

Enseñanza primaria:

Desarrollo personal y social (orientación personal). Tomar conciencia de sus sentimientos, valores, emociones, deseos y ser capaz de comunicarlos. Auto-confianza en las propias habilidades, confiar en sí mismo. Clarificación de valores. Desarrollar habilidades para comprender mejor a los demás. Desarrollar un respeto por los demás y por sí mismo. Mejorar las comunicaciones interpersonales y el clima de clase. Mejorar las habilidades sociales e interpersonales mediante el entrenamiento en la solución de problemas sociales. Sociometría y cohesión de grupo. Ser capaz de desarrollar objetivos personales y planes futuros.

Enseñanza, aprendizaje (orientación escolar). Desarrollo de habilidades de estudio. Desarrollo de la eficiencia lectora. Desarrollo de estrategias de aprendizaje. Evaluación y seguimiento del proceso de aprendizaje individual y de grupo. Superar dificultades de aprendizaje.

Maduración vocacional (orientación profesional). Integración de la orientación profesional en el currículum. Información sobre el mundo del trabajo. Conocimiento de las nuevas profesiones. Aproximación al conocimiento de las profesiones a partir del tema de los oficios. Fijar la orientación en PCC. Capacitación para el proceso de toma de decisiones. Autoconocimiento.

Enseñanza secundaria (12-16):

Desarrollo personal y social (orientación personal). Desarrollar técnicas aplicadas de clarificación de valores. Saber enfrentarse a cualquier situación de la vida real. Aprender a pensar sobre sí mismo y sobre los demás. Aprender a autocontrolarse. Aprender a relajarse. Aplicación de programas de desarrollo cognitivo. Facilitar información sobre el propio sujeto y el medio.

Enseñanza, aprendizaje (orientación escolar). Desarrollo de habilidades y estrategias de estudio. Desarrollo de la eficiencia lectora. Desarrollo de habilidades cognitivas (concienciación, autonomía e inte-

gración). Realizar orientación respecto a las dificultades de aprendizaje. Adaptaciones curriculares basadas en las características del grupo. Evaluación continua, estudio de casos. El estudio diferenciado de las materias.

Maduración vocacional (orientación profesional). Autoconocimiento. Orientación académica. Estudios post-obligatorios. Posibilidad que ofrece el bachillerato y las enseñanzas técnico-profesionales. Conocimiento de las profesiones. Afrontar el consejo orientador. Variedad de trabajos incluidos en una ocupación. Habilidades para la búsqueda de empleo. Seguimiento de toma de decisiones.

Enseñanza secundaria (16-18):

Desarrollo personal y social (orientación personal). Igual especificación que en la primera etapa.

Enseñanza, aprendizaje (orientación escolar). Como se indica en la primera etapa.

Maduración vocacional (orientación profesional). Orientación académica. Orientación profesional: vertiente individual y social. Información sobre la demanda laboral. Transición a la vida activa. Itinerarios de inversión laboral.

ORIENTACIÓN ESCOLAR. Actuaciones encaminadas a ayudar a los alumnos y alumnas en cuestiones relacionadas con sus estudios, atendiendo de manera particular al proceso evolutivo del aprendizaje de cada uno de ellos.

La orientación escolar tradicional, limitada a la tarea de resolver problemas de aprendizaje o dificultades de integración en la escuela, ha sido reemplazada por un tipo de orientación integral que suele formar parte de la acción tutorial y/o del gabinete psico-pedagógico.

Este tipo de orientación será diferente según el nivel educativo de que se trate, pero en todos los casos se realizará de acuerdo con los principios de individualización, atendiendo a los intereses, capacidades, aptitudes, necesidades y posibilidades de cada alumno/a en particular.

ORIENTACIÓN PERSONAL. Proceso de ayuda a un individuo con el fin de que logre el máximo desarrollo personal posible, a través del conocimiento de sí mismo, la clarificación de sus valores, actitudes y sentimientos, la autoestima y la confianza en sí mismo. En lo sustancial, se trata de ayudar/orientar al alumno/a para que opte por un proyecto de vida personal que dé sentido a su propia existencia.

ORIENTACIÓN PROFESIONAL. Asesoramiento y orientación prestados a un individuo con vistas a resolver problemas de elección de profesión o de ubicación en el tipo de actividad que más le conviene teniendo en cuenta las características del interesado: aptitudes, nivel intelectual, carácter, gustos, aspiraciones actitudes, tendencias y motivaciones. En la orientación profesional se han de tener en cuenta, también, circunstancias del contexto social en que se vive, de manera especial la oferta y la demanda profesional que existen en un momento histórico determinado.

ORIENTACIÓN VOCACIONAL. Servicio, generalmente a cargo de psicólogos, que orienta y aconseja a los alumnos/as a elegir estudios universitarios o una dirección profesional.

P

PANEL. Técnica grupal que consiste en la discusión de un tema por parte de un grupo pequeño de personas (4-6) que dialoga (no que expone como en la mesa redonda), ante un grupo o auditorio, exponiendo sus puntos de vista. Esta técnica permite conocer diferentes formas de enfrentar o considerar un problema; ayuda a identificar y clarificar una situación problema y sus posibles formas de abordarla, mostrando las ventajas y desventajas de una posible línea de acción; facilita la comprensión de diferentes aspectos u opiniones en torno a una cuestión.

En estadística, se utiliza el término para designar el grupo de personas elegidas según un procedimiento de muestreo que se utiliza como unidad representativa en las investigaciones de mercado y en los sondeos de opinión pública.

PARTICIPAR. Del latín *participare*, compuesto de *pars* (parte) y *capere* (tomar). Como indica la etimología del término, participar significa "tener parte" en una cosa. Se trata, pues, de un acto ejercido por un sujeto/agente que está involucrado en un ámbito en donde puede tomar decisiones. Tratándose de un término ampliamente utilizado en trabajo social y en las diferentes formas de intervención social, hay que advertir la equivocidad en su uso. No todo lo que se llama **participación** lo es en sentido estricto; hay formas muy variadas de simulación de la participación. Tanto en la acción política y la administración pública como en las organizaciones no gubernamentales, y aun en los mismos programas de trabajo social y en la prestación de servicios sociales, se suelen hacer ofertas de participación que no son otra cosa que formas de utilización de la gente de acuerdo con los intereses manifiestos o encubiertos de la institución u organización que propicia la participación. En unos casos, son formas de captación de clientela política; en otros, de atenuación de conflictos sociales; y, en algunos programas de acción social, constituyen una forma de incorporar mano de obra barata para atender a las necesidades y problemas de sectores populares.

Existen diferentes grados de participación de la gente conforme con el grado de control e incidencia que tienen sobre las decisiones. A este respecto, proponemos la siguiente escala sobre niveles de participación:

• La **participación como oferta-invitación**. Es el grado o nivel más bajo de participación, aunque en sentido estricto habría que denominarlo como pseudo-participación. Lo que se pretende es que la gente tome parte de las decisiones de quienes disponen lo que hay que hacer. Son los de "arriba" quienes invitan a participar a los de "abajo".

• Otro grado es la **participación como consulta**. En este caso, los responsables de realizar un programa consultan (cuando quieren), solicitando sugerencias o alentando a que la gente exprese sus puntos de vista sobre lo que se va a hacer o se está haciendo. En este grado de participación se puede distinguir entre la **consulta facultativa**, cuando sólo se participa si así les parece a quienes tienen el poder de decisión, y la **consulta obligatoria**, cuando dentro de la organización o del programa existen disposiciones que obligan a ello.

• Una forma más participativa es la llamada **participación por delegación**, que puede darse al interior de una organización (se delegan facultades de decisión), o bien delegando responsabilidades a las personas involucradas dentro de un programa que, en ciertos ámbitos o actividades, pueden tomar decisiones autónomamente.

• Tenemos también la **participación como influencia/recomendación**, que se expresa a través de la posibilidad y capacidad de influir mediante propuestas acerca de lo que hay que hacer, o presionando sobre los que, en última instancia, tienen poder de decisión.

• Un grado mayor de participación es la **cogestión**, en donde se establecen mecanismos de co-decisión y de colegialidad por los cuales la participación se transforma en algo institucionalizado.

• Y, por último, en el más alto grado de participación, está la **autogestión**. Cada uno interviene directamente en la toma de decisiones conforme con los lineamientos generales establecidos conjuntamente entre todas las personas involucradas. Se trata de "gestionar por uno mismo" y "gestionar según las propias normas", siempre que ello no afecte los legítimos intereses de los otros y del conjunto de la sociedad.

PATERNALISMO. Carácter de aquel que es paternal, es decir, que se comporta aparentemente como un padre. De ordinario, la palabra se utiliza, peyorativamente, para designar un modo de actuar de una persona (político, gobernante, educador, trabajador social, empresario, etc.), o de una institución, que asume una actitud protectora respecto de sus subordinados y, con el pretexto de ayudarlos, no deja que éstos asuman la responsabilidad que les corresponde como adultos.

Es una modalidad propia de la beneficencia y del asistencialis-mo que, al ayudar a otros, ejerce una tutela que sirve para controlar la conducta de los otros, basada en la consideración de inferioridad o de incapacidad de aquellos a quienes tutela.

PATOLOGÍA. Del griego *pathos* (estado morboso) y *logos* (estudio, tratado). Parte de la medicina que estudia las enfermedades en su etiología, pronóstico y tratamiento. Como ramas de la patología, puede hablarse de patología general, médica y quirúrgica.

PATOLOGÍA SOCIAL. Designación dada por algunos sociólogos al estudio de las llamadas enfermedades o anormalidades sociales: pobreza, crimen, delincuencia, dependencia de drogas, alcoholismo, etc. Cuando se incluyen estos problemas como formas de patología social, no hay inconvenientes en aceptarlos como tales. Sin embargo, cuando se incluyen como formas de patología social las conductas desviadas o las divergentes y se consideran patológicos todos los fenómenos, hechos o factores que impiden o reducen el ajuste social, se experimentan algunas dificultades teórico-prácticas: por una parte, hay que definir lo que es estado normal y deseable de la vida social; por otro lado, si consideramos que nuestra sociedad está enferma, existiría una patología de la normalidad, y las conductas desviadas podrían ser consideradas como signos de salud mental.

PATOLÓGICO. Perteneciente o relativo a la patología. Enfermizo, mórbido; todo lo que implica inadaptación, irresponsabilidad o sufrimiento. Dícese de un comportamiento extraño, cuyo carácter repetitivo se suele asimilar o comparar con una enfermedad.

PEDAGOGÍA. Del griego *pais* (niño) y *agó* (conducir).

El término suele utilizarse con tres alcances diferentes: haciendo referencia a lo pedagógico en general, o bien a la pedagogía como una disciplina singular y específica, y —en una tercera acepción— puede aludir a un título profesional.

Cuando se habla de lo pedagógico en general, se alude a los medios de acción que se utilizan en el sistema educativo. Con este alcance, el término "pedagogía" haría referencia a un conjunto de procedimientos y medios técnico-operativos que orientan el proceso de enseñanza/aprendizaje.

Como disciplina singular y específica, hace referencia a la organización sistemática de conceptos y principios referidos a la educación. Tiene un carácter interdisciplinario en cuanto integra teorías de referencia provenientes de diferentes ciencias conexas: psicología, sociología, antropología, lingüística y biología como las de mayor incidencia en su configuración. Con este alcance la pedagogía es un cuerpo teórico cuyo propósito es iluminar la práctica educativa.

Por último, se utiliza el término con una tercera acepción para hacer referencia a un título profesional. Así se alude a la titulación de licenciado o doctor en pedagogía.

Como se indica en el Informe de la Comisión Internacional para el desarrollo de la Educación —publicado con el título de *Aprender a ser*—, la pedagogía, al igual que todas las ciencias, "ha estado sometida en nuestra época a transformaciones amplias hasta el punto de que el concepto mismo ha sido modificado. Gracias a todo un conjunto de ciencias conexas, la pedagogía ha reforzado sus aspectos científicos. Allí donde sólo se veía un arte —el arte de enseñar—, se encuentra hoy día una ciencia cada vez más sólidamente construida".

PEDAGOGÍA FAMILIAR. Es una rama poco desarrollada, cuyo propósito es estudiar la dimensión educativa que se puede dar en el seno de la familia, habida cuenta de que no siempre la familia contribuye al desarrollo personal de sus miembros.

PEDAGOGÍA INSTITUCIO-NAL. Corriente pedagógica que aplica el análisis institucional a las instituciones educativas. Esta concepción pedagógica es un enfoque eminentemente psicosociológico de la institución escolar y de sus relaciones con el contexto del que forma parte y en el que realiza sus actividades. Este contexto impone —según los teóricos de la pedagogía institucional— un modo de actuar que lleva a someter a los alumnos a la aceptación de las normas sociales y pautas culturales vigentes, sin mostrar preocupación por el desarrollo personal de los mismos.

La alternativa pedagógica propuesta —M. Lobrot y F. Cuny son las figuras más representativas de esta corriente— consiste en que los propios alumnos han de ser quienes establezcan las pautas y reglas de funcionamiento del centro educativo al que asisten. La pedagogía institucional ha inspirado algunas experiencias de autogestión educativa, en cuanto es una propuesta de elaboración de nuevos modelos institucionales democráticos y participativos en el contexto de una sociedad jerarquizada.

PEDAGOGÍA OPERATORIA. Esta concepción pedagógica tiene como punto de partida el modo natural de aprendizaje de los seres humanos, llevado a cabo a través de un proceso de actividad, ensayo y descubrimiento; está fundamentada en la psicología de Wallon y Piaget.

Frente a la pedagogía tradicional, verbalista y pasiva, cuya gran preocupación es proporcionar la mayor cantidad posible de saberes (que luego hay que repetir en los exámenes), la pedagogía operacional se basa en la idea de que el aprendizaje sólo se da efectivamente si hay una intervención activa del que aprende. Consecuentemente, la práctica educativa debe estructurarse de tal modo que el educando sea el protagonista de su propio aprendizaje. Esto supone no sólo la actividad intelectual del sujeto, sino también su implicación afectiva y social.

PEDAGOGÍA SOCIAL. La pedagogía social (que en algunos autores es difícil de diferenciar de la sociología de la educación) se estructura a partir del supuesto de que no es posible concebir la educación separada de la sociedad. Se trata, pues, de una cuestión de vieja data: ya en 1902, Durkheim había puesto de manifiesto la íntima relación existente "entre los cambios sociales y las transformaciones de los sistemas escolares que acompañan a esos cambios de estructura".

Desde esa perspectiva, la pedagogía social sería el estudio de las acciones y respuestas educativas que deben ser previstas como consecuencia de las nuevas realidades que producen los cambios sociales y que generan las políticas públicas, especialmente en los ámbitos de la economía y de la política educativa. Así concebida, la pedagogía social es una forma de intervención en la atención y solución de los problemas sociales, proporcionando pautas operativas para incidir en las situaciones sociales a través de la acción educativa.

Precisando esta idea general, José María Quintana propone una concepción binaria de la pedagogía social: *a)* como ciencia de la educación social de individuos y grupos (cuidar de una correcta socialización de los individuos), *b)* como forma de intervención pedagógica para atender problemas humanos y sociales que pueden ser tratados desde instancias educativas.

PEDAGOGO. El término es utilizado con dos alcances principales:
- el que educa o instruye a otro, el que realiza e impulsa la educación de los demás;
- el especialista o estudioso de la pedagogía.

Si nos atenemos al primero de los alcances, podemos decir que todo docente es un pedagogo/a, y lo es, también, toda persona que tiene la capacidad de la educatividad; es decir, que posee la cualidad o energía de formar/educar a otros a través de acciones o procesos. En el segundo caso, se llama pedagogo a quien tiene una formación teórica específica en el campo de la pedagogía.

PERFIL EDUCATIVO. Concepto utilizado para hacer referencia a los estudios de la situación educativa de un país y de los aspectos contextuales (geográficos, demográficos, económicos y sociales) que la condicionan.

PERFIL PSICOLÓGICO. Gráfico de los resultados obtenidos por un mismo sujeto en diferentes *tests,* que permiten una interpretación rápida y fácilmente utilizable de los puntos fuertes y débiles del mismo.

PERIÓDICO ESCOLAR. Un periódico escolar es, al mismo tiempo, un recurso didáctico y un medio de comunicación. En cuanto recurso didáctico, a través de la preparación y confección del periódico, los alumnos/as se ejercitan en la redacción, dibujo e ilustración de textos. En ese sentido, sirve para aplicar los conocimientos adquiridos en los cursos de lengua, literatura, dibujo y educación plástica. Aprenden también a diagramar, diseñar y maquetar; y, en general, conocen (aunque sea de forma elemental) la estructuración y organización del periódico.

Como medio de comunicación, da otra dimensión a la comunicación entre los alumnos, permite vincular la escuela y la familia, desarrollar la capacidad de cooperación y de trabajo en equipo, con todo lo que ello implica de comunicación interpersonal y grupal.

En una escuela, esta tarea puede realizarse de tres modalidades o maneras diferentes:

• **Periódico del colegio**: en este caso suelen participar principalmente los alumnos de los últimos cursos.

• **Periódico de clase**: como su denominación lo indica, es el que se realiza en una clase. Es más apto para alumnos de cursos inferiores.

• **Periódico mural**: en el que pueden participar todos. En él predominan las ilustraciones, gráficos, títulos y textos cortos.

PERÍODO DE PRÁCTICA. Tiempo durante el cual los alumnos de una escuela realizan una práctica en una institución, comunidad o campo de trabajo para su entrenamiento práctico, bajo la responsabilidad y orientación de un supervisor.

PERSONA. Del latín *persona,* que se remonta tal vez al griego *prosopon* (rostro, semblante), a través del etrusco *phersu* (máscara).

Definida por Aristóteles como "animal racional" y por Boecio como "sustancia individual de naturaleza racional", fueron las definiciones clásicas hasta el medioevo. En el mundo moderno la persona ha sido definida de diversas maneras: "el ser capaz de autodeterminación moral" (Kant), "un momento de la evolución de la idea" (Hegel), "el animal que puede prometer" (Nietzsche), "el animal que puede decir no" (Scheler), "el animal simbolizante" (Cassirer), "el animal que se engaña a sí mismo" (Ernst), "el pastor del ser" (Heidegger), "un ser que tiene la idea de la muerte" (Lacroix). El personalismo subraya su carácter relacional; a la persona la caracteriza el "entre", encuentro del yo y el tú (Buber), la "tensión ética desde el rostro del otro" (Lévinas), el "compromiso de la acción" (Mounier), la "complejidad e inagotabilidad inobjetivable" (Marcel) o la "estructura totalizante que es la inteligencia sintiente" (Zubiri).

PERSONAL DOCENTE. Llamado también personal de enseñanza, comprende el conjunto de personas que, en un centro educativo (profesores y maestros), son responsables de cursos dentro de la institución educativa.

PERSONAL EDUCATIVO. Conjunto de profesores, maestros, psicólogos, psicopedagogos, jefes de trabajos prácticos y de laboratorio, y todos aquellos que realizan una tarea educativa dentro de una institución docente, aun sin ser responsables de cursos.

PERSONALIDAD. En sentido corriente, designa el conjunto de rasgos y notas distintivas de una persona que la distinguen de las demás, como cuando se dice "la personalidad del nuevo director". O bien se adjetiva, destacando de ese modo aspectos parciales de una persona (así, se habla de personalidad política, personalidad científica, etc.).

Su acepción científica es propia de la psicología y designa una totalidad estructurada en una síntesis radical, única y dinámica de los aspectos, funciones y mecanismos psicológicos (conscientes e inconscientes) que, apoyados en lo biológico, el individuo adquiere a través de su historia, en relación o apertura con su mundo o circunstancia.

PERSONALIDAD BÁSICA. Expresión acuñada por Linton y Kardiner, en sus estudios sobre las relaciones e influencias recíprocas de la cultura y la personalidad. Se basa en una interpretación psicoanalítica de la personalidad, en la que se resta importancia a los factores biológicos y se hace hincapié en el análisis de los factores primarios, principalmente la familia, que tiene una influencia decisiva en las experiencias infantiles y, consecuentemente, en la formación de la personalidad básica. Designa la configuración de la personalidad compartida por la mayoría de las personas que viven en una misma sociedad, como resultado de las primeras experiencias culturales que tuvieron en común y que constituyen una infraestructura inconsciente subyacente en cada individuo.

Concepto similar, pero no equivalente, al de "carácter social" y al de "carácter nacional". Se diferencia fundamentalmente de éstos por el énfasis que se pone en la consideración de la influencia del tipo de socialización sobre el desarrollo de la personalidad.

PERSONALISMO. Se aplica esta denominación a toda doctrina que reconoce a la persona humana como valor absoluto. Ninguna "razón" de Estado, ningún proyecto político, ningún cambio de sistema, ningún plan o programa, ninguna técnica social tiene derecho a instrumentalizar a la persona humana o considerarla un medio, una cosa o un cliente. La persona es un fin y su valor es incomparable; en este sentido, es un absoluto.

El personalismo no es un sistema, una idea acabada del hombre, de la que se sacan deducciones sobre lo que hay que hacer, aplicables a todas las latitudes y circunstancias, sino que es siempre algo inacabado. El personalismo no es un sistema o doctrina que aspira a la verdad universal, absoluta y eterna; sino una actitud, una búsqueda constante porque lo único estable en la sociedad es el cambio, y lo único permanente en el hombre es su "hacerse", su continua creación.

PERSONAL NO DOCENTE. Como su denominación lo indica, se trata del personal que trabaja en una institución educativa realizando funciones no docentes, pero que contribuyen a la labor educativa.

En los centros educativos que tienden a una organización y funcionamiento más participativo, no sólo se lo considera como parte de la comunidad educativa, sino que también tiene participación en alguno de los órganos colegiados responsables de la gestión del centro.

PERSUASIÓN. Acción que se ejerce sobre alguien a fin de convencerlo con razones para que crea en algo o para inducirlo a hacer alguna cosa. Acto de ganarse a las personas a través de una comunicación persuasiva a fin de que cambien de opinión, de conducta o actitud. Aprehensión o juicio que se forma un individuo en virtud de razones y argumentos bien fundamentados.

PLAN DE ACTIVIDADES. Esta expresión suele utilizarse para indicar el conjunto de actividades que se van a desarrollar en el aula en un período determinado, con cierto margen de indeterminación para adecuar la secuenciación a circunstancias no previstas y al ritmo de aprendizaje de los alumnos.

PLAN DE ESTUDIOS. Conjunto de asignaturas repartidas por cursos o años de estudio, indicando contenidos y actividades para desarrollar, cuya superación da derecho a la obtención de un certificado, diploma o título.

PLANIFICACIÓN EDUCATIVA. La idea de aplicar criterios de racionalidad y los procedimientos técnicos propios de la planificación a un área de la actividad humana como es la educación ha tenido una larga evolución desde mediados de los años cincuenta en que se comenzó a hablar de la planificación educativa. El seminario sobre Planeamiento Integral de la Educación auspiciado por la UNESCO y la OEA (Washington, 1958) es el hito referencial que indica el co-mienzo de la planificación educativa. Pocos años después —en 1962—, Argentina, Colombia, Costa Rica, Cuba, Ecuador, El Salvador, Guatemala, Honduras, México, Nicaragua, Panamá, Paraguay, Perú y Venezuela tenían establecidos servicios de planeamiento educativo, que era la terminología utilizada en esa época. Esta preocupación tuvo sus mayores expresiones en las intenciones y en la retórica de las reuniones internacionales, pero fue tremendamente pobre en las realizaciones concretas.

La planificación educativa nació vinculada a los problemas administrativos y económicos de la educación, ya que existía una gran desarticulación y mala gestión en los sistemas educativos. Posteriormente, el enfoque fue fundamentalmente económico: la planificación educativa tenía por finalidad lograr una mejor forma de inversión de capital social básico, que era la forma en que se consideraba la educación. A partir de este enfoque general, se utilizaron diferentes métodos: previsión de las necesidades de mano de obra, método de la relación educación-rendimiento y método de evaluación de recursos humanos. Más tarde, la planificación educativa puso el acento en lo sociológico, atendiendo de manera particular las formas de superar aquellos factores sociales que son causa de fracaso u obstáculo para el desarrollo de programas educativos. Por último, fue surgiendo el enfoque con acento en lo pedagógico; como se dijo en ese momento, la planificación educativa debe servir para ayudar a buscar respuestas al problema denominado "crisis del currículum".

Estos diferentes enfoques, válidos parcialmente (en lo que consideran), e insuficientes (en lo que dejan fuera), llevaron a plantear la necesidad de un enfoque integrador de carácter interdisciplinario. Se comienza a hablar de planeamiento integral de la educación, utilizando la palabra "integral" con cuatro alcances: *a)* porque debía proporcionar una educación integral, que atendiese todas las dimensiones del ser humano y de la sociedad; *b)* porque pretendía alcanzar todos los niveles y modalidades del sistema educativo; *c)* porque debía tener en cuenta las metas de los planes de desarrollo económico y social, y la identidad cultural de cada país, y *d)* porque debía atender tanto los aspectos cuantitativos como los cualitativos de la administración y financiamiento educativos.

A medida que fue perdiendo impulso el entusiasmo por la planificación y se fueron desmantelando las oficinas existentes, y sin que se haya elaborado ningún plan integral de educación, la planificación educativa descendió al ámbito de actuación de los docentes. Desde esos grandes planteamientos a escala macro-social (planeamiento integral de la educación), que nunca se llevaron a cabo, hasta las formulaciones actuales, la planificación educativa ha ido apuntando a tareas más modestas (si las comparamos con lo que antes se proponía), pero realizables.

Actualmente, sin excluir las tareas de programación a nivel global, necesarias para articular el funcionamiento del sistema educativo en su conjunto, la planificación en el ámbito de la educación se realiza exclusivamente a nivel micro-social, con el propósito de:

• Programar las actividades del establecimiento o institución educativa.

• Elaborar el proyecto educativo del centro o institución docente.

• Desarrollar el proyecto curricular a nivel de institución educativa.

• Las programaciones de aula, tarea que no por ser tradicional es menos exigente en cuanto a la necesidad de introducir criterios de racionalidad.

PLURALISMO. El término se aplica a diferentes tipos de realidades; así, puede hablarse de pluralismo en lo filosófico, sociológico, ideológico, religioso, cultural y en las ideas políticas.

Como actitud vital, el pluralismo significa aceptar la pluralidad de tendencias y aspectos diferenciales que se dan en el mundo moderno, en todos los ámbitos de la realidad humana. Implica aceptar la coexistencia de religiones, ideologías, filosofías, culturas, ideas y el derecho a la libre expresión de las mismas. Si además se acepta que los otros pueden tener parte de razón o una posición más aceptable o verdadera, esto supone una disposición de ánimo pronta a oír y subordinar el propio punto de vista a las perspectivas o puntos de vista de los demás.

POLIMODAL. Término utilizado en Argentina y que fue introducido con la reforma educativa y en la Ley Federal de Educación (1993), para designar dentro de la estructuración del sistema educativo lo que antes se denominaba educación media o secundaria. Al terminar la Educación General Básica, comienza el bimodal, que tiene tres años de duración y cinco modalidades diferentes: Ciencias Naturales, Salud y Ambiente; Economía y Gestión de las Organizaciones; Humanidades y Ciencias Sociales; Producción de Bienes y Servicios; Artes, Diseño y Comunicación.

Según la Ley Federal de Educación, la organización del ciclo polimodal incorporará "con los debidos recaudos pedagógicos y sociales, el régimen de alternancia entre la institución escolar y las empresas". El polimodal no es obligatorio, como el nivel inicial y la EGB, pero es requisito para el nivel terciario y universitario.

Tradicionalmente, la escuela media —en casi todos los países— se caracterizó por ofrecer diferentes modalidades (bachillerato, comercial, técnica, agropecuaria, artística, etc.). El bachillerato sólo servía como paso hacia la universidad, mientras que las otras opciones ofrecían una formación profesional específica. En muchos casos, suponían opciones personales no suficientemente maduras, habida cuenta de la edad del alumnado que asistía a las mismas.

La escuela polimodal pretende integrar los saberes provenientes de los ámbitos humanístico, social, científico y técnico. De ahí su organización única y diversificada a la vez. La polimodal ofrece una formación con un fundamento común para todas las orientaciones, al mismo tiempo que pretende una polivalencia de conocimientos que pueden ser aplicados a la resolución de problemas en diversos campos de acción y en diversas situaciones de la realidad.

Fundamentada en principios de integración, la educación polimodal procura vincular educación-trabajo y educación-realidad, tendiendo hacia una cuádruple integración: *a)* entre formación humanística, social, científica y técnica; *b)* entre función propedéutica y función terminal; *c)* entre formación general y formación orientada, y *d)* entre educación formal y educación no formal.

POLÍTICA EDUCATIVA EDUCACIONAL. Conjunto de medidas y disposiciones legales por medio de las cuales se establecen los lineamientos generales para la realización de los objetivos de la educación dentro de un ámbito determinado (nación, provincia, municipio).

POTENCIALIDAD DE APRENDIZAJE. Esta expresión se utiliza con diferentes alcances. En sentido lato, designa la capacidad de aprender. También se emplea para hacer referencia al fenómeno de la modificabilidad humana que se consigue a través de una situación de aprendizaje estructurado.

PRÁCTICA. En general, lo que es acción o concierne a la acción. Lo que es traducible en acción. Actuación operativa sobre la realidad, modo o procedimiento de actuar. Ejercicio, de cualquier arte o facultad, realizado conforme con sus reglas u operaciones particulares; destreza adquirida con este ejercicio.

Proceso de transformación de una materia prima en un producto. Actividad que pone en obra los principios de un arte, técnica, ciencia o doctrina.

Contraste o confrontación experimental para establecer la validez de una formulación teórica. También se dice de lo realizable o de lo que puede llevarse a cabo. Por oposición a teoría (que tiene un carácter especulativo), aquello que se hace.

PRÁCTICA DOCENTE. Actividad de enseñanza y aprendizaje práctico, que se realiza durante el período de formación, en un centro educativo, durante un tiempo determinado, con el fin de adquirir las capacidades específicas de la actividad docente.

PRÁCTICA SOCIAL. La práctica social es un aspecto esencial de ser hombre, hasta el punto de que puede afirmarse que el hombre y la humanidad se hacen en esta práctica social. "Toda la vida social —decía Marx— es esencialmente práctica."

A partir de esto (que los seres humanos hacen su vida), dos aspectos inseparables aparecen como expresión de la práctica social: las relaciones del hombre con la naturaleza y las de los hombres entre sí. Pero ¿cómo se expresan estas relaciones? Existe una forma fundamental: la actividad productiva por medio del **trabajo**, ya que las relaciones con la naturaleza y con los hombres, las relaciones sociales, son fundamentalmente relaciones de producción. Y como en estas relaciones, a lo largo de la historia, se han presentado antagonismos, la lucha de clases aparece como otra forma de práctica social. Pero hay más: también la **ciencia**, el **arte**, la **moral** son formas de práctica social. Los conocimientos científicos surgen de esa práctica; sin la prueba de verificación que ella da, no pueden ser considerados como tales. El arte expresa un modo de actividad humana de aprehensión estética de la realidad. Y, por último, la moral, como estilo o modo de relacionarse entre los hombres, es también una práctica que se origina en las condiciones materiales de existencia.

PRÁCTICAS SUPERVISADAS. Actividades de enseñanza práctica, en situaciones reales, que, bajo la supervisión de un profesional, realizan durante un tiempo determinado los alumnos de una institución docente, con el fin de adquirir capacidades en la realización de tareas profesionales específicas. Se trata de una forma de capacitación profesional en la que los alumnos aplican los conocimientos aprendidos en las clases y, al mismo tiempo, van conociendo cómo es realmente la práctica profesional. Esta posibilidad de aplicar los conocimientos aprendidos en las clases suele tener algún desajuste con las prácticas concretas que realiza. Esta situación, a veces, produce en el estudiante algún descontento respecto de lo que debe ser el ejercicio de la profesión.

PRAGMATISMO. Concepción filosófica que plantea como criterio de verdad de un conocimiento o de una idea su fecundidad para la acción y su utilidad. La ciencia y en general todo conocimiento está subordinado a la praxis.

A finales del siglo XX, el pragmatismo aparece también como la legitimación de una moral personal, profesional y/o política, orientada hacia el éxito. Este éxito de carácter individual se presenta como la realización del principal logro del proyecto de vida personal.

PRAXIOLOGÍA. Término acuñado por el filósofo polaco T. Kotarbinski (1965), para hacer referencia a la teoría por él formulada como "teoría de la acción racional" o de la "solución creativa de problemas prácticos". Estudia, en general, los métodos y procedimientos que permiten llegar a unas conclusiones operativas, con el objetivo de realizar una acción eficaz. La praxiología se ha aplicado fundamentalmente a la investigación operacional, a la programación y a la cibernética.

PRECOCIDAD. Cualidad de niños que manifiestan un avance madurativo, al acceder a determinadas capacidades intelectuales en edades más tempranas que la generalidad.

Se trata fundamentalmente de un fenómeno evolutivo que se da dentro del procesos de desarrollo cognitivo de 0 a 14 años. Un niño o niña precoz no necesariamente es talentoso o superdotado; ni todas las personas talentosas o superdotadas han sido precoces.

PREESCOLAR. Llamado también nivel inicial. Es la formación que reciben los niños y niñas antes de su ingreso en la escuela primaria o enseñanza general básica.

PREJUICIO RACIAL. Llamado también prejuicio étnico. Opiniones, sentimientos y actitudes de hostilidad y discriminación dirigidas contra los miembros pertenecientes a otras razas consideradas inferiores desde el punto de vista de la propia raza.

PREJUICIO SOCIAL. Actitud y postura de hostilidad social dirigida contra los integrantes de otro grupo social, no basada en hechos, sino en juicios anticipatorios.

PROBLEMA. Del griego *próblema*, derivado del verbo *proballein* (poner delante, proponer), compuesto de *pro* (delante) y *ballein* (arrojar). Dificultad, teórica o práctica, cuya solución es incierta.

Cuestión que se trata de aclarar o resolver, planteada en forma interrogativa. Algo que puede ser hecho, demostrado o encontrado. Toda situación considerada como difícil de resolver, de ser dominada o solucionada.

PROBLEMA RACIAL. Problema creado en algunos países, particularmente Estados Unidos y Sudáfrica, como consecuencia de los prejuicios que la población blanca tiene y de las discriminaciones que hace respecto de la población negra y mulata.

PROBLEMA SOCIAL. Situación social de desequilibrio, desajuste, desorganización o falta de armonía, o situación normal que, en su proceso de crecimiento, enfrenta una crisis que obliga a una reformulación radical. Los problemas sociales son los que constituyen las cuestiones inquietantes que se dan en el seno de una sociedad y en relación con los cuales se tiene conciencia de la necesidad de encontrarles soluciones.

También se denominan problemas sociales aquellos que no pueden ser solucionados por una persona individualmente, aunque algunas veces sean problemas domésticos (como es el caso de un anciano que en su propio domicilio necesita de una atención domiciliaria), hasta otros, como el efecto de invernadero y el deterioro de la capa de ozono, que exigen una intervención internacional.

PROBLEMÁTICA. Término utilizado para considerar un conjunto de problemas, más o menos delimitados y definidos, que se estructuran alrededor de una situación, hecho, fenómeno, tema o circunstancia.

PROCEDIMIENTO. Del latín *procedere*, compuesto de *pro* (delante) y *cedere* (avanzar). Forma de hacer las cosas para lograr un objetivo determinado realizando pasos u operaciones concretas de manera precisa y gradual.

Conjunto de acciones ordenadas y articuladas entre sí que están orientadas a la consecución de un objetivo. Forma de encarar el estudio de una acción; por lo general, en este caso, se trata de una técnica.

PROCEDIMIENTOS DIDÁCTICOS. Modo de organizar y presentar una asignatura de cara a obtener un rendimiento óptimo, ya sea por el plan elaborado en el desarrollo de un tema o bien por la técnica específica utilizada como soporte: uso de la pizarra, audiovisuales, retroproyector, vídeo, etc. Es importante tener en cuenta que los procedimientos didácticos no son, en sí mismos, garantía de aprendizaje; sólo tienen un carácter instrumental.

PROCESO. Conjunto de fases sucesivas de un fenómeno o de una técnica, conducente a un determinado resultado. Acción que se desarrolla a través de una serie de etapas, operaciones y funciones, que guardan relación mutua y tienen un carácter continuo.

Sucesión sistemática de cambios en una dirección definida, susceptible de recibir un nombre (proceso de ósmosis, de socialización, de tropismo, de institucionalización, del trabajo social, etc.).

PROCESO DE ENSEÑANZA/APRENDIZAJE. Enfoque o perspectiva psicológica que considera la enseñanza y el aprendizaje, más que como resultado o producto, como un conjunto de fases sucesivas, tendientes a desarrollar y perfeccionar hábitos, actitudes, aptitudes y conocimientos de las personas.

Dícese, asimismo, de las actividades puestas en acción para promover el aprendizaje: estudio, práctica, trabajo grupal, controles de lecturas, etc.

PROCESO ÉTNICO. Se denomina así a los procesos de cambio, tanto evolutivos como transformativos, a nivel de todos los pueblos del mundo. El proceso étnico es un hecho consustancial a los contactos y al desarrollo de los pueblos (*etnos*). Por sus características más generales, hay dos tipos de procesos étnicos: la división y la unión étnica. Los procesos unificadores se pueden clasificar, a su vez, en: consolidación etnogenética, consolidación intraétnica, mixación (o fusión) etnogenética, integración interétnica y asimilación étnica.

La tendencia contemporánea a nivel mundial está encaminada a la realización permanente de procesos étnicos de tipo unificador.

PROCESO SOCIAL. Conjunto de cambios en las relaciones sociales que tienen una dirección definida y que producen unos resultados específicos.

Para determinadas corrientes sociológicas, los procesos sociales básicos son: la cooperación, la acomodación, la asimilación, el conflicto, la competencia y la oposición.

PROFESIÓN. Empleo, actividad u oficio al que una persona se dedica de modo principal y habitual, y que posee las siguientes características:

• Competencia en un campo particular, cuyo cuerpo codificado de conocimientos es adquirido por medio de una formación/ aprendizaje específico, sancionado en su validez por la autoridad competente con facultades legales para dar un carácter de legitimación.

• Dominio de una serie de capacidades y destrezas propias. Seguimiento de determinados procedimientos y modos de actuación a los que deben ajustarse quienes pertenecen a ese cuerpo profesional.

• Aceptación y cumplimiento de un código de ética (deontología o ética profesional), al que deben ajustarse quienes pertenecen y ejercen una determinada profesión.

• Actividad laboral que sirve como medio de vida y que suele otorgar determinado prestigio o autoridad profesional.

Una profesión puede servir también —pero esto va más allá de sus características— como forma de realización personal dentro del ámbito laboral o de un proyecto de vida personal.

PROFESIÓN MARGINAL. Profesión considerada nueva y que resulta de la mayor difusión social del trabajo o especialización en una sociedad determinada, o de la realización de una tarea que no era considerada profesional y que ahora excluye de la misma a las profesiones tradicionales. Se considera profesión marginal aquella que, independientemente del número de profesionales que la ejerzan, en el conjunto de la demanda social ocupacional tiene un porcentaje muy reducido.

PROFESOR. Persona que enseña una ciencia, técnica o arte. La función de profesor —como se dice en un documento de la UNESCO— es una forma de servicio público. Para su desempeño se necesita de competencia (conocimiento de la asignatura, arte o técnica que enseña y preocupación por una puesta al día permanente) y coherencia (actuar conforme con la escala de valores a la que dice adherirse).

PROFESOR ITINERANTE. Esta denominación se utiliza para designar a los profesores que dan sus clases o realizan sus actividades en diferentes instituciones educativas, ya sea porque enseñan algo muy específico (teatro, recuperación del lenguaje, fotografía, etc.), que no exige dedicación en una sola institución, o bien porque, para cubrir unos ingresos mínimos, deben tomar horas de clase en diferentes institutos. En Argentina se los llama —a estos últimos— "profesores taxis".

PROGRAMACIÓN DE AULA. Se entiende la programación de aula como el instrumento con el cual los docentes organizan su práctica educativa, articulando el conjunto de contenidos, actividades, opciones metodológicas, estrategias educativas, utilización de textos, material, recursos didácticos, secuenciando las actividades que se han de realizar.

La programación de aula es el tercer nivel de concreción y especificación del currículum. Se puede afirmar que es en ese ámbito en donde se realiza, efectivamente, el proyecto curricular en su máxima concreción, aplicado a situaciones específicas.

PROGRESO. Acción de ir hacia adelante, avance hacia lo más perfecto, de lo menos bueno o imperfecto hacia lo mejor.

PROGRESO HUMANO. El término se utiliza, de ordinario, para indicar la evolución de la humanidad a estadios que significan, cualitativamente, un ascenso humano y un crecimiento de la conciencia psicológica y moral de la humanidad, que permite una creciente toma de conciencia acerca del valor de la persona en cuanto tal. Para Lessing y Kant, el progreso humano conduce gradualmente a la paz universal y perpetua.

Esta idea del progreso como avance continuo de la humanidad, tanto en lo material y en lo intelectual como en lo moral, tuvo su origen en la Ilustración. En el siglo XX, las guerras, el poder de destrucción de las armas atómicas, el riesgo de una catástrofe ecológica y los horrores de las persecuciones políticas han puesto en crisis la idea del progreso indefinido. Está claro que el progreso natural no necesariamente está acompañado de una mejora en la calidad de vida y de la felicidad humana.

PROGRESO SOCIAL. Movimiento y cambio de la civilización y de las instituciones sociales, políticas y económicas, en una dirección reconocida como mejor o más deseable. La idea de progreso social, de gran importancia en el pensamiento moderno y contemporáneo, ha tenido mucha incidencia en las concepciones sociales, políticas y económicas, a partir de la Ilustración.

PROMOCIÓN HUMANA. Forma de acción social o trabajo social que tiene por finalidad generar, en las personas, grupos o comunidades, una toma de conciencia de los propios valores y capacidades, la confianza en sí mismos y el paso de una conciencia ingenua e individualista a una percepción crítica de la situación en que se encuentran. La promoción humana busca, asimismo, potenciar la participación activa y responsable de la gente para que ella tenga un protagonismo en las transformaciones políticas, económicas, sociales y culturales.

PROMOCIÓN SOCIAL. En las diferentes metodologías de intervención social, esta expresión designa la acción para elevar a un conjunto de personas o grupo social a una situación más elevada o de mayor dignidad. Potenciación de los recursos de un grupo social, de una comunidad o de una sociedad.

La promoción social liberadora no es acción de una persona sobre otra, sino acción con y entre personas, mediatizadas por la realidad, con el fin de lograr una mayor calidad de vida.

En sociología hace referencia a la modificación del *status* de un individuo que tiene un ascenso o movilidad ascendente en la escala social.

PROMOTOR SOCIAL. Dícese del que realiza actividades y tareas de promoción social, haciendo las acciones conducentes a ese fin.

PROSPECTIVA. Término creado por Gastón Berger para designar el "estudio del futuro lejano"; más que un método o una disciplina, lo consideró como una actitud.

Estudio o indagación que tiene por objeto la previsión a largo término en la esfera de las ciencias humanas. Partiendo de la situación actual y teniendo en cuenta las causas técnicas, científicas, económicas y sociales de los cambios de la sociedad contemporánea, procura prever e imaginar las situaciones que podrían derivarse de las influencias conjugadas.

La prospectiva se diferencia de las proyecciones en que el futuro al cual hace referencia es considerado más allá de lo que puede estimarse como simple. Extrapolación hecha a partir de los datos conocidos del presente, la prospectiva es una exploración de las problemáticas futuras del hombre y de las sociedades. Quiere ser a la vez una reflexión científica sobre el porvenir considerado en su evolución y un esfuerzo de imaginación creadora.

Tiene una significación semejante a "futurología", término que utilizan preferentemente los norteamericanos. Prospectiva y futurología están en estrecha vinculación con la teoría y práctica de la planificación y con la formulación de estrategias.

PROYECTO. Designio, propósito o pensamiento de hacer algo. Previsión, ordenamiento o premeditación que se hace para realizar o ejecutar una obra u operación.

En sentido técnico, el alcance es similar: se trata de la ordenación de un conjunto de actividades que, combinando recursos humanos, materiales, financieros y técnicos, se realizan con el propósito de conseguir un determinado objetivo o resultado. Estas actividades se articulan, interrelacionan y coordinan entre sí, dentro de un plazo determinado y con las posibilidades y limitaciones que vienen dadas por los recursos disponibles.

PROYECTO CURRICULAR DE CENTRO. Como la misma expresión indica, se trata del currículum que cada institución educativa elabora. Para llevar a cabo esta tarea, se tienen en cuenta: el diseño curricular y la legislación educativa pertinente, el entorno y circunstancia en la que se va a realizar la tarea educativa, y el proyecto educativo del centro, la historia del centro y su situación actual.

La elaboración del proyecto curricular de una institución educativa, tiene tres propósitos fundamentales:

• Adecuar al contexto el proyecto educativo y el modelo curricular, es decir, adaptarlo a cada institución educativa, teniendo en cuenta las circunstancias de la misma en lo que se refiere a sus alumnos, docentes, contexto comunitario, infraestructura, equipamiento, etc. Todo ello para dar respuesta a las demandas específicas de una realidad concreta.

• Garantizar la coherencia de la práctica educativa dentro de la institución y en el marco del régimen de libertad de cátedra que es necesario respetar, pero que no significa que cada uno puede actuar a su aire.

• Ayudar al mejoramiento de la competencia y capacitación de los docentes, mediante la reflexión de su propia práctica y procurando explicitar los criterios que justifican las propuestas que se hacen, las decisiones que toman y los métodos que utilizan.

El proyecto curricular de centro ha sido definido por Del Carmen y Zabala como "el conjunto de decisiones articuladas y compartidas por el equipo docente de un centro educativo, tendiente a dotar de mayor coherencia a su actuación, concretando el diseño curricular de base en propuestas globales de intervención didáctica, adecuadas a su contexto específico".

PROYECTO EDUCATIVO INSTITUCIONAL. Se trata del proyecto elaborado en una institución, centro o establecimiento educativo, con el propósito de realizar una práctica educativa lo más coherente y eficaz posible, teniendo en cuenta su propia realidad. Serafín Antúnez lo ha definido como "un instrumento para la gestión —coherente con el contexto escolar— que enumera y define las notas de identidad del centro, formula los objetivos que pretende y expresa la estructura organizativa de la institución". Conforme con esos componentes principales, el proyecto educativo del centro, en cuanto eje vertebrador y referencia básica de toda la vida de la comunidad educativa, se formula teniendo en cuenta los lineamientos generales del proyecto educacional vigente en el país, las características de la comunidad en donde funciona el centro y partiendo de lo que el centro educativo ha sido —y es— al momento de elaborar el proyecto. Los elementos componentes para su formulación pueden resumirse en lo siguiente:

Rasgos de identidad: ¿Quiénes somos y qué pretendemos ser como institución docente?

Formulación de objetivos: ¿Cuál es la especificidad o peculiaridad de nuestra oferta educativa?

Concreción de la estructura organizativa: ¿Cómo nos organizamos y cómo vamos a funcionar?

El Proyecto Educativo Institucional (PEI), que es la terminología utilizada en Argentina, es equivalente al Proyecto Educativo de Centro, expresión utilizada en España.

PROYECTO PILOTO O PROYECTO EXPERIMENTAL. Proyecto que se lleva a cabo con el propósito de obtener toda la información y experiencia necesarias para que sirva como referencia a fin de realizar otros similares.

PSICODRAMA. Método terapéutico formulado por el psicólogo y psiquiatra rumano Jacob Moreno como un aspecto de la sociometría. Este procedimiento consiste en inducir a un individuo a reproducir sobre el escenario, ante un público, la estructura de una situación que previamente se ha clasificado como significativa en relación con la dificultad o problema que es objeto de tratamiento o investigación.

Se trata, pues, de un procedimiento de diagnóstico y de tratamiento para los problemas de personalidad, basado en la expresión dramática y la ficción escénica, para inducir o producir la catarsis de emociones y de contenidos afectivos, así como también para incitar a la espontaneidad con el fin de provocar la exteriorización de conflictos personales que hagan posible su análisis y resolución por parte del psicoterapeuta que actúa como director.

PSICOLOGÍA DE LA EDUCACIÓN. Existe un acuerdo bastante generalizado de que las teorías de referencia de mayor significación para la educación provienen de la psicología. Esta utilización de conocimientos relevantes de las disciplinas psicológicas responde —como explica Coll— "al convencimiento de que la aplicación coherente de los principios psicológicos puede ser altamente beneficiosa" en el ámbito educativo. Sin embargo, la psicología de la educación no se limita a la "aplicación de los principios psicológicos a los fenómenos educativos"; tiene una especificidad propia en cuanto disciplina científica (psicológica y educativa a la vez), cuyo objetivo de estudio, según Coll, son "los procesos de cambio comportamental provocados o inducidos en las personas como resultado de su participación en actividades educativas".

De acuerdo con la concepción de este autor, la psicología de la educación, en cuanto disciplina psicológica, tiene relaciones de interdependencia-interacción con las restantes disciplinas psicológicas; como disciplina educativa, contribuye con sus aportaciones a una mayor comprensión, planificación y mejora de los procesos educativos en una perspectiva multidisciplinar y, como disciplina de naturaleza aplicada, incluye conocimientos de naturaleza teórico-conceptual, de planificación y diseño y de intervención práctica. De ahí las tres vertientes o dimensiones que señala el mismo Coll:

• **Dimensión teórico-conceptual** (proporciona modelos interpretativos de los procesos de cambio comportamental provocados por las situaciones educativas).

• **Dimensión tecnológica-proyectiva** (contribuye al diseño de modelos y programas de intervención que aspiran a promover unos determinados procesos de cambio comportamental).

• **Dimensión técnico-práctica** (integrando los elementos anteriores, aporta solución a los problemas planteados en la praxis educativa).

PSICOLOGÍA GENÉTICA. Expresión creada por Piaget para designar el "estudio del desarrollo de las funciones mentales, en tanto que dicho desarrollo puede aportar una explicación o al menos una información complementaria sobre los mecanismos de aquéllos en su estado acabado. En otras palabras, la psicología genética consiste en utilizar la psicología infantil para encontrar la solución de los problemas psicológicos generales".

PSICOLOGISMO. Tendencia a reducir los problemas humanos a problemas psicológicos.

PSICOMETRÍA. Técnica empleada para la medición científica de las variables psicológicas que provocan un fenómeno psíquico, su duración y sus efectos. Los *tests* constituyen la base técnico-instrumental de la psicometría.

PSICÓPATA. Sujeto cuya personalidad está caracterizada por la incapacidad de establecer vínculos afectivos claros: no puede mantener una actitud de lealtad hacia personas, grupos, institución, código o norma de comportamiento. El psicópata suele tener una conducta antisocial e impulsiva: perversidad, conflictividad en las relaciones interpersonales, desacato de los valores y normas convencionales, etc.

PSICOPATOLOGÍA. Estudio de las causas, naturaleza y mecanismos de las conductas desviadas y comportamientos anormales, considerados como patologías o en enfermedades psíquicas.

PSICOSIS. Cuadro psicopatológico que se da en un grupo de enfermedades mentales caracterizadas por alteraciones más o menos profundas y duraderas en todas las áreas de la personalidad (pensamiento, afectividad y conducta). Suele entrañar en el paciente un conflicto visible o gran alteración en sus relaciones consigo mismo, y una grave distorsión en la capacidad para reconocer y manejar la realidad. Sus relaciones con los otros suelen estar en tal grado afectadas que se vulneran las normas más elementales de convivencia, expresando una marcada incapacidad para lograr una conducta adaptativa en las relaciones sociales.

Las psicosis más conocidas son: psicosis maniacodepresivas, paranoia y esquizofrenia.

Desde el punto de vista psicoanalítico, esta desestructuración de la personalidad se manifiesta en trastornos del yo, que se pone al servicio del ello.

En psiquiatría, la psicosis se diferencia de la neurosis y de los desequilibrios psíquicos. Se trata de una enfermedad mental aguda o crónica que deteriora a la persona y que puede desembocar en la demencia.

PSICOSOMÁTICO. Relativo o perteneciente a las interrelaciones existentes entre el psiquismo y el cuerpo. Dícese de los síntomas objetivos y de los síndromes funcionales relacionados de modo ostensible con un trastorno psíquico.

R

RACIONAL. Lógico, fundado, que responde a la razón, esto es, un pensar, sentir y obrar coherente con los datos de la experiencia y los principios organizadores del análisis. Basado en el razonamiento, según reglas del saber lógico y empírico. Dotado de razón.

RACIONALIDAD. Este término puede utilizarse con diferentes alcances:

1. **Cultural-ideológico**, conforme con el cual la racionalidad consiste en dar razones para actuar y puede expresarse como racionalidad lógica (se asume una conducta adecuada a ciertos valores) y como teleológica (se tiene un comportamiento apropiado a la consecución de fines por medios eficaces).

2. **Utilitarista:** la racionalidad consiste en saber utilizar medios apropiados para obtener objetivos coincidentes con los propios intereses.

3. Como **aplicación del principio Minimax** de la teoría de los juegos: una decisión es tanto más racional, cuanto más se maximizan las utilidades con el mínimo esfuerzo.

4. Como **procedimientos y técnicas de administración y planificación**, que son utilizadas de manera formal y sistemática por los sujetos que toman decisiones fundadas en el razonamiento. Las suposiciones o requisitos en que se basan estos procedimientos son los siguientes: *a)* conocimiento lo más completo posible de los factores y variables intervinientes; *b)* capacidad para ordenar prioridades y preferencias de acuerdo con criterios preestablecidos, que expresan el

sistema de valores de quien decide y los procedimientos técnicos con los que se establecen prioridades; *c)* capacidad para escoger la alternativa que maximiza la utilidad del sujeto u organización que toma la decisión.

5. **En la ciencia**, en donde se pretende la más alta expresión de racionalidad, ésta se entiende como "la aplicación de los principios de coherencia a los datos proporcionados por la experiencia". A la luz de esta definición propuesta por Morin, cabría indicar los diferentes elementos que componen la racionalidad propia de la ciencia: *a)* los datos de la experiencia (hechos, fenómenos, etc.); *b)* los métodos y técnicas para estudiar estos datos; *c)* el marco teórico referencial que orienta el discurso teórico ofreciendo un sistema de clasificación y de categorías de análisis, y que permite incorporar los hechos y las hipótesis dentro de un cuerpo general que posibilita la unificación sistemática del conocimiento científico; *d)* el paradigma que, como supuesto metateórico, configura una constelación de valores, creencias, problemas y técnicas que proporcionan un modo de organizar la lectura de la realidad.

RACIONALIZACIÓN. Tres significados principales se destacan en el uso que se da al término en el ámbito de las ciencias sociales: *a)* en sentido psicoanalítico, para indicar el mecanismo de defensa del yo por el que un individuo o un grupo elabora un argumento "racional" para justificar su conducta en términos de razones aceptables, pero no reales; *b)* esfuerzo por alcanzar mejores resultados, en virtud de acciones lógicas fundadas en la razón, tal como el término se aplica en cuanto criterio de la planificación; *c)* por último, también se emplea para designar el conjunto de procedimientos y métodos utilizados para mejorar el rendimiento y las condiciones de trabajo y los procedimientos utilizados con este propósito; es lo que se denomina la racionalización del trabajo.

RACISMO. Neologismo creado para designar la doctrina que sostiene la existencia de razas superiores, a las que deben someterse las demás, y que las mezclas raciales provocan una degradación de la especie humana.

El racismo se expresa en actitudes y comportamientos que justifican el odio, el desprecio y la discriminación racial, la desigualdad social, la explotación y aun la guerra. Es una forma de irracionalidad cargada de emocionalidad, por la que se proclama el "derecho" a excluir y discriminar a quienes son de otra raza.

A pesar de que algunos han pretendido fundamentar científicamente las tesis racistas, éstas han sido totalmente inconsistentes desde el punto de vista de la ciencia.

RAPPORT. Anglicismo utilizado para designar la relación e interacción que se establece entre dos personas. Se dice que un docente debe ser capaz de establecer con facilidad un buen *rapport* en sus relaciones con sus alumnos, ya sea en las entrevistas, como en las clases, salidas al campo, viajes de estudio, etc.

RASGO CULTURAL. Expresión antropológica que designa las unidades más reducidas e identificables de toda cultura, desde el punto de vista del observador. La combinación de rasgos da lugar a un complejo cultural.

Los antropólogos distinguen tres aspectos en todo rasgo cultural: *a)* la **forma**, o lo que es perceptible del mismo (técnicas, leyendas, ce-remonias, etc.); *b)* la **función**, o la manera como un rasgo satisface alguna necesidad de los individuos o de la sociedad (necesidades fisiológicas, psicológicas o sociales); *c)* el **significado**, todo el grupo o complejo de ideas, emociones, valores, etc., que le dan los miembros de una sociedad.

RASGO DE PERSONALIDAD. Elemento característico, propio de cada individuo, que le confiere un estilo o modalidad peculiar. Característica que distingue e identifica la personalidad de un individuo, como estructura tendencial que orienta la conducta.

RAZA. Palabra de etimología incierta. Posiblemente deriva del árabe *ras* (origen, principio). Referido a la especie humana, el término se utiliza para designar los grupos en los que ésta se divide, teniendo en cuenta ciertas características, rasgos y detalles morfológicos. Se trata de un concepto que se utiliza fundamentalmente en antropología física y consecuentemente no es válido para clasificar a los diferentes pueblos del mundo.

La *Declaración sobre raza* de la UNESCO (1950-51) reconoce

únicamente tres grandes razas principales: caucásica o blanca, mongólica o amarilla y negroide, a partir de un tipo biológico único. Nuevas investigaciones reconocen actualmente cuatro troncos raciales fundamentales: negroide, europoide, mongoloide y australoide. Dentro de estas razas se consideran numerosas subrazas o grupos menores que, para abreviar, suelen llamarse simplemente razas.

RECICLAJE. Galicismo que se introduce a la terminología de la pedagogía, después del glosario publicado por la UNESCO, para indicar la actualización en los estudios o en la profesión para adaptarse, dentro de cualquier labor, a los progresos de la ciencia y de la tecnología, a las nuevas exigencias profesionales y para corregir o renovar actitudes que han quedado obsoletas.

RECONVERSIÓN. Aplicado este término a la educación, hace referencia a los procedimientos y medios pedagógicos mediante los cuales se recicla al personal de una institución u organización, para que asuma funciones distintas de aquellas para las que había sido formado.

RECREACIÓN. Acción de divertir, alegrar o deleitar. Tarea o campo específico que constituye una modalidad de trabajo social y de la animación sociocultural, con el fin de suministrar actividades de distracción saludables y educativas.

RECREO ESCOLAR. Durante la jornada cotidiana de actividad escolar, se intercalan momentos de descanso, denominados recreos escolares. Su finalidad es superar la fatiga mental y la disminución del rendimiento que produce un trabajo intelectual más o menos prolongado sin descanso.

Se ha dicho que los recreos en las instituciones docentes son "el momento de recuperación de neuronas". Sin embargo, el recreo por sí mismo no produce descanso ni recuperación. No hacer nada o ir a una cafetería cargada de humo no son modos de relajar el sistema nervioso; hasta puede producir (por insuficiencia de oxigenación en el cerebro) una mayor irascibilidad y un menor rendimiento.

Es bien sabido que el cuerpo humano está más adaptado al movimiento que al permanecer inmóvil. Los recreos cumplen mucho mejor con su propósito de recuperación si los niños y adolescentes juegan y hacen algún tipo de ejercicio físico, que asegure un mejor riego sanguíneo, libere toxinas y descargue tensiones. En el nivel terciario y universitario no se dan, normalmente, circunstancias o condiciones para el ejercicio físico, pero hay un amplio margen para corregir el sedentarismo de los recreos.

RECURSOS. En teoría y técnica de la planificación, uno de los elementos fundamentales para la formulación de un plan (los otros son los objetivos y los tiempos o plazos).

Se trata de los medios disponibles, humanos, técnicos, materiales y financieros, de que dispone una organización para el logro de determinados objetivos, para alcanzar ciertos resultados o para llevar a cabo algunas actividades.

RECURSOS DE LA COMUNIDAD. Conjunto de elementos humanos, materiales e institucionales de que dispone y a los que puede recurrir una comunidad para atender sus necesidades y resolver sus problemas.

RECURSOS HUMANOS. Diferentes tipos de mano de obra disponible para satisfacer los objetivos del desarrollo de un plan o programa de acción.

RECURSOS INSTITUCIONALES. Todo medio o elemento institucional disponible para satisfacer una necesidad, resolver un problema o realizar una acción.

REEDUCACIÓN. Conjunto de procedimientos y normas para que individuos incapacitados, o limitados para realizar sus tareas habituales, recuperen la función perdida mediante un entrenamiento adecuado. En este proceso se utilizan diferentes medios terapéuticos (pedagógicos, psicológicos o laborales), según la naturaleza del problema y las características de las personas concretas.

REFORMA EDUCATIVA. Todo proyecto de reforma educativa es una propuesta para producir cambios profundos en el sistema educativo de un país. Su realización, además de contar con un proyecto, supone una clara y definida voluntad política de hacerla, como parte de una política de transformaciones estructurales.

Derivado de un marco ideológico/político, anticipatorio del tipo de país que se desea, se formula un modelo educativo conforme con el cual se llevará a cabo la reforma educativa. Un proceso de reforma educativa puede tener su comienzo en una decisión política que expresa una voluntad de cambio educativo, o bien puede ser el resultado de un clima de opinión que crea la necesidad de emprender una reforma en el campo de la educación. Los movimientos de reforma pedagógica, las innovaciones educativas emprendidas en algunas instituciones docentes y las elaboraciones de algunos pedagogos son circunstancias que pueden confluir para crear las condiciones propias y el clima propicio para emprender una reforma. En este último caso, en última instancia, necesita que haya una voluntad política de llevarla a cabo.

Tomada la decisión de realizar una reforma educativa, su puesta en marcha comporta una serie de fases o etapas:

• Realizar un diagnóstico de la situación educativa, enmarcada en el contexto de la situación del país y de otros procesos, como pueden ser los cambios científi-cos y tecnológicos o el desarrollo de los medios de comunicación de masas, que se dan en un marco mucho más amplio.

• Llevar a cabo una consulta general para que, desde los diferentes sectores de población y de grupos interesados en la educación, se hagan propuestas y sugerencias acerca del contenido y alcances de la reforma.

• Elaborar una propuesta global formulada a modo de marco referencial en la que se explicita la fundamentación de la reforma, en los siguientes aspectos:

– Ideológico/filosófico, que indica la intencionalidad última de la reforma (a dónde se quiere llegar).

– Socio-antropológico, en el que se analiza la situación del país o provincia en donde se aplica la reforma (desde dónde se parte).

– Epistemológico, vinculado al desarrollo de la ciencia y de la tecnología.

– Pedagógico, explicitando los supuestos educativos en que se apoya.

– Psicológico, indicando la tarea referencial en la que se enmarca el modelo de reforma educativa.

A partir de estos marcos referenciales, se seleccionan los contenidos, la secuenciación de los mismos, los métodos y estrategias educativas y los criterios de evaluación.

• En el proyecto de reforma educativa se han de explicitar los lineamientos generales de la misma, definiendo:
- las finalidades de la educación,
- los objetivos,
- la organización y estructuración del sistema educativo,
- las enseñanzas mínimas y contenidos comunes, y
- la organización y funcionamiento de las instituciones educativas.

• Nueva fase de consulta. El proyecto elaborado debe ser puesto a consideración:
- De los partidos políticos, para lograr un consenso acerca de los aspectos fundamentales de la reforma, que no puede quedar supeditada a los cambios de los partidos políticos en el gobierno.
- De todas las organizaciones e instituciones interesadas directa o indirectamente en el problema educativo.

• Capacitación y formación de los docentes que serán, en última instancia, los actores principales para la realización de la reforma. Para ello deben realizarse cursos de formación en temas y cuestiones relacionados con los cambios que se quieren realizar y los fundamentos de la reforma.

• Atender a los problemas de edificios, infraestructuras y equipamientos necesarios para las instituciones docentes, para asegurar que los centros educativos cuenten con una estructura física que haga posible esos cambios.

• Promulgación de la ley de la reforma educativa que, de ordinario, se expresa en una ley general de educación. Esta ley ha de ofrecer el marco general de la reforma educativa (finalidades, objetivos, organización del sistema educativo, acciones propuestas de tipo general para la transformación educativa, etc.).

• Operacionalización de la ley de reforma educativa, por la que se establecen las acciones necesarias para avanzar en la aplicación de la misma. Esto comporta, entre otras cosas:
- Elaborar la reglamentación de la ley.

– Prever el presupuesto necesario para la puesta en marcha de la reforma.

– Orientaciones generales y específicas acerca de la forma de elaborar los proyectos educativos institucionales, los proyectos curriculares y la programación de aula. En este caso, se han de formular pautas mínimas abiertas y con alternativas múltiples, según las circunstancias concretas en que se aplican.

– Pautas concretas con indicación de la gradualidad y ritmo de la reforma expresada en un fluxograma (Pert/CPM), en el cual, existiendo holguras (entre lo más pronto posible y lo más tarde permitido), se indican claramente los momentos y lazos de realización de los diferentes aspectos que comporta la reforma.

Para todas estas tareas es necesario contar con un equipo técnico de carácter interdisciplinario (podría ser la oficina de programación del ministerio de educación). Este equipo debe estar constituido por personas con capacidad y competencia para realizar esa labor. Contar con profesionales que tienen formación académica y escasa o nula experiencia en la labor docente puede producir graves distorsiones en las formulaciones y propuestas que se realicen para la reforma, ya sea porque son poco realistas y adecuadas, o bien porque son puras elucubraciones del gabinete.

Este equipo no sólo ha de ser responsable de la elaboración de los documentos básicos, que deben de ser discutidos y aprobados por los responsables políticos/ administrativos, sino que también tendrá una labor de asistencia técnica a nivel de provincias y de organizaciones responsables en el campo educacional.

REGLA. Del latín *regula* (regla), derivado de *régere* (dirigir en línea recta). El vocablo "regla" tiene siempre un sentido normativo. En general, se llama regla a toda proposición que prescribe algo con vistas a obtener un cierto resultado. Más específica y adecuadamente, se llama regla a un precepto al que se ha de ajustar lo que se haga con el fin de que las operaciones ejecutadas sean "rectas", es decir, conduzcan derechamente al fin apetecido. Las operaciones aludidas pueden ser intelectuales o no, pertenecer a un arte o ciencia, o ser de carácter moral (en este último caso, regla es equivalente a norma, máxima, principio, ley).

En el proceso de formulación de una regla, hay incluidos tres momentos lógicos: *a)* **Qué se ordena**. Existen muchas realidades que se pueden ordenar: el pensamiento, la acción, los sentimientos, la vida social, lo convencional, etc. *b)* **Cómo se ordena**. Este segundo paso del proceso de toda regla es el que la define específicamente. El cómo indica el sentido temático del ordenamiento, será un orden mecánico y orgánico, etc. *c)* **Para qué se ordena**. Se trata siempre del logro de ciertos fines; el "para qué" hace que la regla sea tal y no otra cosa.

También se utiliza el término en un sentido general, para hacer referencia a preceptos para seguir en un método (es el sentido en que Descartes y Durkheim hablan de las "reglas del método").

REGLAMENTO DE RÉGIMEN INTERIOR. Conjunto de reglas, normas e instrucciones que regulan el funcionamiento interno de una institución docente y señalan los principios básicos que fundamentan y orientan la programación de la actividad educativa y las reglas que obligan a toda la comunidad educativa.

El reglamento de régimen interior, en cuanto elemento básico de la organización del centro educativo, recoge los siguientes aspectos principales: principios generales de la actividad educativa: composición y funcionamiento de los distintos órganos de gobierno y gestión del centro (miembros, composición, funciones, etc.); derechos y deberes de los distintos colectivos que componen la comunidad educativa, etc. El reglamento de régimen interior es una parte del proyecto educativo.

REGRESIÓN. Del latín *regressio*, nombre de acción de *regredi* (retroceder). Retroceder o acción de volver hacia atrás. Contrario al progreso. Retorno a una fase evolutiva anterior, tanto en sentido lógico, como espacial o temporal.

En psicología, designa el retorno o retroceso a los modos de sentir, pensar y de conducta característicos de los primeros años de vida. Este proceso psíquico se da de manera especial cuando el individuo enfrenta dificultades, o como consecuencia de la enfermedad, el deterioro mental o la excesiva fatiga.

Para el psicoanálisis, es un retorno de la libido a fases ya superadas por el sujeto, que se produce cuando el individuo encuentra dificultades para resolver los conflictos psíquicos actuales o en el caso de insatisfacción genital.

REGRESIÓN SOCIAL. Retroceso de una comunidad, región o país, respecto a niveles de vida y valores ya alcanzados y que se consideran válidos.

REHABILITACIÓN. Conjunto de tratamientos encaminados a reeducar y orientar a personas que han sufrido algún tipo de disminución (física, psíquica o sensorial), de modo tal que sustituyan las condiciones que faltan por otras que les permitan desenvolverse con relativa autonomía y alcanzar una adecuada integración a la sociedad.

También se utiliza el término para aludir a la recuperación progresiva de la actividad después de una enfermedad o accidente.

Poner a una persona en la misma situación moral o legal en la que se encontraba y de la cual había sido desposeída.

REINSERCIÓN SOCIAL. Proceso mediante el cual se trata de re-insertar a la vida social a una persona que ha vivido marginada y excluida, durante un cierto tiempo, del medio social al que pertenece. De ordinario, se trata de enfermos psiquiátricos y de presos que se reincorporan a la sociedad.

RELACIONES EDUCATIVAS. La pedagogía se ha ocupado casi exclusivamente de un tipo de relación educativa: la relación docente-alumno. Las otras relaciones educativas (docente-docente; alumno-alumno), o fueron descuidadas o no estaban consideradas de modo expreso. Las relaciones profesor-alumno, en la pedagogía tradicional, han sido de tipo vertical, autoritarias y, en el mejor de los casos, paternalistas/maternalistas. En la actualidad, en donde las relaciones se establecen sobre la base de la comunicación, participación y cooperación del conjunto de la comunidad escolar, las relaciones educativas tienen una triple dimensionalidad: docente-alumno, docente-docente y alumno-alumno, todas las cuales han de contribuir a crear un clima organizacional que ayude y favorezca la práctica educativa.

RELACIONES HUMANAS. En el lenguaje corriente, esta expresión hace referencia a las vinculaciones o relaciones entre individuos sobre la base de la mutua comprensión. Se utiliza como sinónimo de relaciones interpersonales.

La práctica de las relaciones humanas al interior de todo grupo o colectividades tiene como propósito mejorar las relaciones interpersonales para que la labor o tarea que hay que realizar con otros sea más productiva y gratificante. En todas las profesiones que, por la naturaleza de su trabajo, implican contacto directo con la gente —como es el caso de la educación—, la calidad de las relaciones humanas juega un papel decisivo y condicionante de los resultados de la propia práctica profesional.

RELACIONES PÚBLICAS. Conjunto de actividades de toda empresa, organización o institución, encaminadas a la creación o mantenimiento de comunicaciones sociales eficaces con determinado público.

RELIGIÓN. Sistema de creencias, dogmas, prácticas y ritos que dan forma a la concepción de la vinculación y religación del hombre con la divinidad, con lo sagrado o con la trascendencia.

RENDIMIENTO DEL SISTEMA EDUCATIVO. Producto alcanzado en el sistema educativo en relación con el esfuerzo realizado para obtenerlo. Se trata de un aspecto particular de la evaluación del sistema educativo.

RENDIMIENTO ESCOLAR. Nivel de aprovechamiento o de logro en la actividad escolar. De ordinario, se mide a través de pruebas de evaluación con las que se establece el grado de aprovechamiento alcanzado.

REPRESIÓN. Del latín *repressio* (acción de reprimir), es decir, *re* (hacer retroceder) y *premere* (ejercer presión, oprimir).

En psicoanálisis, se designa con este nombre el mecanismo de defensa del yo mediante el cual se rechazan, relegándolos a la esfera del inconsciente, afectos, deseos, ideas e impulsos que guardan relación con una realidad productora de frustración y que no son aceptables para el yo o el superyó, que niegan la existencia de los mismos. Como estos impulsos no se pueden consumar, se descargan en forma de síntomas neuróticos. Si bien la represión se manifiesta particularmente en la histeria, desempeña un papel importante en otras afecciones y aun en la psicología normal. Para el psicoanálisis, la represión es el prototipo de los mecanismos de defensa.

En política, el término hace referencia a las acciones propias de los gobiernos totalitarios y reaccionarios contra todo tipo de manifestación democrática, popular o progresista, con el fin de impedir cualquier forma de expresión que cuestione el orden establecido.

REPRESIÓN SOCIAL. Sanción que se aplica a quienes tienen una conducta que difiere de la que es aceptada como normal dentro de una sociedad.

RETRASO ESCOLAR. Concepto de carácter referencial y relativo que se utiliza con tres alcances diferentes: *a)* para señalar el retardo o desfase que sufre un alumno/a en relación con el rendimiento o aprovechamiento de sus compañeros/as; *b)* también se emplea el término al relacionar los años de permanencia en el centro educativo y el nivel alcanzado; *c)* por último, designa el retraso que tiene el alumno/a, teniendo en cuenta su edad.

S

SALIDAS DE CAMPO. Es una forma de trabajo práctico para la enseñanza y aprendizaje de diferentes ciencias. Como su mismo nombre indica, se trata de realizar actividades sobre el terreno que completan y complementan los trabajos de aula, laboratorio y taller; con la ventaja, respecto a otros procedimientos, de poner a docentes y estudiantes frente a la complejidad, variedad y riqueza que tiene la realidad.

Existen diferentes modalidades de llevar a cabo las salidas de campo. La forma tradicional y más generalizada es aquella en la que el profesor hace de *cicerone* o guía, mostrando lo que considera más importante y dando una explicación sobre lo que se está viendo. El docente es el protagonista que, en lugar de dar la clase en el aula, la da sobre el terreno. En este tipo de salida se enfatiza el manejo de información, datos, hechos y conceptos. Otra modalidad es la salida que tiene el propósito de que cada uno realice descubrimientos de manera autónoma. Lo importante son los procedimientos y la actitud de búsqueda. También existe la salida al campo que utiliza una guía de observación como sustituto del profesor. Es una forma de salida que está a mitad de camino entre las dos modalidades anteriores. La guía preparada por el profesor actúa como hilo conductor de las observaciones. Por último, existe la salida de campo como tratamiento de un problema relacionado con los trabajos en el aula y que permite tratar aspectos relevantes del currículum.

SALUD. Tradicionalmente, y durante mucho tiempo, la salud fue definida como la ausencia de enfermedades e invalideces. En la actualidad, existe un acuerdo generalizado en que este tipo de definición no corresponde a la realidad y no es operativa, ya que, para definir la salud en términos negativos, hay que trazar el límite entre lo normal y lo patológico, lo que no siempre es posible. Además, los conceptos de normalidad varían con el tiempo, son por ello relativos e imprecisos. Y, por último —como indica Salleras—, las definiciones negativas no son útiles en ciencias sociales: la salud no es la ausencia de enfermedades, del mismo modo que la riqueza no es la ausencia de pobreza, o la paz la ausencia de la guerra.

Ahora bien, la definición que la OMS realizó en su Carta Constitucional en 1946, como "el estado de completo bienestar físico, mental y social, y no solamente la ausencia de enfermedades o afecciones", tampoco puede estar exenta de críticas. Si bien es cierto que esta definición aportó elementos innovadores (definir la salud en términos positivos, o incluir lo mental y lo social además de lo biológico), los aspectos que más se han criticado de la misma han sido:

• equipara salud y bienestar, lo que no siempre es cierto;

• expresa deseos más que realidades;

• es una definición estática, no contempla el dinamismo y la posibilidad de diversos grados de salud positiva;

• es una definición subjetiva, pues no menciona el aspecto objetivo de la salud (capacidad de funcionar).

Así, por ejemplo, Terris insiste en la necesidad de eliminar el término "completo" de la definición de la OMS. Este autor es de los que considera utópica, estática y subjetiva dicha definición, y propone la siguiente: "Un estado de bienestar físico, mental y social, con capacidad de funcionamiento, y no únicamente la ausencia de enfermedades." Si bien es cierto que esta definición no contempla la posibilidad (real y existente) de la presencia conjunta de salud y enfermedad, supone un gran avance conceptual y sobre todo operativo.

Para comprender la definición dinámica de salud, otros autores proponen concebirla dentro de un continuo entre la muerte y el óptimo de salud, considerablemente influenciado por factores sociales. Como consecuencia de ello, Salleras define la salud como "el logro más alto de bienestar físico, mental y social y de la capacidad de funcionamiento que permitan los factores sociales en los que vive inmerso el individuo y la colectividad". Una conceptualización de este tipo nos lleva inevitablemente a considerar la importancia de los "factores determinantes" de la salud.

En 1974, M. Lalonde, ministro canadiense de Sanidad, construyó un modelo, que ya se considera clásico, para establecer cuáles son los determinantes del estado de salud. Según Lalonde, el nivel de salud de una comunidad viene determinado por la interacción de cuatro subsistemas:

• la biología humana,
• el medio ambiente,
• el estilo de vida,
• el sistema de asistencia sanitaria.

La oficina Regional de la OMS para Europa formuló en 1985 una nueva concepción según la cual "la salud es la capacidad de realizar el propio potencial personal y responder de forma positiva a los retos del ambiente". En esta definición se abandona la idea de salud como un estado o situación, y se la presenta como algo que hay que conquistar permanentemente, estrechamente ligado al desarrollo del propio potencial individual.

SALUD ESCOLAR. Conjunto de disposiciones, medidas y actividades tendientes a mejorar el estado de salud de la población escolar. Generalmente, para el logro de este propósito se suelen establecer programas de salud escolar por parte de las autoridades sanitarias y educativas. Dichos programas se orientan básicamente a:

• fomentar conocimientos, actitudes y hábitos saludables en la población escolar,
• contribuir a disminuir la incidencia y prevalencia de los problemas de salud más importantes en la edad escolar y que sean especialmente vulnerables a un diagnóstico precoz y tratamiento,
• contribuir a disminuir la incidencia de enfermedades prevenibles por inmunización,
• contribuir a mejorar la salud buco-dental en la población escolar,
• contribuir a mejorar las condiciones medio-ambientales de la escuela,
• favorecer la formación continuada de los profesionales implicados en estos programas de

salud escolar (sanitarios y educadores principalmente),

• fomentar la investigación en salud escolar.

Generalmente, las diferentes actividades que se desarrollan para lograr estos objetivos podrían clasificarse en cinco grandes grupos:

• Educación para la salud en la escuela.

• Exámenes de salud escolar.

• Salud buco-dental.

• Atención al medio-ambiente escolar.

• Formación e investigación.

La importancia de la salud escolar es cada vez mayor, dado que es en la etapa escolar donde se producen muchas de las grandes modificaciones en la vida de una persona: biológicas (cambios antropométricos, sexuales, etc.), psicológicas (desarrollo intelectual, psicomotor y afectivo) y sociales (la familia deja de ser el medio básico de socialización y se produce la integración del niño en la sociedad). El ámbito escolar permite una acción permanente y continuada con la totalidad de la población infanto-juvenil (sanos y enfermos) que de otro modo sería más costoso y difícil localizar; además de ser el marco propicio para desarrollar actividades educativas orientadas a mejorar el estado de salud.

SALUD MENTAL. Las definiciones de salud mental son extremadamente variadas, pero en general se designa con esta expresión el estado de la persona productiva que tiende a mejorar como ser humano, con una idea correcta de sí misma, con sentido de identidad, capaz de relacionarse amistosamente con otras personas, de dar y recibir afecto, que tiene una percepción adecuada de la realidad y de las diferentes circunstancias que ella presenta. Es autónoma en el proceso de tomar decisiones, consciente de su entidad individual y de su singularidad, que puede producir, crear y sentir satisfacción, alegría y felicidad.

SANCIÓN SOCIAL. Cualquier género de coacción, amenaza o pena por la cual un grupo desaprueba el comportamiento o conducta de los miembros que no actúan conforme con las normas y valores vigentes establecidos por dicho grupo o por la sociedad. Forma de disuasión al incumplimiento de las normas de conducta socialmente reconocidas y aceptadas. Medio de reforzar una regla o ley, en cuanto cumple una función de control social, para salvaguardar los principios, valores y normas de un colectivo (grupo, institución o sociedad en su conjunto).

SECTARISMO. Sinónimo de fanatismo e intolerancia. Adhesión exagerada, fanática e intransigente a doctrinas, movimientos o partidos políticos que las representan. Implica una actitud y comportamiento irracional y estrecho, que puede manifestarse (o no) de manera agresiva.

SECUENCIACIÓN. Organización y desarrollo de los contenidos educativos de modo que se asegure un orden y progresión lógica en su presentación, en su enseñanza y en los aprendizajes y, a la vez, que favorezca la relación entre los mismos.

En cuanto a los criterios para elaborar y analizar secuencias, éstos pueden resumirse en los diez puntos que propone Tomás Sánchez Iniesta:

Adecuación de los contenidos a los conocimientos previos de los educandos: hay que saber lo que saben los alumnos y encontrar puntos de conexión con los nuevos conocimientos que se van a ofrecer.

Los contenidos deben tener una **presentación de acuerdo con la lógica interna de cada una de las disciplinas**; de manera especial, los contenidos conceptuales se estructuran en cada ciencia o disciplina conforme con una determinada lógica.

La secuenciación también debe **tener en cuenta el desarrollo evolutivo de los alumnos**, en cuanto condicionante de las posibilidades de aprendizaje.

Elección del contenido organizador de las secuencias: como no se puede elaborar una secuencia desarrollando simultáneamente los distintos tipos de contenidos (conceptos, procedimientos y actitudes), esto se resuelve adoptando un contenido *organizador,* en relación con el cual se estructuran los *contenidos de apoyo o de soporte.*

Aunque hay un contenido organizador, hay que **buscar un equilibrio** para que ningún contenido tenga un desarrollo en detrimento de los otros. Sánchez Iniesta considera que este contenido de secuenciación "es una de las claves del enfoque globalizador y de la construcción de currículum integrado, superando otras modalidades en las que generalmente prevalecía el contenido conceptual". Se trata, pues, de buscar un equilibrio en el que ninguno de los contenidos se prioriza en detrimento de los otros.

Delimitación de los ejes de contenidos que proporcionarán el hilo conductor de la secuenciación; los temas, ideas, etc., deben derivarse unos de otros.

Debe existir una **articulación de secuenciación** entre las diferentes áreas que componen una etapa.

La secuenciación, apoyándose en una estrategia de **aproximaciones sucesivas**, debe dar continuidad y progresión en una especie de desarrollo en espiral, para facilitar la construcción progresiva de conocimientos.

Estrechamente relacionado con el criterio anterior, hay que **dar un tratamiento cíclico de los contenidos**. La estragegia de *aproximaciones sucesivas,* antes aludida, supone básicamente ir avanzando en los contenidos en sucesivos niveles de profundidad y complejidad.

En la medida de lo posible, la secuencia debe **adoptar una estructura fácil de modificar** por el equipo docente, "incorporando aquellas rectificaciones extraídas de la práctica diaria en el aula, que es donde las previsiones se so-meten a constante evaluación". Obviamente, esto supone una flexibilidad adaptativa de la secuenciación programada.

SEGURO ESCOLAR. El seguro escolar tiene por finalidad proteger a los estudiantes contra riesgos y contingencias de infortunio que puedan afectar la continuidad de sus estudios.

SELECCIÓN PROFESIONAL. Elección entre un grupo de sujetos, candidatos para un trabajo, de aquellos que, según sus capacidades, se consideren más aptos para su realización. Se trata de un procedimiento para elegir a la persona más adecuada para un determinado trabajo, ateniéndose a los criterios que establece quien va a contratarla.

SELECTIVIDAD. Procedimiento de selección de estudiantes que se realiza generalmente a nivel universitario. Suele constituir el mecanismo regulador de ingreso a las diferentes facultades y escuelas de una universidad, de acuerdo con un baremo que establece el nivel de calificaciones que se debe tener para realizar estudios o carreras en concreto.

SEMÁNTICA. Derivada del adjetivo griego *semantikós,* del verbo *semainein* (significar). En sentido lato, estudio del significado de las palabras. Parte de la lingüística, de la filología y de la lógica que estudia y analiza las funciones de los vocablos desde el punto de vista de su significado, en relación con su origen, variaciones sufridas en su evolución, campo significativo de la palabra, relaciones entre significados y referentes, etc.

SEMINARIO. Del latín *seminarium,* deriva de *semen* (semilla). Forma de trabajo intelectual que se realiza en un grupo reducido, cuya finalidad es el estudio intensivo de un tema, o la solución de problemas. Se caracteriza por la participación activa de todos sus miembros, quienes asumen responsabilidades de manera conjunta, ya se trate de su propio aprendizaje o de la resolución de problemas planteados.

El número de participantes en un seminario tiene que ser entre 5 y 12 personas. Si el número es mayor, hay que subdividirlo en equipos. Para su funcionamiento se necesita de información y do-cumentación suficiente, y de una asesoría o coordinación científica adecuada, puesto que todos los miembros del seminario deben investigar acerca de un tema o problema.

SEMIOLOGÍA. Del griego *semeion* (signo) y *logos* (tratado). Término acuñado por Saussure para designar la "ciencia que estudia la vida de los signos en el seno de la vida social".

SEMIÓTICA. Término que algunos utilizan como sinónimo de semiología. Utilizado preferentemente en los países anglosajones para designar el estudio lógico de los sistemas de signos, se ha dividido en tres ramas, semántica, sintaxis y pragmática, que desde sus respectivas perspectivas realizan el estudio lógico de la significación.

SENSIBILIZACIÓN. Acción y efecto de aumentar la sensibilidad. Tensar, despertar, hacer sensible a alguien con respecto a un problema, hecho o situación.

SERVICIO. Del latín *servitium,* de *servire* (servir). Bien que proviene de una acción. El concepto de servicio viene significado por una palabra fenicia, babilónica y hebrea, *avohad* (trabajo). Un servicio es hacer algo porque el otro o los otros lo necesitan, y no porque uno lo necesita.

Es un dar de sí, puesto que se trata de un hacer, no desde la necesidad propia, sino desde la de los demás. Es una actividad humana no productiva en el sentido económico, pero útil puesto que está ligada, de manera directa o indirecta, a las necesidades humanas, sin traducirse —salvo en algunos casos— en forma de bienes materiales.

SERVICIO PÚBLICO. Conjunto de actividades y servicios considerados indispensables para la vida social, como comunicaciones, transportes, educación, salud, agua potable, alcantarillado, alumbrado público, parques y jardines, etc., desarrollados por la administración pública o controlados por ella. Tiene por finalidad satisfacer necesidades públicas o colectivas, con garantías de regularidad, continuidad, eficacia e igualdad mediante prestaciones concretas sujetas a un régimen jurídico.

SEXISMO. Término que designa aquellas actitudes que introducen la desigualdad y la jerarqui-zación en el trato que reciben las personas, sobre la base de diferenciación de sexos que, a su vez, supone la discriminación de uno de ellos.

La educación ha servido para la reproducción de estereotipos sociales de fuerte connotación sexista que discrimina a la mujer en el ámbito de la familia, el trabajo, la educación y la sexualidad.

SEXOLOGÍA. Estudio de la vida sexual de los seres humanos en sus aspectos fisiológicos y psicológicos, normales y patológicos (disfunciones y aberraciones sexuales). Iniciados estos estudios a finales del siglo XIX, desde mediados del siglo XX la sexología ha incluido el estudio de las influencias sociales y de las pautas culturales, en el modo de expresarse la sexualidad en diferentes culturas.

SEXUALIDAD. En sentido restringido y estricto, el término es empleado para hacer referencia a los mecanismos fisiológicos destinados a la reproducción de la especie, incluidas las manifestaciones del instinto sexual. Concebida en la totalidad del ser humano, la sexualidad engloba la genitalidad en el campo más amplio del erotismo, e incluye a éste como una parte de la vida afectiva.

Desde el punto de vista sociológico, los estudios relacionados con la sexualidad revelan hasta qué punto las conductas reales en lo referente a la vida sexual de los individuos difieren de las normas y pautas que se dicen que son las aceptables.

Toda educación sexual debe atender a las dos dimensiones o aspectos antes señalados: en lo psicológico, insertar la sexualidad como un aspecto positivo y sustancial del ser humano, como expresión de su afectividad, más que de sus instintos. En cuanto a los aportes sociológicos, éstos revelan para la práctica pedagógica referente a la sexualidad la necesidad de evitar las hipocresías sociales, la doble moral sexual (exigencias morales diferentes según se trate de los hombres o de las mujeres) y la necesidad de comprender que lo que suelen considerarse como desviaciones o aberraciones sexuales suelen ser manifestaciones de pautas culturales o de prejuicios sociales acerca de lo que es normal o anormal.

SIGNIFICATIVIDAD PSICO-LÓGICA DEL CONTENIDO.

Un contenido tiene significatividad psicológica cuando motiva a la persona a interesarse por ese contenido y, además, le hace poner en funcionamiento sus capacidades mentales para llegar a comprenderlo y relacionarlo con lo que ya sabe.

La significatividad psicológica de un contenido es lo que hace posible su asimilación, puesto que, al suscitar interés, predispone positivamente al aprendizaje.

SIGNO. Del latín *signum* (señal). Elemento sensible que, por su naturaleza o convencionalmente, permite conocer, reconocer y evocar alguna cosa diferente de él mismo. Ese elemento sensible puede ser un objeto, forma, gesto o acontecimiento que tiene capacidad constante para denotar lo que el signo designa. Charles Peirce lo definió como "algo que, de algún modo, representa algo para alguien". En lingüística estructural, el signo es la relación entre un concepto llamado **significado** y una imagen acústica, el **significante**.

SÍMBOLO. Del griego *syn* (junto), *ballein* (poner) y *symbolon* (señal, marca distintiva). Representación, imagen, figura o divisa con que materialmente o de palabra se representa una idea, una cosa, un sentimiento. Se trata de la representación de una cosa por medio de otra, por alguna semejanza o correspondencia o, simplemente, por atribución convencional.

Identificado a menudo con el signo, la diferencia estriba en que el símbolo es un signo dotado de significado diferente de la significación semiótica; el signo es una señal natural, el símbolo es una señal convencional.

SÍMBOLOS NACIONALES. Conjunto de elementos o cosas que se emplean como representativos de la nacionalidad, tales como la bandera, el himno, el escudo; también puede ser un árbol, una flor o un ave.

Tienen el carácter de representación de una nación, y suelen actuar como mitos aglutinantes de la nacionalidad.

SÍMBOLO SOCIAL. Cualquier expresión representativa de un fenómeno o movimiento social; persona, palabra, sonido, divisa u otro objeto de expresión que se emplee para llamar la atención sobre un programa, idea, movimiento, objeto o acción social.

SIMPOSIO. Método de formación y de intercambio de experiencias consistente en una serie de charlas, discursos o exposiciones, presentadas por varios individuos (por lo general, especialistas), sobre un mismo tema o problema, desarrollado en forma sucesiva ante el grupo. Se utiliza para: *a)* profundizar en un tema; *b)* actualizar el estado de una cuestión; *c)* integrar informaciones acerca de un problema; *d)* coordinar actividades de investigación.

SINCRETISMO. El término fue utilizado inicialmente en filosofía, para indicar una conciliación mal hecha o ficticia de doctrinas o tesis filosóficas disidentes entre sí. En lo religioso, el término hace referencia a la mezcla, fusión o superposición de creencias de distinta procedencia. También es utilizado por los antropólogos para indicar la reinterpretación de una forma cultural exterior, adaptándose a sus tipos de significados, sin que pierda la función esencial que tenía antes.

En psicología, designa la cualidad de la inteligencia infantil en su primer estadio (más o menos hasta los tres años) que hace aprehender un objeto por intuición global, sin análisis de las partes. Para Piaget y Wallon, el pensamiento del niño es a menudo sincrético.

SÍNDROME. Conjunto de signos y síntomas que expresan los fenómenos característicos de una enfermedad, afección o psicopatología.

SINERGIA. Llamado también "efecto potenciador", o "efecto sinérgico de potencialización". Este efecto se da cuando se produce una concurrencia de hechos, factores o acontecimientos cuya acción conjunta refuerza y potencia la actividad de cada uno de ellos. En el ámbito de la intervención social, se produce este efecto potenciador cuando las acciones se realizan de tal manera que cada uno de los factores sobre los que se actúa produce un efecto o concurso activo, conectado y combinado, cuyo resultado final es superior a los efectos aislados y superior aun a la sumatoria de los efectos individuales.

Dentro de un grupo o comunidad, es la energía total que existe como consecuencia, no sólo de la que aporta cada individuo, sino por lo que resulta de la mutua interacción y cooperación de todos y cada uno. Esta interacción/cooperación, con todo lo que ello conlleva de reacción y retroalimentación, libera energías latentes y potencialidades que, estando disponibles, no se hacían efectivas.

SISTEMA. Derivado del verbo griego *synístanai* (reunir), compuesto por *syn* (junto) e *hístanai* (poner). En sentido lato, conjunto bien delimitado de elementos diversos que tienen ciertas propiedades o posiciones, pero que están funcionalmente interrelacionados entre sí y que dependen recíprocamente los unos de los otros, de manera que forman un todo organizado u orgánico. En este sentido, se habla de sistema solar, social, nervioso, político, métrico, etc., puesto que todos ellos tienen en común el constituir un conjunto organizado de elementos diferenciados, pero ligados entre sí, cuya interrelación supone una función global.

En política, el término se utiliza para designar la formación económico-social y el modo de producción en su totalidad, es decir, el conjunto de la estructura y superestructura.

También se utiliza la palabra "sistema" con un alcance similar, pero más general, al de teoría, haciendo referencia a un conjunto de conocimientos, ordenados según un principio único, que constituye una totalidad orgánica en su coherencia intrínseca

SISTEMA CONCEPTUAL. Conjunto de conceptos, lógicamente interrelacionados, que constituyen el lenguaje propio de una ciencia o disciplina.

SITUACIÓN SOCIAL. Conjunto de condiciones y circunstancias concretas que constituyen o determinan el estado de una actividad o colectividad. Estado o condición de una persona en cuanto individuo perteneciente a una sociedad.

La expresión apareció en el vocabulario de las Naciones Unidas, alrededor de 1950, en contraposición a "situación económica", y, a partir de 1963, se publicó cada dos años un informe sobre la situación social del mundo, en el que se analizaban tendencias demográficas, condiciones sanitarias, alimentación y nutrición, vivienda, construcción y planificación urbana regional, educación, fuerza de trabajo y empleo, régimen de trabajo, seguridad social, servicio social y

defensa social. Actualmente, los informes sobre la situación social se incluyen en el Documento de la ONU referenciado.

SOCIABILIDAD. Rasgo de personalidad, expresado en la capacidad relacional de un sujeto, que facilita el contacto interpersonal, la relación con las demás personas y la integración social.

SOCIAL. Del latín *socius* (compañero) y *socialis* (perteneciente o relativo a la sociedad humana).

En el uso del término se reconocen dos sentidos: uno genérico, que involucra todo lo referente a la vida en sociedad (aquí se puede utilizar como equivalente a realidad social o a relaciones sociales interpersonales), y otro restrictivo, cuando se habla de "aspectos sociales", "condiciones sociales"; en este último caso, el término sirve para distinguir cierta faceta de la realidad social.

SOCIALIZACIÓN. El término se usa, por lo menos, en cuatro acepciones principales. De todas ellas, la que interesa particularmente a los educadores es la significación psicológica del concepto, habida cuenta de que la educación es en buena parte un proceso de socialización en cuanto transmite a los niños los saberes y formas culturales cuya asimilación se considera esencial para vivir y desarrollarse en una determinada sociedad.

En psicología, sirve para designar el proceso a través del cual el individuo, durante su desarrollo y maduración, internaliza los diferentes elementos de la cultura y la sociedad en que vive (normas, pautas, valores, códigos simbólicos, reglas de conducta), que le permiten actuar en la vida social conforme con las expectativas de la misma sociedad. Utilizado con este alcance, el término incluye dentro de un mismo proceso la endoculturación y la personalización del individuo.

En economía, hace referencia al traspaso de empresas o propiedades privadas a manos del Estado u organizaciones de carácter público.

En estrecha relación con el alcance económico del término, se utiliza en política, aludiendo al proceso de abolición de la propiedad privada para hacer que los medios de producción sirvan a la comunidad. En algunos casos (cuando la propiedad pasa a manos del Estado), socialización es sinónimo de nacionalización y de colectivización de los medios de producción.

Por último, en sociología, designa el proceso de creciente interdependencia recíproca que, como consecuencia de la multiplicación de las relaciones sociales, se da a escala mundial y en el que influyen decisivamente los medios de comunicación social.

SOCIEDAD. A pesar de la importancia que tiene este término en las ciencias sociales, no hay un claro acuerdo sobre el significado de este término. La socióloga Bryson ha dicho, y con razón, que en la larga historia de la literatura que se ocupa de la vida de los seres humanos reunidos en grupo, quizá ninguna palabra tenga un uso menos preciso que la palabra "sociedad".

En su sentido amplio, la noción de "sociedad" designa los vínculos existentes entre una pluralidad de seres vivientes en interacción (incluso plantas y animales). Pero en su uso más generalizado hace referencia a la contextura inter-humana, aludiendo al conjunto de individuos, organizaciones, instituciones, actitudes y formas de ser que tienen características en común; en este sentido, se habla de sociedad burguesa, capitalista, socialista, etc.

Se alude, asimismo, con el término "sociedad", a la agrupación natural o pactada de personas que se agrupan para la mutua cooperación, con el fin de alcanzar determinados fines.

Actualmente, cuando se habla de nuestra sociedad, según los autores o las perspectivas de análisis, se suele agregar un adjetivo para caracterizarla, y así se habla de sociedad de consumo, del ocio, post-industrial, de masa, unidimensional, tecnocrática, etc.

SOCIEDAD CIVIL. Aparece en la modernidad como una dimensión pública que se da entre el medio familiar y su entorno inmediato, y el ámbito estatal-absolutista.

Está constituida por un conjunto de instituciones que pretenden un equilibrio entre la atención a los intereses públicos y la atención a los intereses privados, y cuyos principios fundamentales son el respeto a la libertad individual y la práctica de la discusión racional.

SOCIEDAD DE CONSUMO. Expresión ampliamente utilizada, desde finales de la década de los sesenta, para denominar a aquellas sociedades cuyo máximo valor es consumir, aunque este consumo no esté motivado por verdaderas necesidades. Para satisfacer esa ansia de consumir, la industria lanza constantemente nuevos productos, muchos de ellos innecesarios, creando, a su vez, requerimientos artificiales a través de la propaganda, que constriñe a que la gente compre con el sólo propósito de activar el mercado.

SOCIODRAMA. Representación teatral terapéutica que, a diferencia del psicodrama, procura conseguir un efecto de catarsis sobre el conjunto del grupo participante, representando cada individuo un papel distinto a él mismo, pero apropiado a su situación afectiva, puesto que le permite hacer aflorar sus tensiones como si fuesen representaciones de los estados de otros.

SOCIOGRAMA. Diagrama utilizado en sociometría para objetivar gráficamente las relaciones mutuas existentes entre los miembros del grupo estudiado. Suele obtenerse analizando cuatro dimensiones: las elecciones, los rechazos, las expectativas de elección y las de rechazo. En su forma más simple, se realiza preguntando a cada uno de sus miembros a quién o quiénes les gustaría tener por compañero y a quiénes rechaza.

SOCIOLOGÍA DE LA EDU-CACIÓN. Se trata de una rama de la sociología que tiene como objeto el estudio del análisis de las instituciones y organizaciones educativas en el contexto de la sociedad global.

Si bien en 1907 ya se había creado la primera cátedra de sociología de la educación en Estados Unidos, y en 1927 se publicó el primer libro de texto sobre esta sociología especial, sólo a mediados del siglo XX adquiere su pleno desarrollo. Entre los clásicos de la sociología, Weber esboza una "tipología sociológica de los fines y medios pedagógicos", y Durkheim escribe un libro precursor sobre el tema: *Educación y sociología.*

Ya constituida como rama con entidad propia, puede decirse que la sociología de la educación a escala macro-social estudia las relaciones existentes entre la educación y las otras instituciones que configuran la sociedad (Estado, economía, familia, religión, etc.), y, de manera particular, las rela-

ciones entre la escuela y la estructura social. La sociología de la educación también se aplica a estudios a escala micro-social, como puede ser el estudio de una institución docente o una clase, en cuanto éstas constituyen un sistema autónomo de relaciones sociales. Dentro de este contexto, esta rama de la sociología estudia también el carácter selectivo de la educación y las diferentes posibilidades que existen de acceso a la universidad, según sea la clase social a la que se pertenece.

A partir de los setenta, se desarrolla una nueva tendencia en la sociología de la educación, que centra su análisis en el estudio del conocimiento educativo como construcción social. Uno de los temas centrales de los que se ocupa esta corriente es el estudio del currículum, de manera particular el currículum oculto.

SOCIOMETRÍA. Palabra propuesta por Jacob Moreno para designar lo que él llama una nueva ciencia. Esta expresión ha sido forjada —según su creador— sobre el modelo de otros términos comúnmente admitidos: biología-biometría; psicología-psicometría; sociología-sociometría.

La sociometría no sólo es un método para medir fenómenos sociales, como su nombre parece expresar y algunos autores (Lundberg, Chapin) afirman, sino también una terapéutica de la vida social que mediante dos tipos de técnicas pretende, por medio de unas, diagnosticar la estructura informal de los grupos y, por medio de las otras, lograr una mayor integración social, reducir las tensiones y distribuir las tareas de acuerdo con las agrupaciones que se producen espontáneamente.

La sociometría ha sido utilizada en pedagogía, para estudiar las relaciones interpersonales en un grupo, expresadas de manera gráfica y cuantitativa.

SOCIOTERAPIA. Acción sobre el medio social o cultural que tiene por finalidad disminuir las interacciones patógenas entre el enfermo y el medio en que vive, o bien tratar de crear un medio ambiente artificial con intención terapéutica. Estas técnicas terapéuticas se utilizan con dos propósitos principales: la reinserción social y la readaptación social de individuos con discapacidades o marginados.

SOLIDARIDAD. Sentimiento y/o acción de ayuda mutua entre varias personas o grupos. Cooperación; ayuda o auxilio, individual o colectivo, moral o material. El término expresa identificación o adhesión personal a una causa o persona.

SUBVENCIÓN. Ayuda económica concedida por la administración pública a particulares o a organizaciones con el fin de proteger actividades que satisfacen necesidades públicas.

Ayuda financiera, a fondo perdido, que entrega la administración pública, para promover o cubrir un fin de interés general.

SUBVENCIONAR. Asignar una subvención.

SUPERDOTADO. Persona con una inteligencia por encima de la media, con una gran capacidad creativa o con algunas aptitudes consideradas como excepcionales. La pedagoga Yolanda Benito señala algunas peculiaridades de los superdotados, aunque no siempre se dan todas ellas:

• Capacidad de atención, observación y memoria; de relacionar las cosas y reflexionar sobre ellas.

• Desde muy temprana edad realizan preguntas exploratorias, y no se conforman con cualquier respuesta.

• Gran sensibilidad hacia el mundo que los rodea.

• Desarrollo de la madurez perceptiva y de la memoria visual precoz.

• Alta capacidad creativa en juegos, cuentos y dibujos.

• Velocidad y precisión en la resolución de problemas.

• Continua necesidad de aprender.

A pesar de las capacidades y talentos excepcionales que tienen los superdotados, su trayectoria o paso por la escuela se mueve con frecuencia entre el aburrimiento, la inadaptación y la frustración. En algunos casos, hasta fracasan en sus estudios.

Se suelen distinguir tres tipos de niños/as superdotados/as: *a)* los que tienen un cociente intelectual de más de 140; *b)* los altamente creativos; *c)* los que sobresalen por algunas aptitudes consideradas como extraordinarias.

La idea tradicional de que los superdotados son los que tienen un alto cociente intelectual, hoy se considera obsoleta. Un elevado cociente intelectual sólo revela capacidad para tener éxito en la escuela; de ahí que se los haya denominado "individuos con talentos académicos". Con mucha frecuencia, estas personas no suelen estar capacitadas en elementos o aspectos que están fuera del proceso de apendizaje. Tampoco hay que considerar como superdotados a los *niños talentosos*, que desarrollan de manera destacada alguna de sus capacidades, ni a los *niños precoces,* que tienen un proceso evolutivo más rápido entre los 0 y 14 años.

A los superdotados hay que incluirlos entre los niños/as con necesidades educativas especiales, pues se trata de casos de atención a la diversidad. Hasta ahora, se habían considerado dentro de esta categoría los niños con algún tipo de discapacidad.

En 1991, el Ministerio de Educación y Ciencia de España editó una guía sobre educación de alumnos superdotados, en la que se reconocían sus peculiaridades de aprendizaje y el tratamiento específico que requiere este colectivo.

Existen diversas respuestas para el tratamiento de los superdotados:

• Cursar un currículum extraordinario uno o dos días por semana.

- Ampliaciones extracurriculares.
- Adaptaciones ·curriculares individualizadas.
- Hacerlos avanzar (saltar hacia adelante) uno o más cursos.

También se ha propuesto que estos niños/as asistan a centros educativos destinados a quienes tienen estas características. Cualquiera sea el tipo de experiencias específicas, hay un acuerdo generalizado de que se debe evitar el elitismo en la atención a los superdotados.

Por su parte, Joanna Freeman, presidenta europea para superdotados, propone lo que ella llama **deporte de orientación**, que consiste en que los niños puedan escoger por sí mismos trabajos extras en cualquier asignatura, a un nivel más avanzado y amplio que los demás.

Salvo en Israel, y en menor medida en Alemania, ningún sistema educativo ha sido capaz de incorporar propuestas específicas para la educación de los niños superdotados. Aunque exista una gran variedad de experiencias puntuales promovidas por instituciones docentes, asociaciones para superdotados y asociaciones para el desarrollo de la creatividad.

A fines del siglo XX, a partir de la idea de que "hay que desarrollar el derecho a la inteligencia", se ha ido tomando conciencia de que la escuela debe garantizar una educación que se ocupe de los superdotados.

SUPERVISAR. Ejercer la inspección, control, asesoría o vigilancia sobre una tarea o labor. Ateniéndonos a la significación que se deriva de la estructura verbal de la palabra, supervisar significa "mirar desde arriba", "mirar desde lo alto", del latín *super* (sobre). Es decir, supervisar hace referencia al acto de observar o estudiar algo con una visión de conjunto y a una cierta distancia.

SUPERVISIÓN. Actividad o conjunto de actividades que desarrolla una persona, con dos propósitos principales: realizar un proceso de ayuda, seguimiento y orientación a otras personas para que realicen sus actividades y tareas con la máxima eficiencia y eficacia posible; en cuanto funcionario o delegado de una institución u organización, realiza una función de control y vigilancia para asegurar que cada persona cumpla con las responsabilidades que le han sido asignadas.

SUPERVISIÓN EDUCATIVA.

Esta expresión se utiliza en algunos países como equivalente a inspección educativa; en otros, se utilizan ambos términos, indistintamente. Sin embargo, para algunos autores habría que diferenciar ambos términos, ya que la inspección alude a vigilancia, control y autoridad, mientras que la supervisión hace referencia a ayuda, seguimiento y orientación. En la práctica de la supervisión e inspección educativa, ambas funciones están entremezcladas: no se ejerce exclusivamente la vigilancia y control, ni sólo el asesoramiento y orientación. A veces, el énfasis que se pone en uno y otro aspecto depende de la personalidad del supervisor: cuanto más autoritario, más vigilante y controlador; cuanto más democrático y participativo, tiende más a la ayuda, orientación y asesoramiento. Según el *Libro blanco para la reforma del sistema educativo español*, "el concepto de inspección debe enmarcarse en el más amplio de supervisión educativa". Esto significa que la función de asesoramiento es más importante y prioritaria que la función de control.

La supervisión educativa es una práctica que se ocupa y aplica a la realidad educativa institucionalizada: centros, servicios, programas y actividades que lo integran, tanto públicos como privados. Tiene diferentes funciones y propósitos tendientes a la mejora de la calidad del sistema educativo. En cuanto función delegada de la administración educativa (nacional, provincial o local), tiene que garantizar el cumplimiento de las leyes, reglamentos y las disposiciones vigentes que se han prescrito para el funcionamiento del sistema educativo. Es la dimensión de vigilancia y control. La supervisión educativa tiene también la función de ayudar a la elevación de la calidad educativa mediante la mejora de la práctica docente (métodos, técnicas y procedimientos utilizados) y una mejor comprensión de los procesos de enseñanza/aprendizaje. Es la dimensión de ayuda, asesoramiento y orientación, tendiente a optimizar el rendimiento de las instituciones que conforman el sistema educativo.

Además del control y asesoramiento que se ejerce sobre los

agentes del sistema educativo, la supervisión docente debe atender también al buen funcionamiento de las instituciones docentes. Algunos autores tienen en cuenta asimismo la función de mediación, considerando que la inspección es un órgano mediador entre los docentes y la escuela, por una parte, y la autoridad educativa, por otra. La supervisión educativa debe ser el canal que transmite y comunica las demandas de los docentes a las autoridades educativas, al mismo tiempo que comunica a los docentes las propuestas, sugerencias y disposiciones de la autoridad educativa. Esta función de *feedback* consiste básicamente en un traslado bidireccional de información.

En cuanto a los **modelos de supervisión**, esquemáticamente podrían señalarse los más conocidos y aplicados:

- Modelos centrados en el control y vigilancia.
- Modelos de asesoramiento y orientación.
- Modelos centrados en la dirección.
- Modelos centrados en la función mediadora.

SUPERVISOR ESCOLAR. Llamado también inspector educacional, es la persona que, como funcionario público del área educativa, realiza tareas de asesoramiento y control de las instituciones educativas y de los docentes que las integran, para lograr una optimización del funcionamiento de la comunidad educativa y de sus integrantes.

Para realizar estas tareas, se necesitan una serie de cualidades, capacidades y atributos, que pueden resumirse en lo siguiente:

- Tener conocimiento de la realidad socio-cultural que constituye el contexto de los centros educativos, los docentes que los integran y el funcionamiento de los establecimientos educacionales.
- Conocimiento actualizado sobre las disposiciones legales, resoluciones y reglamentos del ámbito educacional, de la pedagogía moderna y de los métodos educativos.
- Capacidad de comunicación, de escucha activa y de empatía, para comprender mejor la situación personal de cada docente o alumno.
- Capacidad para extraer información válida de los problemas que se le plantean o de las si-

tuaciones conflictivas en las que debe intervenir.

• Dotes de negociación cuando realiza su función de mediador, ya sea para reducir tensiones entre posturas contrapuestas, encontrar zonas de acuerdos entre las partes en conflicto y saber identificar opciones viables que satisfagan a las partes por medio del consenso.

• Saber estimular y alentar a los docentes y alumnos, reconocer los esfuerzos que realizan y hacer las críticas pertinentes, cuando una u otra cosa sea necesaria.

• Facilidad para utilizar la experiencia personal, para aplicarla a la solución de problemas concretos, sin considerar que la propia experiencia es la única alternativa válida.

• Madurez personal y profesional que le permita asumir una conducta guiada por el principio de la justicia, como fundamento deontológico de su acción profesional.

T

TALENTO. Capacidad natural para hacer una cosa. Aptitud o entendimiento para el desempeño de ciertas tareas que revelan un alto nivel de aptitud en determinado ámbito (talento artístico, talento matemático), o en un tipo de procesamiento (talento lógico, talento creativo). Una persona talentosa se caracteriza por tener una elevada aptitud (muy por encima de la media) en una determinada área, mostrando un nivel corriente en las otras y, en algunos casos, incluso deficitario.

TALLER. La palabra "taller", tal como se utiliza en el lenguaje corriente, ayuda a entender bastante bien la significación pedagógica del término. Taller es un lugar donde se trabaja, se elabora y se transforma algo para ser utilizado. Aplicado a la educación, el alcance es el mismo: se trata de una forma de enseñar y, sobre todo, de aprender mediante la realización de algo que se lleva a cabo conjuntamente.

Como sistema de enseñanza/aprendizaje, el taller tiene las siguientes características: es un aprender haciendo, mediante una metodología participativa. Es una pedagogía de la pregunta, contrapuesta a la pedagogía de la respuesta propia de la educación tradicional. Por su misma naturaleza, tiende al trabajo interdisciplinario y al enfoque sistémico. La relación docente-alumno queda establecida en la realización de una tarea común. Tiene un carácter globalizador e integrador. Implica y exige de un trabajo en equipo y el uso de técnicas asociadas. Permite integrar en un solo proceso tres instancias como son la docencia, la investigación y la práctica.

TASA ACADÉMICA. Cantidad de dinero que los estudiantes deben pagar en la institución docente en donde realizan sus estudios, por la prestación de algunos servicios que reciben.

TAXONOMÍAS EDUCATIVAS. Clasificación sistemática y racional con el propósito de jerarquizar los objetivos educativos. La más conocida y utilizada de las taxonomías educativas fue la elaborada por B. S. Bloom y sus colaboradores, clasificando los objetivos educativos de acuerdo con tres dominios fundamentales del comportamiento humano:

• **Dominio cognoscitivo:** conocimiento, comprensión, aplicación, análisis, síntesis y evaluación.

• **Dominio afectivo:** receptividad, respuesta, valoración, organización de valores y caracterización del individuo mediante un sistema de valores.

• **Dominio psicomotor:** imitación, manipulación, precisión, articulación y naturalización.

Bloom clasifica los objetivos educativos, ateniéndose a cinco principios: didáctico, psicológico, lógico, objetivo y estructural. Esta taxonomía tuvo un gran auge

y fue ampliamente utilizada hasta la década de los setenta, especialmente para mejorar las formas e instrumentos de evaluación, para diseñar los currícula y para programar actividades. Diferentes autores hicieron desarrollos puntuales a cada uno de los dominios de la taxonomía y otros hicieron aplicaciones a campos o áreas específicas: a las ciencias naturales, a las matemáticas y a las ciencias sociales. Actualmente, no tiene igual importancia ni aplicación en la educación, ya que no se hace la misma valoración teórica y práctica que la que se hacía años atrás. Al margen de las críticas y limitaciones que se le han señalado, ha dejado un saldo positivo en la medida en que ayudó a introducir un mayor rigor y sistematicidad en el tratamiento de los programas, en las formas de evaluación y en el diseño de los currícula.

TÉCNICAS DE ESTUDIO. Se las ha llamado la "asignatura número cero", habida cuenta de que, siendo una cuestión básica, no se enseña en los institutos o centros educativos, salvo raras excepciones. Saber estudiar es algo que debe aprenderse; enseñar a estudiar es enseñar a realizar la tarea principal que debe hacer un estudiante.

En general, las técnicas de estudio comprenden diferentes aspectos:

• Atender y cuidar los factores ambientales: lugar de estudio adecuado, en lo posible agradable y sin elementos que distraigan, sobre todo silencioso, buena iluminación (natural y distribuida de forma homogénea). Silla y mesa adecuadas. El ideal es estudiar a una temperatura neutra (entre 18 y 22 grados) y, si se escucha música, preferentemente debe ser música barroca.

• Tener una buena disposición interna que, ante todo, es estar motivado para el estudio. Para estudiar hay que concentrarse y, para ello, lo primero que hay que hacer es tratar de eliminar las ideas parásitas (preocupaciones, pensamientos e ideas ajenas al estudio) que no permiten centrarse en el tema. Relacionar lo que se estudia con lo que se sabe; encontrar significatividad psicológica y funcional a los temas; utilizar la memoria comprensiva.

• Evitar los distractores externos: desorden y suciedad en el lugar de estudio, existencia de más de un foco de atención (por ejemplo, estudiar escuchando la radio o la televisión), etc.

• Tener un horario de estudio, que no necesariamente debe ser una planificación rígida. Buscar las horas de máximo rendimiento, que no son las mismas para todas las personas.

• Utilizar un método de estudio; no leer "a tontas y a locas". Además de hacer una lectura comprensiva (que no todo el mundo sabe hacer), hay que ir introduciéndose en los temas y contenidos de los libros, por un procedimiento de aproximaciones sucesivas: dar un vistazo al índice, a los capítulos en general; en algunos casos puede ser oportuno leer el prólogo.

• De ordinario, para mejor retener lo que se estudia, hay que hacer una triple lectura del texto: primero, una lectura rápida para ir compenetrándose con los temas (buscando en el diccionario las palabras desconocidas, si fuese necesario); luego (pasados algunos días), hacer una lectura en profundidad (subrayando, haciendo esquemas, resúmenes, etc.); por último (también transcurridos unos días), hacer una lectura de repaso (a veces, el repaso puede reiterarse), especialmente en vísperas, del examen.

• Buenas condiciones físicas y psicológicas: cuando se estudia hay que estar descansado física y mentalmente; dormir lo suficiente; hacer ejercicio físico para liberar las tensiones y eliminar toxinas; por otra parte, ayuda a una mejor concentración. No estudiar más de dos horas seguidas sin un descanso y hacer algún tipo de ejercicio que estimule la circulación de la sangre. Evitar el tabaco, las bebidas alcohólicas y las drogas estimulantes.

TÉCNICAS GRUPALES. De una forma genérica, las técnicas grupales se definen como el conjunto de medios y procedimientos que, utilizados en situación de grupo, sirven para desarrollar y potenciar el trabajo en grupo, con el fin de que éste sea productivo y gratificante. Dicho en otros términos, el uso de técnicas grupales sirve para facilitar y estimular la acción del grupo, en cuanto conjunto de personas que interaccionan, a fin de alcanzar sus objetivos de la manera más eficaz posible, en un ambiente de gratificación personal.

Se trata, pues, de un instrumento que puede facilitar la participación de los miembros de un grupo, fomentar la responsabilidad y ayudar a desarrollar una dinámica que libere la capacidad creativa mediante la acción y la reflexión conjunta. En cuanto instrumento o herramienta, hay que saber utilizarlas de manera adecuada y oportuna. En esto juega un papel decisivo el animador de grupo.

En cuanto al **uso de las técnicas grupales** consideradas a nivel operativo, es menester tener en cuenta que muy rara vez se usan en forma pura; el emplearlas siempre "de acuerdo con el libro", sin combinarlas o adaptarlas, es la mejor manera de quitarles potencialidades. En cada caso concreto, hay que adaptarlas y recrearlas de acuerdo con la circunstancia o situación problema que se afronta y, especialmente, de acuerdo con las características del grupo. Ninguna técnica puede aplicarse en toda circunstancia, por lo cual es muy recomendable no aficionarse a una o dos técnicas que se conocen y se saben aplicar con eficacia; para cada caso hay que buscar la o las técnicas más adecuadas.

Respecto de los criterios o factores que se deben considerar para la elección más adecuada de las técnicas, hay que tener en cuenta los objetivos que se persiguen, la madurez y tamaño del grupo, las características del ambiente físico, de los miembros del grupo, del medio externo, la capacidad del animador, etc.

Se distinguen tres grandes clases o tipos de técnicas grupales:

• Las **técnicas de iniciación grupal**, que son aquellas que tienen por objetivo propiciar el conocimiento mutuo, la integración y desinhibición en el grupo. Son técnicas que tratan de crear el grupo, mediante el logro de una atmósfera grupal de confianza y buena comunicación, gratificantes para sus miembros.

• Las **técnicas de producción grupal**, que son las orientadas a organizar al grupo para una tarea específica, de la forma más eficaz y productiva posible. Son las que permiten, sobre todo, lograr un buen rendimiento grupal, dentro de un clima gratificante.

• Las **técnicas de medición y evaluación grupal**, que están diseñadas para evaluar permanentemente o periódicamente los procesos que el grupo está viviendo, ya sea respecto de los resultados o logros, métodos y procedimientos empleados, nivel de satisfac-

ción personal y grado de satisfacción en las relaciones humanas en el seno del grupo.

TECNOLOGÍA EDUCATIVA. Esta expresión se ha utilizado con diferentes alcances, siendo quizás la más aceptada aquella que hace referencia a la incorporación de instrumental técnico con el propósito de mejorar el proceso didáctico. Se trata de la incorporación de las nuevas tecnologías aplicadas a la educación, que incluye fundamentalmente la informática y los audiovisuales.

También se utiliza la expresión para aludir a una forma de saber hacer didácticamente, con un fundamento científico de los métodos, técnicas y procedimientos que se utilizan.

TECNOLOGÍA SOCIAL. Uso y aplicación del conocimiento científico proporcionado por la sociología, la psicología, la antropología y el conjunto de las ciencias humanas, articulado con técnicas y prácticas que constituyen una forma de "saber cómo hacer" de cara a la transformación de la realidad social buscando resultados específicos y metas preestablecidas.

Se trata de un conjunto de conocimientos acerca de procedimientos específicos que, expresados en acciones humanas y fundamentados en el conocimiento teórico proveniente de las ciencias sociales y en las exigencias del método científico, están intencionalmente orientados para actuar con la mayor eficacia y eficiencia posible, sobre un aspecto de la realidad social.

TELEVISIÓN EDUCATIVA. Se trata del uso de la televisión con finalidades educativas. La primera experiencia a gran escala, emitida y adaptada a 130 países, destinada a la formación de niños en edad preescolar, ha sido *Sésamo street*, que en buena parte de los países de habla española se llamó *Plaza Sésamo* o *Barrio Sésamo*. Su objetivo ha sido entretener y educar, creando una base de conocimientos en los niños para su posterior incorporación a la escuela. Se propone enseñarles el abecedario, los números y los elementos de la aritmética, ampliar su vocabulario y estimular su capacidad de razonamiento.

Otra característica de este programa es su adaptación para cada país o región geográfica. La filosofía de que el programa sea local le ha permitido ser universal. Su reparto interracial tiene que ver con el propósito de educar en la tolerancia. Además de sus destinatarios principales (los niños en edad preescolar), se ha utilizado para la educación de los niños menos favorecidos y para la alfabetización de los adultos en las zonas más pobres y apartadas. A lo largo de más de 25 años, el programa se ha ido renovando de acuerdo con los cambios que se producían en el mundo.

En la actualidad, la televisión educativa tiene una mayor amplitud y perspectiva. Según Luis del Blanco, hay tres fenómenos que promueven la televisión como una herramienta del servicio de los aprendizajes:

• La transformación y, en algunos casos, el fortalecimiento de las programaciones educativas en televisión de difusión abierta.

• La tendencia, cada vez más demandada, que sitúa la televisión como núcleo de lo que se está dando en llamar servicios de tele-educación. En este caso, se trabaja con difusión cerrada (incluso codificada), con un conocimiento muy preciso de las necesidades de los alumnos que pueden, mediante el uso de otras tecnologías, trabajar de modo interactivo y en tiempo real.

- El desarrollo de televisiones educativas de ámbito supranacional y el desarrollo de asociaciones de televisiones educativas para facilitar su desarrollo en todo el mundo. Es el caso de la Televisión Educativa Iberoamericana, la televisión educativa de ámbito europeo y la creación de la Asociación Mundial de la Televisión Educativa, promovida por la cadena educativa *La cinquième*

TEMAS TRANSVERSALES. Con esta expresión, incorporada a la terminología de las reformas educativas que se han emprendido conforme con el modelo curricular y la perspectiva constructivista, se hace referencia a los contenidos culturales considerados válidos y relevantes para el desarrollo ético de la persona y la configuración de su personalidad moral, y que han de incorporarse como contenidos del proceso de enseñanza/aprendizaje. Se trata, pues, de temas que inciden en los valores personales, las actitudes, las normas y las pautas de comportamiento.

Dentro del marco constructivista, los valores son válidos y relevantes si reúnen dos condiciones: constituir principios morales universales y considerar que, a través del diálogo, es posible superar el relativismo ético-cultural.

No se trata de contenidos pertenecientes a ningún área del currículum, ni a ninguna etapa o ciclo, sino que tienen un carácter transversal, cuyos componentes conceptuales, procedimentales, valorativos y actitudinales atraviesan toda la organización disciplinar del proceso de enseñanza y aprendizaje, impregnando el currículum en su totalidad. No son, consecuentemente, temas o enseñanzas que se sitúan en paralelo o como equivalentes a otras asignaturas, sino que las atraviesan e impregnan; en ese sentido, son omnipresentes y por su carácter globalizador permiten engarzar los diversos contenidos curriculares.

Los temas transversales son temas de un marcado carácter ético, globalizador e interdisciplinario: educación moral y cívica, educación para la paz, educación para la igualdad de oportunidades de ambos sexos, educación ambiental, educación para la salud, educación sexual, educación vial y educación para el consumidor.

La incorporación de los temas transversales es una experiencia relativamente nueva. Ella plantea una serie de problemas prácticos que hay que resolver para su efectiva realización. He aquí algunos de ellos:

• ¿De qué forma utilizar/trabajar los temas transversales? ¿Cuál es su espacio dentro de un currículum escolar estructurado en torno a asignaturas?, ¿cuáles son sus contenidos?

• ¿Existe en los docentes suficiente conciencia y comprensión de que las diferentes disciplinas no son compartimentos estancos, sino que debe hacerse, en la medida de lo posible, un tratamiento interdisciplinar de los problemas? Algunas de las dificultades afrontadas en la aplicación de los temas tránsversales ponen de relieve dos necesidades básicas: por una parte, los docentes necesitan de una formación adecuada en torno a los contenidos de los temas transversales, habida cuenta de que es necesario tener conocimiento acerca de cuestiones concretas: ecología, salud, derechos humanos, etc. Por otro lado, por su misma naturaleza, todos los temas transversales implican determinadas opciones de vida para quienes los enseñan; así, por ejemplo, no se puede hablar de educación no sexista cuando se

tienen comportamientos machistas, ni de educación para la paz cuando se es agresivo e intolerante. Si en todos los aspectos de la educación es más importante lo que el docente es y hace, que lo que dice, en los temas transversales esto adquiere mayor relevancia y significación.

TEMPERAMENTO. Del latín *temperamentum* (justa proporción de elementos constitutivos). Características, modos, maneras y condiciones innatas mediante las cuales la persona despliega su energía neuromuscular con un tipo de reacción y tonalidad emocional. El temperamento, pues, está configurado por cierta tendencia inicial a reaccionar y por cualidades de conductas que dependen directamente de la constitución biológica, de la estructura muscular, celular, endocrina y nerviosa.

No debe confundirse con el carácter; el temperamento es un aspecto de la personalidad que depende de factores constitucionales, mientras que el carácter es un factor psíquico adquirido.

TEMPORALIZACIÓN. Tarea estrechamente ligada a la secuenciación, que consiste en distribuir los tiempos concretos en que se desarrollan las secuencias en el aula.

TENSIÓN SOCIAL. Dícese del estado en que se encuentra una sociedad determinada en la cual una especie de carga emocional se produce entre diversas fuerzas y sectores que aprecian o tienen intereses contrapuestos, respecto a un problema, objetivo o situación.

Las situaciones de tensión social se dan fundamentalmente cuando las fricciones y oposiciones están reprimidas y no pueden manifestarse libremente. También se crean tensiones sociales cuando existen situaciones problemáticas no resueltas.

TEORÍA. Del griego *theoría*, derivado de *theorós* (aquel que da una mirada, espectador, acción de contemplar).

El término "teoría" es ampliamente utilizado tanto en el lenguaje corriente como en el lenguaje científico. Sin embargo, en uno y otro nivel su ambigüedad es extrema. A poco que examinemos los alcances que se otorgan a esta palabra, nos encontramos con una multiplicidad y variedad de significados. Una rápida revista, que está muy lejos de ser exhaustiva, nos permite indicar los siguientes:

- describe fenómenos y formula modelos conceptuales que pretenden explicar, reproducir y predecir comportamientos y hechos de una determinada clase, dadas ciertas circunstancias;
- sistema de leyes que sirven para relacionar determinado orden de fenómenos, referentes a un determinado campo;
- función meramente operacional, para describir la realidad;
- conjunto de conocimientos especulativos (pensamientos, conjeturas o ideas) considerados con independencia de toda aplicación;
- conjunto de pensamientos, conjeturas e ideas que sirven para ordenar, sistematizar e integrar diversos hallazgos experimentales;
- conjunto de proposiciones que permite la explicación de gran número de hechos, fenómenos y procesos;
- sistema o conjunto de hipótesis integradas y estructuradas, cuyas consecuencias se aplican a toda una ciencia o una parte de ella;

- construcción intelectual que, englobando un conjunto de hipótesis, constituye un esquema explicativo de un aspecto de la realidad;
- explicación científica de gran número de hechos, fenómenos y procesos;
- representación simbólica y conceptual de los datos de observación;
- conjunto significativo pertinente en referencia a las cosas mismas en función de la problemática a la que se aplica;
- *corpus* en el que se integran y relacionan diferentes leyes y/o sistemas;
- sistema de unificación sistemática de un conjunto de leyes lógicamente estructuradas;
- síntesis y generalización de la experiencia práctica;
- sistema deductivo en el que se obtienen ciertas consecuencias observables de la conjunción de hechos observados con hipótesis fundamentales;
- teoría como filosofía: pensamiento acerca del pensamiento.

El significado primario de la palabra "teoría" es contemplación, que originariamente quiere decir ver. En efecto, la palabra "teoría", en griego, significa ver, pero no se trata de un ver con los ojos físicos sino con los ojos del espíritu, de ahí que la teoría pueda definirse como "una visión inteligible o una contemplación racional". Entre los griegos, la teoría es una actividad propia.

La tradición medieval recibirá estos conceptos y mantendrá la división entre teoría y praxis, que en el lenguaje teológico se expresan con los términos "contemplación" y "acción".

El sentido que la ciencia moderna le da al término "teoría" no es de contemplación. Hoy designa una construcción intelectual que se expresa en un sistema coherente de proposiciones universales, comprobables y comunicables, capaces de explicar un campo problemático o fáctico de una misma naturaleza.

Es conveniente destacar el hecho de que la propensión teórica y la formulación teórica no funcionan de la misma manera según se trate de la realidad física o de una realidad humana. Mientras en la primera la teoría no modifica en principio la realidad y pretende ajustarse pulcramente a la misma, en la segunda puede transformar la realidad sometida a teorización.

Hay que distinguir la teoría de la doctrina. Como lo indica Morin, la teoría es un sistema abierto, que ejerce actividades de regeneración, corrección y lleva en sí aptitudes para la evolución. Es a la vez corruptible, corregible, falsificable, biodegradable. La doctrina, en cambio, afirma que su verdad está definitivamente probada. Es autosuficiente, no falsificable, no biodegradable. Lo que se dice en una doctrina se considera como una verdad para siempre.

Si bien la teoría se diferencia de la práctica, no son cosas sustancialmente distintas ni se contraponen, puesto que la práctica sirve para engendrar, originar, probar y perfeccionar la teoría, y ésta, a su vez, sirve para iluminar y orientar la práctica. No hay contraposición entre teoría y práctica. "Sólo una mala teoría se contrapone a una buena práctica, y sólo una práctica mediocre y unilateral se opone a una teoría bien fundamentada."

TEORÍA GENERAL DE SISTEMAS. Es la denominación que se utiliza para designar una disciplina que aparece en los años cincuenta y que pretende tener un *status* de ciencia general o transdisciplinar, como las matemáticas y la filosofía, habida cuenta de que proporciona una categoría analítica fundamental y un modelo aplicable a grandes áreas de conocimiento, por distintos que sean sus contenidos. En ese sentido, como dice Boulding, "es el esqueleto de la ciencia en el sentido de que se orienta a proporcionar un esquema o estructura de sistemas al que hay que recubrir con la carne y sangre de las disciplinas y de los contenidos particulares en un *corpus* de conocimiento coherente y ordenado".

Enfoque sistémico, enfoque de sistemas o **teoría general de sistemas aplicada** son las tres formas más usuales con las que se designa la aplicación de la teoría general de sistemas en los problemas del mundo real. Esta aplicación se da bajo cuatro formas principales:

• Como **método de investigación** que aborda la realidad con un enfoque holístico conforme con el cual las cuestiones o problemas parciales, o los componentes de una totalidad, deben ser analizados desde la perspectiva del todo.

• Como **forma de pensar**, expresada en la capacidad de entender las interacciones, interrelaciones e interconexiones de los problemas, y de tratar de resolverlos mediante acciones que apoyen y refuercen los diferentes campos o sectores de intervención.

• Como **metodología de diseño** que describe el enfoque de carácter globalizador y que se utiliza para elaborar planes y estrategias.

• Como **marco referencial común** que busca similitudes a partir de los fenómenos considerados desde y en diferentes ciencias o disciplinas, mediante una forma de abordaje común. Con este alcance, la teoría general de sistemas sería un paradigma de investigación, que tendería a la unificación de las ciencias.

Bajo cualquiera de estas formas, el enfoque sistémico se caracteriza por dos notas principales:

• Porque enfatiza el análisis del sistema total, en vez de las partes y subsistemas componentes. En otras palabras: desde el todo o totalidad, aborda el análisis de las partes, pero desarrollando la capacidad de ver tanto el todo como sus partes y las relaciones recíprocas.

• Porque se esfuerza por conseguir la eficacia del sistema total, más que por mejorar la eficacia de las partes o subsistemas.

TERAPÉUTICA. Rama de la medicina cuyo objeto es el estudio sobre el tratamiento de las enfermedades, es decir, de los medios para curar y aliviar las enfermedades.

TERAPIA. Del griego *therapéia,* abstracto de *therapeuo* (yo curo). Conjunto de acciones que se ejercen sobre una persona, mediante intervención o tratamiento físico, químico o psicológico cuyo fin es curar, aliviar o prevenir un mal o perturbación.

TERAPIA OCUPACIONAL. Tratamiento que es parte de un proceso de rehabilitación de un individuo, consistente en el uso de procedimientos de activación y dinamización, cuyo objetivo fundamental es ayudar al enfermo a expresar sus conflictos interiores para integrarse progresivamente en la vida social. Sus formas más importantes de activación son: el trabajo (laborterapia), el ejercicio físico (gimnoterapia), el juego (ludoterapia), la actividad artística (teatroterapia, musicoterapia, arte-terapia), a través de las cuales el individuo puede expresarse y comunicarse con otros y, a través de estas acciones, exteriorizar sus conflictos interiores. Este tipo de tratamiento parte del supuesto de que la inactividad y el aislamiento hospitalario son perjudiciales para el enfermo.

TESINA. Trabajo de investigación que suele hacerse al terminar los estudios de licenciatura con el fin de obtener la graduación. Es un trabajo de alcances y pretensiones más modestas que una tesis doctoral.

TESIS DOCTORAL. Trabajo de investigación relacionado con la ciencia o profesión que un estudiante graduado presenta en la universidad, con el fin de obtener el título de doctor. Tiene que ser un trabajo original de investigación, con el cual el aspirante demuestra su capacidad investigativa. Previo a la presentación y defensa de la tesis, tiene que haber realizado y aprobado los cursos de doctorado que, normalmente, tienen dos años de duración.

Aprobados los exámenes prescritos, el estudiante, bajo la direc-

ción de un padrino de tesis o tutor, realiza el trabajo de investigación y redacta la tesis (de ordinario, entre 150 y 500 páginas). Este trabajo tiene que ser defendido ante un tribunal que puede hacer observaciones o comentarios críticos a su contenido, que el doctorando tiene que responder defendiendo su tesis o aspectos parciales de la misma que han sido observados.

Para quien tiene el propósito de doctorarse, la primera cuestión que debe resolver (y que condiciona todo el trabajo posterior) es la elección del tema de la tesis. Las reglas de elección que Umberto Eco recomienda valen tanto para una tesis doctoral como para una tesina:

• Que el tema corresponda a los intereses del doctorando.
• Que las fuentes a que recurra sean asequibles, es decir, que estén al alcance físico del doctorando.
• Que las fuentes a que se recurra sean manejables, es decir, al alcance cultural del doctorando.
• Que el cuadro metodológico de la investigación esté al alcance de la experiencia del doctorando.

TEST. Voz inglesa derivada del

antiguo francés *test,* originariamente vaso o tiesto (del latín *testum*) empleado para probar los metales. Utilizada en otras lenguas como palabra técnica de la psicología y la pedagogía. En su sentido literal, significa prueba, ensayo.

El término fue introducido en las ciencias humanas por Galton (1869) para designar la medición de las diferencias individuales en las reacciones ante una misma prueba. A principios de este siglo, Binet y Simon, en el aspecto empírico, y Charles Spearmen, en el nivel teórico-científico, elaboraron el método de *test* como una técnica para "una medida objetiva y tipificada de una muestra de conducta".

Desde aquel entonces se han confeccionado millares de *tests* para explorar las más diversas características humanas, aplicables tanto en el campo de la psicología, la psiquiatría, la psicología social y la sociología, como en los medios industriales, educativos, vocacionales, militares, etc.

Se han hecho diferentes clasificaciones de los *tests* conforme con los criterios adoptados a cada caso. A título ilustrativo, nos parece oportuno presentar un resumen esquemático de la clasificación más corriente adoptada por los psicólogos:

Según el modo de administración.

1. *Tests* individuales.
2. *Tests* autoadministrados.
3. *Tests* no verbales.

Según el modo de expresión o forma (naturaleza de la prueba).

1. *Tests* verbales, cuyo material está basado en el lenguaje.
2. *Tests* no verbales (*tests* papel-lápiz): ni las situaciones ni las respuestas apelan al lenguaje.

Según el sector que explore (objeto y contenido de la observación).

1. *Tests* de eficiencia o de aptitud: exploran la parte intelectual y psicomotriz de la personalidad; aprecian la eficacia del individuo y su capacidad de adaptación:

a) tests de inteligencia. Destinados a explorar el nivel intelectual: memoria, juicio, razonamiento, etc.; la importancia que estos *tests* han tenido en la educación ha decaído notablemente, pues sólo predicen la capacidad personal (especialmente la inteligencia lingüística y la inteligencia lógico-matemática) para tener éxito en el escuela, pero poco predicen acerca del éxito en la vida;

b) tests de aptitudes: sirven para apreciar aptitudes psicomotrices, capacidad para realizar movimientos complejos, para realizar una codificación, etc.;

c) tests de conocimientos: utilizados para evaluar los conocimientos adquiridos.

2. *Tests* de personalidad, llamados también cuestionarios o inventarios de personalidad; exploran aspectos no intelectuales de la personalidad (afectividad, voluntad, etc.):

a) cuestionarios: compuestos por una serie de preguntas escritas que se formulan al sujeto acerca de sus opiniones, sentimientos, reacciones, hábitos, etc.;

b) inventarios;

c) tests objetivos, que no permiten al sujeto que se dé cuenta de qué aspectos de su personalidad quieren revelar;

d) escalas de apreciación: exigen la atención y la acción del observador, no las del sujeto; existen dos tipos de escalas de apreciación:

• escalas de comportamiento (por ejemplo la escala de Beales, destinada a analizar comportamientos interpersonales y las interacciones den-

tro del grupo);

• escalas clínicas, utilizadas en psiquiatría para objetivar y afinar los exámenes clínicos; las más utilizadas son las escalas de evaluación psiquiátrica de Pichot, Overall y Gorham;

• escalas por puntos *(rating scales):* destinadas a medir el nivel intelectual de los adultos y a apreciar diversos grados de su inteligencia verbal o práctica.

3. *Tests* o pruebas proyectivas: exploran el conjunto de la personalidad de una manera global. Son procedimientos de exploración que permiten observar las reacciones del individuo ante la presentación de estímulos poco estructurados.

TEXTOS ESCOLARES. Conjunto del material impreso que se utiliza en el proceso de enseñanza/aprendizaje.

TIPO. Categoría abstracta que hace referencia a un conjunto de características o rasgos recurrentes, generales y distintivos, que tiene una referencia empírica en un grupo de individuos. El tipo integra diferentes elementos en una unidad coherente, que permite agrupar a los individuos en base a ciertas características.

TIPOS PSICOLÓGICOS. Expresión utilizada como equivalente a tipos de personalidad, mentales o psíquicos. En la psicología moderna, se han desarrollado diferentes tipologías hechas con arreglo a criterios que difieren por las dimensiones que utilizan como referencia. Todas ellas son intentos de clasificación de los individuos, según el referente escogido.

Las principales clasificaciones de los tipos psicológicos pueden resumirse en las siguientes, que toman el nombre de su autor:

a) Hipócrates-Galeno: colérico, sanguíneo, melancólico, flemático.

b) Jung (1913): extravertido e introvertido, dentro de cada uno de los cuales distingue entre reflexivo, sentimental, perceptivo e intuitivo.

c) Spranger (1914): teórico, artístico, social, político, religioso, económico.

d) Kretschmer (1921): tipos corporales: asténico, atlético, pícnico; temperamentos: ciclotímico y esquizotímico.

e) Sheldon: tipo morfológico: endomórfico, mesomórfico, ectomórfico; temperamentos: viscerotónico, somatotónico, cerebrotónico.

TITULACIÓN ACADÉMICA. Documento oficial acreditativo, otorgado por una autoridad competente, que certifica que la persona que recibe esa titulación ha llegado a un determinado nivel o grado de los que integran el sistema educativo.

TOLERANCIA. Actitud de respeto a las ideologías, opiniones, opciones y prácticas políticas y religiosas de los demás, aunque no sean compartidas y puedan ser contrarias a las propias. Esta actitud no es de indiferencia, conforme con la cual todo se considera de igual valor, sino de aceptación de opciones diferentes de la propia.

TRABAJO DE LABORATORIO. El que se realiza en una sala especialmente preparada para que los alumnos puedan experimentar en lo concerniente a las materias que estudian. Estas actividades de laboratorio, en cuanto forma de docencia experimental, se pueden clasificar en tres categorías:

• Para la adquisición de habilidades prácticas, especialmente en el uso de procedimientos.

• Para una mayor comprensión de algunos fenómenos que permiten la profundización de determinados contenidos conceptuales.

• Para la resolución de problemas prácticos.

TRABAJO SOCIAL ESCOLAR. Generalmente, los/as trabajadores/as sociales ocupados en esta área que suele denominarse trabajo social escolar se integran en equipos interprofesionales de carácter psicopedagógico. Normalmente, desempeñan funciones-puente entre el niño/a, la familia, la escuela y la comunidad dentro de actividades que interrelacionan con el medio y como apoyo a la situación de niños/as problema.

Las actuaciones que desarrollan, de ordinario en equipos de apoyo a la escuela, consisten básicamente en establecer y fortalecer las relaciones entre la escuela y los padres, integrar en la escuela a los/as niños/as con problemas de adaptación a la vida escolar, ofrecer a los docentes información sobre el entorno social en el

que desarrollan su vida y que condicionan la tarea educativa y, como una propuesta altamente deseable, la inserción de los centros educativos en el entorno, como centros de animación sociocultural o centros de acción comunitaria.

En este campo, las principales tareas que suelen realizarse son las siguientes:

• contribuir a establecer relaciones fluidas entre los padres y el centro educativo;

• trabajo con familias de niños/as en situaciones problemáticas;

• tareas de orientación de los padres en relación con sus hijos/as y su formación en la escuela; potenciar su participación en las asociaciones de padres, a fin de que se impliquen en las actividades de apoyo y estímulo a la educación de sus hijos/as;

• informar a los responsables del centro educativo de las situaciones familiares que pueden incidir en el proceso de enseñanza/aprendizaje de manera fuertemente negativa;

• estudio y tratamiento del absentismo y deserción escolar;

• promover y asesorar asociaciones de padres o cooperadoras escolares, no sólo para que aporten al mantenimiento de la escuela y para que estén informados acerca de sus hijos/as, sino también para crear ámbitos de reflexión de padres y maestros/as (en algunos casos, conviene que sea sólo de padres) para tratar los problemas de educación de los hijos/as;

• facilitar información sobre recursos educativos y sociales a los que se puede acceder: becas, servicios de apoyo y refuerzo, y servicios similares;

• administrar y gestionar los departamentos de bienestar estudiantil a nivel universitario y la prestación de servicios sociales en residencias estudiantiles.

Participan, asimismo, con otros profesionales en actuaciones como:

• gabinetes de orientación psicopedagógica, en los que uno de los principales aportes suele consistir en el estudio sociofamiliar de los alumnos/as que presentan algunos problemas;

• desarrollo de programas formativos para padres de alumnos/as con vistas a que comprendan y asuman sus responsabilidades en la educación de sus hijos/as;

• educación compensatoria a través de programas de desarrollo individual que se elaboran con la participación de padres y docentes;

• actividades extraescolares o de extensión que favorezcan la convivencia social mediante actividades recreativas: campamentos, teatro, títeres, talleres de expresión plástica, musical y literaria, periodismo escolar, etc.

Y, en tareas que desbordan lo que aparece como el campo más específico de la profesión, algunos/as trabajadores/as sociales desarrollan sus actividades en el campo de la educación de adultos/as y la alfabetización. Y, en los últimos años, en programas de educación popular.

En el trabajo social dentro del área de educación, "el trabajo social y la psicopedagogía se interrelacionan; por eso, son necesarias las técnicas de los/as trabajadores/as sociales en la integración y funcionamiento de departamentos de bienestar estudiantil... El trabajo social escolar contribuye también a la formación y desarrollo de actividades de las asociaciones de padres de familia, maestros/as, vecinos/as, vitaliza los objetivos educativos y recreativos de alumnos/as y ex-alumnos/as, organiza programas de toda clase para formar bibliotecas, y realiza actos sociales, que constituyen fuentes de ingreso que posibilitan más educación a través de fondos de becas, ayudas, etc. Además, y ésta es una de sus principales labores, proporciona atención individual y en grupo a aquellos estudiantes con problemas que interfieren sus estudios".

Las universidades también ocupan trabajadores/as sociales en los respectivos departamentos de bienestar estudiantil. En este campo, la labor consiste en participar en la organización de comedores y residencias estudiantiles, otorgamiento de becas y atención de la salud de los estudiantes. En algunos casos, el trabajo social procura realizar una tarea de sensibilización del universitario/a en relación con los problemas de la comunidad, mediante conferencias sobre problemas de actualidad y la realización de algunas tareas en barrios marginales.

TRANSFERENCIA DE LO APRENDIDO. Transferir un aprendizaje es la capacidad de utilizar lo aprendido en situaciones nuevas y diferentes. La capacidad de transferir lo aprendido depende, en buena medida, de la forma como se aprende. De ahí que la condición previa para poder hacerlo es que el alumno/a haya realizado un aprendizaje significativo.

TRASTORNOS DEL APRENDIZAJE. Esta expresión (y otras equivalentes, como deficiencias específicas de aprendizajes o dificultades de aprendizaje) hace referencia a las dificultades que tiene un niño o niña, para seguir los cursos a los niveles escolares adecuados a su edad, sin que se detecte ningún tipo de deficiencia física, psíquica o sensorial.

TRASTORNOS DEL CARÁCTER. Con esta denominación se designan, de una manera genérica, ciertos comportamientos que se consideran desviaciones de la conducta normal. De ordinario, los alumnos/as con estos trastornos crean problemas dentro de un centro educativo, ya sea en el trabajo de aula o en las relaciones con los compañeros. En estos casos, la intervención del gabinete psico-pedagógico puede ser de gran importancia, realizando un diagnóstico de las causas de este tipo de comportamiento (familiar, enfermedad, ambiente social, etc.).

TRASTORNOS DEL LENGUAJE. Son alteraciones o perturbaciones en las funciones de la comunicación lingüística, oral y escrita, debido a problemas psicológicos o neurológicos. Se suele clasificar a estas anomalías en tres categorías, con las consiguientes subdivisiones; he aquí una visión de conjunto:

a) Trastornos de la función simbólica (o del lenguaje interior).

• Afasia.
• Disfasias.

b) Trastornos de la expresión oral (de fonación).

• Disfonías.
• Dislalias.
• Tartamudez.

c) Trastornos de comprensión y expresión escrita.

• Dislexias.
• Disgrafía.

TRASTORNOS PSICOMOTORES. Alteraciones y trastornos que una persona sufre en relación con el dominio de los movimientos o de su coordinación. Los especialistas suelen diferenciar cuatro tipos de trastornos: atrasos en el desarrollo motor; trastornos motores, como la inestabilidad motriz; problemas de dominación lateral, con dificultades de organización espacio-temporal; y trastornos de la praxis, que dificultan o impiden la coordinación e integración adecuados en el tiempo y el espacio, conocidos con el nombre de dispraxias.

TRAUMA. Del griego *trauma*, derivado del verbo *titroskein* (ofender). Lesión determinada por una causa violenta, también en el campo psíquico. Acontecimiento en la vida psíquica del sujeto, que se caracteriza por una acumulación excesiva de excitaciones en relación con las posibilidades que él tiene para controlarlas y elaborarlas, a fin de reaccionar adecuadamente.

También se denomina con este nombre el conjunto de efectos patógenos que produce, en la organización psíquica, el haber vivido emociones de gran intensidad, sin haber descargado el cúmulo de excitación interna que ellas han producido.

TUTOR. Consejero o guía de otro, a quien le sirve de apoyo.

Ser tutor es inherente a la función y *rol* de los docentes, en el sentido de que todo profesor, en cuanto ayuda y orienta a sus alumnos, actúa como tal. Sin embargo, el tutor en sentido estricto es el profesor que actúa como orientador del aprendizaje, dinamizador de la vida socio-afectiva del grupo-clase y orientador personal, educacional, vocacional y profesional de los alumnos.

TUTORÍA. En el campo de la educación, es la acción de ayudar, guiar, aconsejar y orientar a los alumnos por parte de un profesor encargado de realizar esa tarea. Su propósito o finalidad es la de optimizar el proceso de enseñanza/aprendizaje, teniendo en cuenta la capacidad y potencialidad de cada alumno, al mismo tiempo que se busca su mayor desarrollo posible.

Si bien la tutoría y la orientación son tareas que siempre han realizado los buenos docentes, en los últimos años, dentro del marco de determinadas reformas educativas, la orientación y acción tutorial forman parte de la estructura y funcionamiento del sistema educativo, al mismo tiempo que el rol específico del profesor tutor supone una tarea especializada y cualificada.

En cuanto a los tipos de tutoría, cabe hacer dos clasificaciones principales. Por una parte, se distingue entre **tutoría individual** (la que realiza el tutor con el alumno individualmente) y **tutoría en grupo** que, de ordinario, se efectúa con el grupo/clase y que es una orientación fundamentalmente académica. Otra distinción es entre la tutoría a los **alumnos**, para tratar temas que los afectan como grupo o solamente a una parte del grupo y, cuando es necesario, atendiendo a los alumnos de manera individual, o a los **padres** (que puede ser informativa o formativa); y la acción tutorial **en relación con los profesores**, que tiene carácter bidireccional: recoge información de otros profesores e informa a los profesores sobre los alumnos.

Ya se trate de los alumnos, de los profesores o de los padres, la acción tutorial debe concretarse en las siguientes tareas:

• Obtener información de los alumnos, de los profesores y de los padres.

• Informar a los alumnos, a los profesores y a los padres.

Para ello, el tutor debe tener la capacidad suficiente para hacer buenos diagnósticos acerca de cada uno de los alumnos y de sus entornos respectivos, y tener las aptitudes y talante para realizar su intervención psico-socio-pedagógica en el tratamiento de los problemas concretos que debe abordar.

Concebida la acción tutorial básicamente como una acción de acompañamiento, si bien el actor principal es el tutor, todo cuanto se haga es en función del alumno como persona, más que como estudiante. De ahí se derivan los principios de la acción tutorial. Unos de nivel filosófico (que hacen referencia a valores) y otros a nivel operativo (aludiendo a pautas de actuación). He aquí las pautas de actuación para las tareas que realiza con los alumnos considerados como individuos o como parte de un grupo:

• Atender a las necesidades educativas individualizadas, respetando la libertad del alumno y su derecho a singularizarse en su irrepetible manera de ser.

• Respetar a la diversidad cultural o racial, religiosa, política, ideológica, sin ningún tipo o atisbo de discriminación.

• Alentar el protagonismo de los alumnos y su participación activa en todos los ámbitos en que transcurre su vida.

• Promover el interés por el saber, la autodisciplina, la responsabilidad y la autonomía personal.

• Utilizar una pedagogía participativa y abierta a la diversidad de modos de ser o estilos personales, en un marco de valores de solidaridad y libertad.

La acción tutorial, en tanto intervención especializada, no debe ser considerada como un auxilio externo, sino como parte esencial del sistema educativo que, dentro de cada institución docente, forma parte del departamento de orientación y tutoría.

En la propuesta que el Ministerio de Educación y Ciencia de España hace, referente a orientación y tutoría, se asigna al tutor el papel de ocuparse de que los alumnos aprendan a pensar. Para ello, ha de ayudarlos a "coordinar e integrar los conocimientos que van adquiriendo en las distintas áreas que cursan; ha de hacerlos conscientes también de cuáles son los mecanismos de pensamiento que utilizan y cuáles son los rendimientos que obtienen con tales mecanismos".

Este propósito se sitúa en el horizonte de lo deseable y ello, se supone, ha de tender la educación en el futuro. Esto sólo se puede alcanzar con un personal "especializado o específicamente preparado para ella". Por esta razón, que el planteamiento ministerial se hace una propuesta más realizable, para cuya concreción se requiere únicamente de las habilidades docente generales que cabe suponer a todo profesor". Existen tres procedimientos que ayudan a aprender a pensar y que están al alcance de todo docente: *la utilización de mapas conceptuales,* como estrategia para la presentación y organización del pensamiento; *la resolución de problemas,* como enfoque apropiado a todas las áreas, y *las técnicas de estudio* que ayudan a mejorar la capacidad de pasar exámenes y oposiciones.

U

UNESCO. Organización de las Naciones Unidas para la Educación, la Ciencia y la Cultura. Se la designa con una sigla que corresponde a su nombre en inglés *(United Nations Educational, Scientific and Cultural Organization)*. Fundada en 1946, es uno de los organismos especializados del sistema de las Naciones Unidas que, además de sus funciones en el campo de la educación, la ciencia y la cultura, abarca otras actividades en el ámbito de la comunicación, las ciencias sociales, el medio ambiente y, de manera particular, todo lo que concierne a la paz.

Surgió tras la segunda guerra mundial, con un ideal de paz entre los pueblos. "Puesto que las guerras nacen en la mente de los hombres —como se dice en el Preámbulo de su Constitución—, es en la mente de los hombres donde deben erigirse los baluartes de la paz." La creación de la UNESCO hay que comprenderla en el contexto del momento histórico en que se produce, después de lo que significó la conmoción de la última guerra mundial y en un ambiente de creciente interés por los aspectos internacionalistas; de ahí que sus objetivos más generales sean promover la paz, los derechos humanos y la comprensión internacional.

Las cuestiones educativas han sido, desde su nacimiento, el centro de las preocupaciones de este organismo internacional. Comenzó ayudando a la reconstrucción de los sistemas educacionales europeos destruidos por la guerra y llevando a cabo proyectos puntuales en otros países. Gradualmente, fue ampliando sus actividades en este campo, hasta expresar su acción en tres niveles principales: *a)* Haciendo propuestas de carácter normativo, a través de convenios y recomendaciones emanadas de las Conferencias Regionales de Ministros de Educación y las Conferencias Internacionales de Educación. *b)* En el aspecto operativo, la UNESCO ha realizado su contribución a nivel internacional, a través del envío de expertos y de misiones de asistencia técnica, a los países que solicitan su colaboración. *c)* A través de aportes de carácter intelectual, como han sido los *Veintiún puntos para una nueva estrategia de la educación* y los libros *Aprender, horizontes sin límites* y *Aprender a ser*, y una abundantísima producción de estudios y publicaciones, el último de ellos, el informe de la Comisión Internacional sobre Educación para el siglo XXI, *La educación: el tesoro interior.*

La lucha contra el analfabetismo, la educación de adultos y la educación permanente han sido otras de las preocupaciones e ideas alentadas y difundidas por la UNESCO. Durante unos años, impulsó la formación de planificadores y administradores de la educación. Más recientemente,

entre las actividades prácticas figuran la formación de docentes y los estudios de prospectiva.

UNIDAD ADMINISTRATIVA. Cada una de las partes que componen una institución, indistintamente de su nivel jerárquico. Puede ser una sección, departamento, dirección, etc.

UNIDAD DE ANÁLISIS. Persona o grupo que es un elemento constitutivo de un conjunto más inclusivo. Elemento menos divisible con base en el cual se toman y analizan las medidas.

UNIDAD DIDÁCTICA. Último nivel de concreción y especificación del proyecto curricular. La unidad didáctica se configura como un espacio y síntesis de decisiones sobre los objetivos y contenidos, las estrategias metodológicas y la evaluación. En cuanto es el instrumento prevaleciente para guiar la mayor parte de las actividades que se realizan en la elaboración de la unidad didáctica, hay que tener en cuenta el contexto (entorno del centro educativo) y las características propias de los alumnos/as, especialmente en lo que hace al nivel de conocimiento de los educandos.

Cada unidad didáctica, en cuanto dimensión celular de la programación educactiva se compone de los siguientes elementos:

a) Eje organizador (tema, tópico o centro de interés), que sirve para plantear el aprendizaje como "tratamiento de situaciones problemáticas de interés".

b) Objetivos didácticos (aprendizaje o grado de aprendizaje que se espera que consigan los alumnos/as).

c) Contenidos, conceptos, procedimientos y valores.

d) Actividades de enseñanza y aprendizaje que sirven para trabajar unos contenidos.

e) Orientaciones didácticas y recursos.

f) Formas evaluadoras que permiten revisar el rendimiento del proceso educativo.

g) Y, realizar, cuando sea necesario, las adaptaciones curriculares.

UNIVERSIDAD. Centro de enseñanza superior compuesto por diversas facultades, escuelas, departamentos e institutos, según el modelo de universidad vigente en cada momento y en cada país. Es la institución habilitada para otorgar los grados académicos correspondientes (títulos o diplomas legalmente reconocidos).

Sus funciones principales son la transmisión de conocimiento en los grados más elevados dentro del sistema educativo y el desarrollo de programas de investigación. Además de enseñar/aprender e investigar, la extensión universitaria (el servicio que la universidad puede prestar en el ámbito de su cobertura espacial) tiene —o ha tenido— una gran importancia en algunas universidades latinoamericanas.

UNIVERSIDAD ABIERTA. Es una modalidad diferente de enseñanza universitaria, iniciada en Gran Bretaña (1969) por la *Open University*. Su propósito es facilitar el acceso a los estudios universitarios a personas que, por su condición social, su trabajo, sus responsabilidades familiares o por cualquier otra circunstancia, encuentran dificultades para cursar regularmente estudios universitarios.

La *Open University* está organizada de tal manera que permite el estudio en la propia casa, mediante material impreso que proporciona la universidad, el uso de la enseñanza programada, emisiones de radio y programas específicos de televisión. Esto se complementa con convivencias, seminarios y cursos de verano. Dentro del ámbito latinoamericano, en México y Venezuela, se llevaron a cabo experiencias similares.

UTOPÍA. Del griego *ou* (no) y *topos* (lugar), literalmente el "no lugar", el "lugar que no existe". Dentro de la amplia gama de versiones utópicas y de contenidos concretos, el término ha sido utilizado con dos alcances diferentes. A veces, se utiliza con una connotación peyorativa, para criticar una propuesta que se considera irrealizable o extra-histórica. Utópico, con este alcance, es equivalente a quimérico, puesto que se considera que carecen de base real sus posibilidades de realización.

También por utopía se entiende una propuesta que trasciende la realidad y lo establecido, con el propósito de transformarlo. Es la captación de lo que está potencialmente contenido en un momento dado, aun cuando no exista todavía. La utopía, en este caso, no es lo irrealizable, sino el horizonte de lo inédito deseable. Este concepto de utopía tiene en cuenta el carácter dinámico de la sociedad. Se apoya en una realidad concreta histórico-social (lo que es), pero imagina el futuro (lo que puede ser), en el proceso de constante cambio social.

Desde finales de los años ochenta, se vive el derrumbe de las grandes utopías redentoras que prometían instaurar el paraíso en la Tierra (y que a veces instauraron el infierno). Aparecen las micro-utopías y surgen las redes y movimientos alternativos (ecologistas, pacifistas, feministas, defensores de los derechos humanos, objetores de conciencia, etc.) que relanzan la utopía, no como forma de luchar para cambiar el mundo, sino como forma de cambiar la vida (o algún aspecto de la misma), para ser más felices y vivir más humanamente.

V. HEURÍSTICA DE GOWIN. Diagrama diseñado por Bob Gowin en 1977 para ayudar a los estudiantes y docentes a profundizar la estructura y el significado del conocimiento que tratan de entender y para mejor interpretar lo que se hace en la clase de ciencias; de ahí que se llame heurística. Una técnica heurística —dice Gowin— es algo que se utiliza como ayuda para resolver un problema o para entender un procedimiento.

La V. heurística de Gowin fue diseñada para representar la estructura del conocimiento científico en un contexto didáctico. Conforme con un principio básico del método científico, toda investigación comienza a partir de la formulación de un problema, expresado en una o más preguntas. Éstas se formulan desde un marco teórico referencial que proporciona un esquema conceptual organizado en principios que explican hechos, acontecimientos, fenómenos y procesos.

La V. heurística se dibuja en una hoja de papel, dividida en cuatro regiones:

1. En el vértice se indican los fenómenos, objetos o acontecimientos.

2. En lo alto de su abertura se formula la pregunta que nos hacemos acerca del fenómeno, objeto o acontecimiento.

3. En la zona de la izquierda se expresa el marco teórico referencial desde el cual formulamos las preguntas y que da sentido a lo que pretendemos estudiar.

4. En la zona de la derecha, se indica la metodología o procedimiento que se va a seguir.

En la Fig. 1 puede verse cómo lo expresa el mismo Gowin.

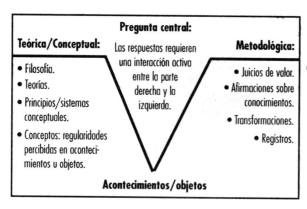

Teórica/Conceptual:	Pregunta central:	Metodológica:
• Filosofía.	Las respuestas requieren una interacción activa entre la parte derecha y la izquierda.	• Juicios de valor.
• Teorías.		• Afirmaciones sobre conocimientos.
• Principios/sistemas conceptuales.		• Transformaciones.
• Conceptos: regularidades percibidas en acontecimientos u objetos.		• Registros.
	Acontecimientos/objetos	

Fig. 1.Técnica heurística UVE ideada por Gowin para ilustrar los elementos conceptuales y metodológicos que interactúan en el proceso de construcción del conocimiento o en el análisis de clases o documentos en los que se presente algún conocimiento.

De este modo, la V. heurística se transforma en un recurso que ayuda a pensar sobre los hechos con un cierto rigor científico, ayuda a que los alumnos interpreten lo que están haciendo, al mismo tiempo que ilustra los elementos conceptuales y metodológicos que interactúan en el proceso de construcción del conocimiento.

La versión ampliada de la V. heurística (Fig. 2) que el mismo Gowin presenta en su libro con descripciones y ejemplos de los elementos que la componen, nos proporciona una perspectiva más profunda de esta técnica.

VACACIONES ESCOLARES. Períodos durante los cuales se suspenden las actividades escolares por más de una semana, con el fin de que docentes y alumnos puedan descansar.

VALORES. Los valores de las personas, grupos, instituciones, organizaciones, iglesias, etc., se expresan en principios o ideales que condicionan buena parte de las opciones que se presentan en la existencia humana y al momento de fijar líneas o formas de actuación en las instituciones. Estas opciones llevan a las personas a actuar de una determinada manera, conforme con lo que creen que es valioso o digno de ser deseado.

VERBALISMO. Recurso excesivo a la palabra. Modo de enseñar, característico de la educación tradicional, en la que el profesor o maestro enseña básicamente hablando. El término también se utiliza para designar la utilización de palabras y frases sin contenido de ideas.

CONCEPTUAL:

METODOLÓGICA:

Inician la actividad entre los dos campos de la UVE y se incluyen en las teorías o son generadas por ellas. Las preguntas centrales concentraron la atención sobre ciertos acontecimientos y objetos.

Interacción

recíproca activa

- **Modos de ver el mundo** (por ejemplo, la naturaleza es ordenada y cognoscible).
- **Filosofías** (por ejemplo, *La comprensión humana*, de Toulmin).
- **Teorías:** conjuntos de conceptos relacionados lógicamente y que posibilitan pautas de razonamiento que conducen a explicaciones.
- **Principios:** reglas conceptuales que gobiernan la conexión entre las pautas existentes en los fenómenos; tienen forma de proposiciones. Se derivan de afirmaciones previas sobre conocimientos.
- **Constructos:** ideas que respaldan teorías fiables pero sin referentes directos en los acontecimientos o en los objetos.
- **Estructuras conceptuales:** subconjuntos de teorías que se utilizan directamente en la investigación.
- **Enunciados de regularidades o definiciones conceptuales.**
- **Conceptos:** signos o símbolos compartidos socialmente que indican regularidades en los acontecimientos.

- **Juicios de valor:** el valor, tanto en el campo que se esté tratando como fuera de él, de los resultados de la investigación.
- **Afirmaciones sobre conocimiento:** nuevas generalizaciones, que sirven de respuesta a las preguntas centrales. Se producen en el contexto de la investigación de acuerdo con criterios de excelencia apropiados y explícitos.
- **Interpretaciones, explicaciones y generalizaciones:** producto de la metodología y de los conocimientos previos; utilizadas para respaldar las afirmaciones.
- **Resultados:** representaciones de los datos en tablas, gráficos y diagramas.
- **Transformaciones:** hechos ordenados, gobernados por las teorías de la medida y de la clasificación.
- **Hechos:** el criterio, basado en la confianza en el método, de que los registros de los acontecimientos y objetos son válidos.
- **Registros de acontecimientos y objetos.**

ACONTECIMIENTOS/OBJETOS:
fenómenos de interés aprehendidos mediante conceptos y registros de datos: sucesos, objetos.

Fig. 2. Una versión ampliada de la UVE del conocimiento con descripciones y ejemplos de los elementos que la componen. Todos los elementos funcionan de un modo interactivo para dar sentido a los acontecimientos y objetos observados en el proceso de producción o de interpretación del conocimiento.

VERBALIZACIÓN. Comunicación de ideas, pensamientos y sentimientos por medio del lenguaje.

VIAJE DE ESTUDIOS. Lo mismo que las salidas al campo, los viajes de estudio son una forma de poner en contacto a docentes y alumnos con un aspecto de la realidad. Sin embargo, en este caso, la finalidad tiene un carácter más amplio en cuanto a la información/formación que pueden recibir. Por su misma naturaleza, son una forma de aprendizaje informal, pero necesitan de un mínimo de organización para aprovechar mejor el tiempo y aprender de lo que se visita y se ve.

Estos viajes suelen ser organizados por los mismos colegios e instituciones educativas, con la participación de los profesores (especialmente de los que irán como acompañantes y guías) y con los padres, cuando se trata de viajes donde participan menores.

VIAJES DE FIN DE CURSO. En algunos países es una costumbre bastante generalizada realizar un viaje cuando se terminan los estudios (primarios o secundarios) y al final del nivel terciario o universitario cuando se ha adquirido un título o diploma. Tienen un carácter más turístico y de camaradería que de aprendizaje; esto se da por añadidura, como el aprendizaje que se logra de cualquier viaje.

VISITA PEDAGÓGICA. Actividad que se realiza extramuros, es decir, fuera de la escuela, con el propósito de ver en vivo algo que guarda relación con un tema o contenido de los aprendizajes que se están realizando o se van a realizar de manera más o menos inmediata.

VOCACIÓN. Inclinación y predisposición para un determinado tipo de estudios o de profesión. Afición o inclinación predominante.

WORLD WIDE WEB (WWW).
Red mundial basada en un sistema
de hipertexto en el que los usuarios pueden "navegar" a través de
documentos concatenados, siguiendo cualquier ruta que elijan.
En esta red, cada documento con-
tiene cantidades de "puertas" que
nos llevan a otros de diversa naturaleza.

XENOFOBIA. Del griego *xenós* (extranjero) y *fobos* (miedo, temor). Es un prejuicio etnocéntrico que se manifiesta en forma de odio, rechazo u hostilidad hacia lo extranjero.

Se produce con frecuencia en países en donde existen grupos étnicos y culturales minoritarios, que son rechazados por el chauvinismo o racismo. También se dan en países en donde coexisten diferentes nacionalidades, y no se ha encontrado una forma de convivencia pluralista que admita como natural las diferentes nacionalidades. Más recientemente, la xenofobia ha aparecido con fuerza en países de mayor desarrollo económico relativo, expresándose en el rechazo de los extranjeros que van a buscar trabajo a esos países. Algunos de estos brotes xenófobos son claramente racistas.

Cualquiera que sea la razón de la xenofobia, es una actitud y un comportamiento totalmente reñido con la solidaridad humana, la igualdad entre razas y la comprensión entre los pueblos.

Z

ZONA DE DESARROLLO POTENCIAL. Llamada también zona de desarrollo próximo. Concepto fundamental en la configuración del modelo constructivista, para señalar que las posibilidades de desarrollo cognitivo de un individuo necesitan de la ayuda externa, es decir, que no se logra con el solo despliegue de las capacidades internas y de lo que puede hacer por sí mismo. Este concepto, acuñado por Vygotsky, "no es otra cosa —como él dice— que la distancia entre el nivel real de desarrollo, determinado por la capacidad de resolver independientemente un problema, y el nivel de desarrollo potencial, determinado por la resolución de un problema bajo la guía de un adulto, o en colaboración con otro compañero más capaz". Esta franja —más o menos amplia— de nuevos conocimientos asequibles para el alumno es el ámbito de la intervención educativa que, precisamente, constituye en la persona que aprende la zona de desarrollo próximo.

ZONA ESCOLAR. Forma de organización escolar de acuerdo con la cual se realiza una división territorial para establecer las áreas de reclutamiento de los alumnos/as. Éstos, en principio, sólo son admitidos en los centros educativos que están en el área geográfica que corresponde a su lugar de residencia. La delimitación de zonas escolares en las ciudades permite realizar un análisis del contexto social, cultural y geográfico en donde se aplicará el proyecto curricular del centro educativo, que se corresponde con la realidad de los alumnos/as que asisten a él.

Índice

*Se terminó de imprimir en el mes de enero de 2000
en el Establecimiento Gráfico* **LIBRIS S. R. L.**
**MENDOZA 1523 • (B1824FJI) LANÚS OESTE
BUENOS AIRES • REPÚBLICA ARGENTINA**